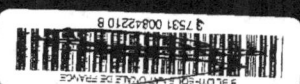

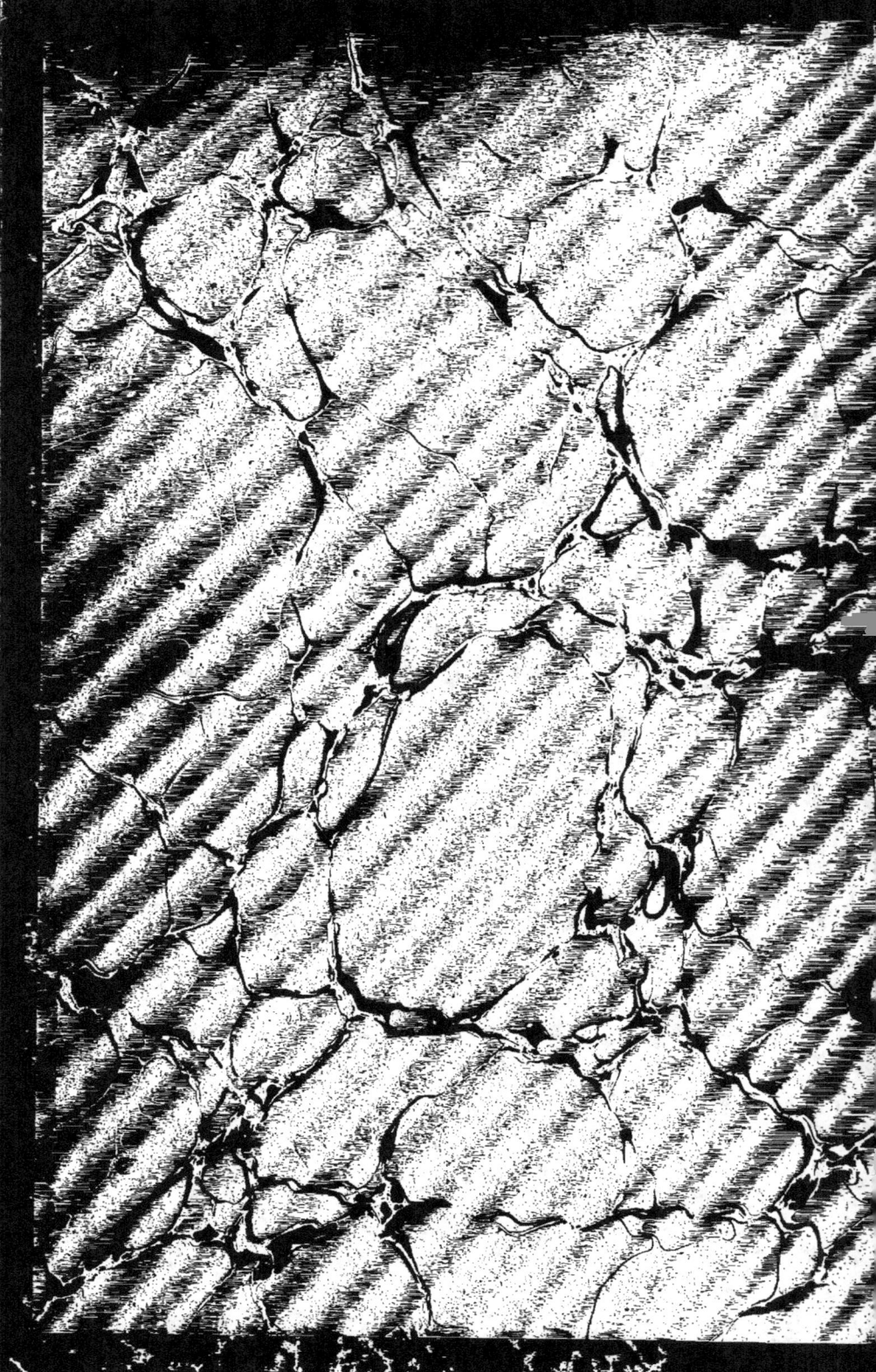

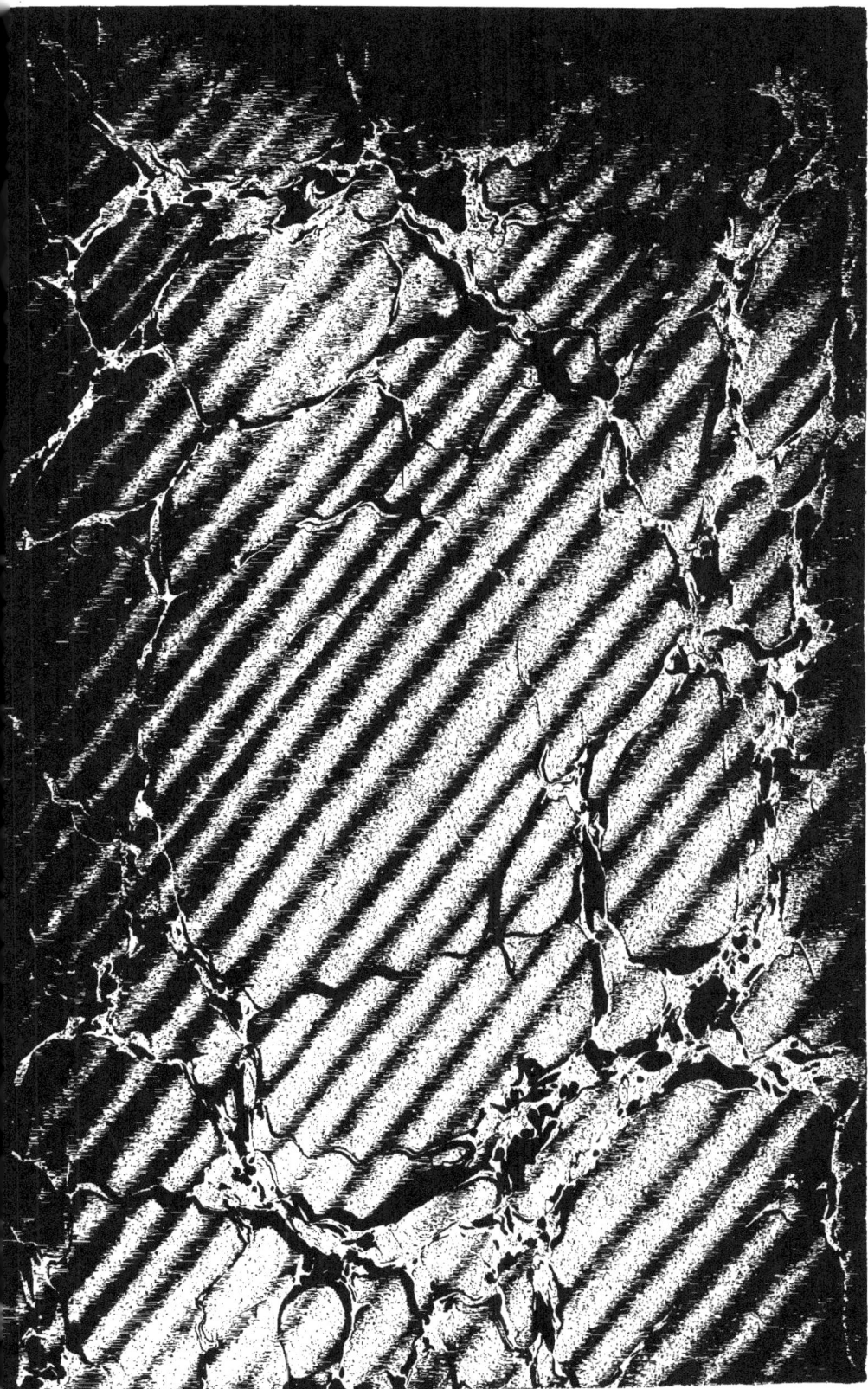

# HISTOIRE
### DES
# BEAUX-ARTS
#### ET DES
## ARTS APPLIQUÉS A L'INDUSTRIE

PAR

M. François BOURNAND

RÉDACTEUR EN CHEF DU « DESSIN »
PROFESSEUR D'HISTOIRE DE L'ART A L'ASSOCIATION POLYTECHNIQUE
LAURÉAT DE LA SOCIÉTÉ LIBRE D'INSTRUCTION ET D'ÉDUCATION POPULAIRES
MEMBRE DE PLUSIEURS SOCIÉTÉS SAVANTES

## PRÉFACE

Par M. DE MÉNORVAL

Vice-Président de l'Association Polytechnique, Membre du Conseil municipal
de Paris, Officier de l'Instruction publique.

OUVRAGE APPROUVÉ PAR LE CONSEIL DE L'ASSOCIATION
POLYTECHNIQUE ET ORNÉ DE NOMBREUSES FIGURES D'APRÈS
LES DESSINS DE L'AUTEUR

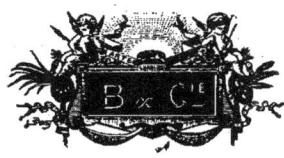

### PARIS
E. BERNARD & Cⁱᵉ, IMPRIMEURS-ÉDITEURS

71, RUE LACONDAMINE, 71

### 1885

# HISTOIRE
### DES
# BEAUX-ARTS
### ET DES
## ARTS APPLIQUÉS A L'INDUSTRIE

imp. E. BERNARD & Cie, **71**, rue Lacondamine, Paris.

# HISTOIRE
### DES
# BEAUX-ARTS
### ET DES
## ARTS APPLIQUÉS A L'INDUSTRIE

PAR

### M. François BOURNAND

RÉDACTEUR EN CHEF DU « DESSIN »
PROFESSEUR D'HISTOIRE DE L'ART A L'ASSOCIATION POLYTECHNIQUE
LAURÉAT DE LA SOCIÉTÉ LIBRE D'INSTRUCTION ET D'ÉDUCATION POPULAIRES
MEMBRE DE PLUSIEURS SOCIÉTÉS SAVANTES

## PRÉFACE

### Par M. DE MÉNORVAL

Vice-Président de l'Association Polytechnique, Membre du Conseil municipal
de Paris, Officier de l'Instruction publique.

OUVRAGE APPROUVÉ PAR LE CONSEIL DE L'ASSOCIATION
POLYTECHNIQUE ET ORNÉ DE NOMBREUSES FIGURES D'APRÈS
LES DESSINS DE L'AUTEUR

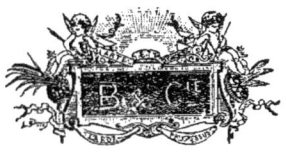

## PARIS

IMPRIMERIE ET LIBRAIRIE E. BERNARD ET Cie

71, RUE LACONDAMINE, 71

1885

A MONSIEUR

## J. GASTELIER

INGÉNIEUR

SECRÉTAIRE GÉNÉRAL DE L'ASSOCIATION POLYTECHNIQUE

OFFICIER DE L'INSTRUCTION PUBLIQUE

CHEVALIER DE LA LÉGION D'HONNEUR

HOMMAGE RESPECTUEUX

DE SON DÉVOUÉ COLLÈGUE

FRANÇOIS BOURNAND

*Mars* 1885.

# A Monsieur François Bournand

Paris, le 9 Février 1884.

Mon cher Collègue,

J'ai le plaisir de vous annoncer que le Conseil de l'Association polytechnique, dans sa dernière séance, a approuvé et autorisé la publication de votre HISTOIRE DES BEAUX-ARTS ET DES ARTS APPLIQUÉS A L'INDUSTRIE.

Croyez à mes meilleurs sentiments.

**E. DE MÉNORVAL,**
Vice-Président de l'Association polytechnique.

# PRÉFACE

*Mars 1885.*

Voilà un livre que j'attendais depuis longtemps. Peut-être remédiera-t-il à l'étrange ignorance de la plupart des Français en fait d'art. Je parle de ceux même qui, selon l'expression consacrée, « ont fait leurs classes » sans que leurs maîtres aient jamais songé à égayer l'étude de l'histoire et des lettres par ces notions sur l'archéologie, l'architecture, la peinture, la sculpture, le costume, le mobilier, qui y répandent tant de charme.

Combien de bons élèves savent au juste ce qu'étaient l'Acropole, l'Agora, les Propylées, dont les noms reviennent sans cesse dans leurs devoirs ? Combien ont vu avec le poète

> Le calme paysage où rayonnait Athènes ;
> Au loin le Pentélique en lignes incertaines ;
> Plus près le mont Hymette aux lumineux contours,
> Et dans le vif azur où ruisselle le jour,
> Comme un trépied géant, un roc à large cime
> Qui porte avec orgueil le Parthénon sublime !

Combien distinguent l'architecture grecque de l'architecture romaine ? Combien savent à quelle perfection désespérante étaient parvenus les sculpteurs de la Grèce ? Combien pourraient décrire une maison antique, un temple, une basilique, même le Forum ? On traduit Homère, Démosthène, Thucydide, Virgile, Horace, Tacite, sans reconstituer le milieu où ils ont vécu. Laissons l'antiquité. Tout écolier sait la date de la bataille de Bouvines, mais sait-il comment Philippe-Auguste, ses barons, ses soldats, étaient vêtus et armés ? Voit-il le roi dans son palais de la Cité ou dans le Louvre nouvellement bâti ? Les Parisiens ignorent Paris, le Paris gallo-romain, aux monuments harmonieux espacés dans les îles et sur les deux bords de la Seine ; — le Paris du moyen âge (si habilement peint par Victor Hugo), resserré dans son enceinte crénelée, avec ses maisons hautes, étroites, pressées, qui couvrent jusqu'aux ponts ; ses hôtels, ses collèges, dominés par les tours, les clochers des innombrables églises et abbayes ; — le Paris de la Renaissance, le Louvre transformé par les derniers Valois, et les nouveaux aspects plus réguliers mais plus froids, de la capitale sous Henri IV, Louis XIII et Louis XIV.

Quelle idée se feront-ils de l'art ? Quelle sera leur esthétique ? Ils ont été bercés avec des histoires niaises sur l'oiseau qui veut becqueter la grappe peinte, le voile si bien représenté que le visiteur cherche à le soulever, le portrait du pape exposé sur une terrasse, si ressemblant que les passants se découvrent devant, anecdotes qui témoignent du culte naïf du trompe-l'œil et de la difficulté vaincue. J'ai sous les yeux les programmes tout récents de l'enseignement secondaire classique ; ils donnent plus de place qu'autrefois à l'histoire des littératures, c'est un progrès ; mais ils sont presque muets sur l'histoire des arts. Ce n'est qu'en philosophie, à la fin des études, que je trouve cette mention un peu sèche : « *le Beau et l'Art* », perdue au milieu de tant de subtilités puériles sur la psychologie que le professeur ne pourra évidemment accorder que bien peu de temps et à l'Art et au Beau.

VIII

L'enseignement secondaire s'étant montré jusqu'à présent si dédaigneux d'une des plus belles manifestations de l'esprit humain, que pouvons-nous attendre de l'enseignement primaire? La nuit y serait complète si quelques professeurs de dessin, hommes de foi, n'avaient pas pris l'initiative d'expliquer les modèles qu'ils donnent à copier, d'exposer les différents styles, l'histoire de l'ornement; si les plus ardents n'avaient pas conduit leurs élèves dans nos musées et particulièrement aux Expositions des arts décoratifs. Je ne saurais trop les en louer, mais je voudrais plus encore. Si chargés que soient nos programmes de l'enseignement primaire supérieur, si remplis que soient nos jours de classe, je voudrais donner ne serait-ce qu'une heure par semaine à l'étude méthodique de l'histoire des beaux-arts et des arts appliqués à l'industrie. Paris doit sa renommée, son éclat, sa splendeur, non seulement à ses places, à ses rues, à ses promenades, à ses monuments, à ses musées; non seulement à ses savants, à ses littérateurs, à ses artistes, mais encore au talent inimitable de ses artisans qui savent donner aux produits les plus humbles du commerce et de l'industrie ce je ne sais quoi que le monde entier recherche et désespère d'atteindre. Cette supériorité native que d'autres peuples commencent à nous disputer, il faut la conserver en inspirant à nos élèves l'amour du Beau. Tous doivent développer leur goût, les uns pour produire des œuvres artistiques, les autres pour les apprécier. Il faut former un public exigeant et connaisseur, qui n'accorde sa faveur qu'à des œuvres vraiment hors ligne, livres, illustrations, habitation, mobilier, parures, etc.

L'art est né le jour où après une lutte séculaire pour l'existence, les hommes ayant enfin quelques loisirs ne se sont plus contentés du strict nécessaire. L'imagination s'éveilla alors et se plut à trouver quelques combinaisons de lignes et de couleurs; l'ornementation apparut sur les vases d'argile façonnés à la main; le sentiment de la symétrie, dans les édifices. Après avoir bâti en bois, les Grecs bâtirent en pierre, aidés par les ressources que leur fournissaient les richesses du sol. Sur les colonnes d'un seul bloc, reposent les architraves horizontales qui, à leur tour, supportent un plafond ou un toit légèrement incliné dans un pays où la pluie est rare. De là cet espace triangulaire, ce *fronton* que la sculpture ornera plus tard de ses plus beaux chefs-d'œuvre. Pour mieux supporter les architraves, la tête de la colonne s'élargit : de là, le *chapiteau*, d'une simplicité extrême dans le plus ancien des ordres, le *dorique*; puis, de plus en plus riche dans *l'ionique*, le *corinthien*, et le *composite*.

Les monuments grecs, admirables de proportions, sont généralement de dimension médiocre.

Les Romains voulurent faire grand. Ils inventèrent (1) la *voûte* ou la *coupole*, qui permet d'écarter les colonnes, les piliers, les supports; qui peut, comme au Panthéon d'Agrippa, s'élever dans les airs et donner de vastes salles intérieures du plus majestueux aspect.

Grecs et Romains tinrent compte avec un goût sévère des ressources que leur offraient les matériaux dont ils disposaient et des nécessités de leur climat.

Ces nécessités sont impérieuses; le bon sens les indique et l'architecte est bien inspiré en y obéissant. Passons du midi au nord, de la Grèce et de l'Italie, à la Gaule, à la Germanie, à l'Angleterre, avec leur ciel pluvieux, leurs longs hivers. Pour laisser écouler les eaux, pour supporter le poids énorme des neiges, le toit devient de plus en plus aigu, le fronton devient le *pignon*. Les murs latéraux se rapprochent et, par compensation, s'élèvent; le temple devient l'église par une évolution naturelle. La chaleur, le jour éblouissant du midi font éviter les larges baies. Chez nous, au contraire, il faut laisser pénétrer le soleil et la lumière; les murs de nos cathédrales sont percés de rosaces et de fenêtres multiples. Ils n'en doivent pas moins soutenir le toit, et, pour assurer leur solidité, ils s'appuient sur des contreforts, comme à la Sainte-Chapelle, ou sur un système ingénieux d'arcs-boutants, comme à Notre-Dame.

C'est ainsi que la raison préside à l'art et qu'on peut découvrir les lois secrètes « qui font qu'une œuvre paraît bonne, médiocre, ou mauvaise. » (2).

Cet enseignement est plein d'attrait, à Paris plus que nulle part. Que de

(1) Ou plutôt appliquèrent souvent.
(2) L. Crouslé.

trésors dans nos musées, dans nos églises; que de souvenirs évoquent encore les vieilles rues de la capitale, malgré tant de destructions regrettables ! Si nous parcourons la France, Chenonceaux, Chambord, Blois, Amboise, Azay-le-Rideau, Ecouan, Chantilly, Pierrefonds, les cathédrales de Rouen, de Reims, de Chartres, d'Orléans (n'oublions pas Strasbourg!), offrent à nos regards un art bien français, qui nous appartient en propre, dont nous pouvons être justement fiers, ne l'ayant point reçu de l'étranger, comme on l'a cru longtemps, comme on le répète encore. Et, de même que nous avons nos architectes nationaux, nous avons aussi nos peintres, nos sculpteurs, qui peuvent rivaliser avec les maîtres les plus illustres de l'Italie, de l'Espagne et de la Hollande.

Un jeune professeur de l'Association polytechnique, M. *François Bournand*, à la fois écrivain et artiste, n'a point reculé devant la tâche immense d'exposer dans quelques-unes de nos sections, l'*Histoire des Beaux-Arts et des Arts appliqués à l'industrie* chez tous les peuples et depuis les origines les plus lointaines. Encouragé par l'attention et l'affluence croissante de ses auditeurs, il a rédigé son cours et il le publie aujourd'hui dans ce volume auquel je souhaite la bienvenue. J'espère le voir bientôt dans les mains de tous nos écoliers, j'espère qu'il deviendra la base d'un enseignement autrement intéressant que l'éternelle histoire des batailles et des mariages princiers. Dans les quelques années qui viennent de s'écouler, la France républicaine a sécularisé l'Enseignement primaire et l'a rendu accessible à tous par la gratuité. La ville de Paris a prodigué les millions pour améliorer le sort des instituteurs, réparer les anciennes écoles, en construire de nouvelles, les doter d'un mobilier, créer un enseignement professionnel. Une dernière œuvre s'impose : la *transformation des anciens programmes* et des méthodes qui ne répondent plus aux besoins de la lutte, qui ne donnent plus à la jeunesse une armure assez bien trempée. *Le dessin occupe enfin la place considérable à laquelle il a droit*; ses maîtres ont rompu avec la routine en laissant de côté le déplorable usage de la copie des modèles imprimés pour placer l'enfant immédiatement en face de la vraie, de la seule difficulté, la reproduction du modèle en relief, avec les jeux de l'ombre et de la lumière. C'est ainsi que se fait l'éducation de l'œil et de la main. Un pas de plus, et que nos élèves soient mis à même de développer largement leur intelligence, de distinguer les styles, de reconnaître l'âge d'un monument, l'époque d'un meuble, qu'ils puissent discerner le vrai du faux, comparer le génie des différents peuples, et suivre les vicissitudes de l'art à travers les siècles de grandeur et de décadence.

Tâche grandiose, aussi difficile qu'utile ! Elle a tenté M. Bournand; qu'il persévère dans cette voie, qu'il améliore sans cesse ce premier essai, et il méritera la reconnaissance des bons patriotes, ceux qui croient qu'un *peuple n'est vraiment grand que par sa valeur morale et intellectuelle.*

E. de Ménorval.

Vice-Président de l'Association polytechnique, membre du Conseil municipal de Paris.

# INTRODUCTION

Ces quelques pages sont la substance même du cours d'histoire de l'art professé à l'Association polytechnique.

Nous voudrions dire en quelques mots les raisons qui nous ont engagé à mettre par écrit le résumé de nos leçons.

Nous ne sommes plus au temps où l'étude des beaux-arts était le partage de quelques-uns, de la classe riche et oisive ; dans notre société démocratique actuelle, l'ouvrier, le travailleur, le bourgeois, ont besoin de savoir beaucoup de choses et par-dessus tout l'histoire, dont l'histoire de l'art n'est qu'une branche.

L'étude des beaux-arts est très développée à l'étranger, plus même qu'en France ; nous avons pu voir à l'exposition universelle de 1878 les progrès de l'Angleterre en fait d'arts décoratifs, de la Belgique en fait d'écoles de dessin. Nous nous souvenons même des beaux dessins exécutés dans les écoles d'adultes de ce pays par des ouvriers de 30 et 40 ans. Les meubles que ces peuples avaient exposés étaient de nature à nous faire porter notre attention sur une concurrence sérieuse.

Ces deux nations avaient compris tout ce que l'on peut tirer de l'étude des beaux-arts pour la classe ouvrière, tout le progrès et le cachet artistique que cette étude peut mettre sur les œuvres décoratives, sur les meubles, sur les choses usuelles qui nous entourent en en doublant le prix et la valeur.

En France, depuis quelques années, on s'est ému de cet état de choses, et l'on a déjà fait beaucoup pour l'étude populaire des beaux-arts, pas assez à notre avis, on a péché surtout par la base, en ne tenant pas suffisamment compte des éléments et de la philosophie des choses, du pourquoi et du parce que. C'est pour parer à cet inconvénient, à cette lacune, que nous avons voulu, dans notre humble sphère, donner d'une manière bien faible assurément quelques notions élémentaires sur le but, les origines et les caractères de l'art.

Nous nous sommes abstenu dans le cadre restreint de ce petit volume d'entrer dans des détails inutiles, et, surtout, d'employer des termes trop techniques, de ces locutions scientifiques trop abstraites dont on se sert d'habitude avec tant de profusion malheureuse dans les cours d'esthétique et qui, loin d'éclairer l'auditeur ou le lecteur, ne font qu'obscurcir sa raison, l'empêchent de comprendre et souvent le dégoûtent de l'étude qu'il allait entreprendre.

Ce que nous avons cherché surtout en écrivant cette courte histoire des beaux-arts, c'est d'en faire comprendre les lois, car l'histoire de l'art comme l'histoire des peuples a ses lois ; c'est aussi de faire ressortir les causes et les caractères des diverses écoles, de façon à ce que, en visitant nos musées, nos collections, nos monuments, on puisse se rendre compte par la vue surtout de la nationalité de chaque artiste.

Si nous avons insisté peut-être beaucoup sur l'art français, c'est que pendant longtemps, (et encore malheureusement aujourd'hui) on a cru qu'il n'y avait pas d'art national en France et surtout d'architecture française, et principalement parce qu'une puissance étrangère, ennemie de la France, a voulu s'approprier la gloire de la naissance de l'architecture gothique qui n'est autre que l'architecture française.

Nous ne savons si, dans ces courtes leçons, nous aurons dit et développé réellement ce dont nous parlons dans cette préface, mais nous aurons du moins la conviction d'avoir fait notre possible pour essayer de faire apprendre quelques notions, non-seulement à ceux qui aiment l'étude des belles choses, mais encore aux travailleurs obscurs, aux ouvriers qui ont tant besoin de s'instruire pour améliorer leur sort, et, si nous pouvons avoir été pour eux d'une petite utilité, ce sera pour nous un grand bonheur.

F. B.

# HISTOIRE DES BEAUX-ARTS

ET

# DES ARTS APPLIQUÉS A L'INDUSTRIE

ANS le courant de ces quelques leçons, nous parlerons de l'histoire des Beaux-Arts, c'est-à-dire de l'histoire des Grandes Écoles d'Art, des artistes et des œuvres de la peinture, de la sculpture et de l'architecture; mais, nous ne bornerons point là notre étude.

Nous parlerons aussi des Arts appliqués à l'Industrie et surtout pour tout ce qui regarde la France. Nous dirons quelques mots des miniatures de nos manuscrits, gardés si précieusement dans nos bibliothèques, de nos belles et vieilles cathédrales non gothiques comme on a l'habitude de le dire, mais françaises, et pour descendre à de plus humbles objets, nous causerons un peu des pièces d'orfévrerie, des tapisseries, des meubles, qui sont eux aussi à leur manière des témoins, et non les moins éloquents le plus souvent, de la vie de nos Pères. On aime tant ce vieux pays de France, pour sa gloire passée, pour les grands et immenses services qu'il a rendus à la civilisation, qu'il est utile d'étudier les produits de cette civilisation dans ses plus humbles détails.

D'ailleurs cette étude sera instructive, car quand on étudie l'histoire d'un pays, l'histoire de sa civilisation, il faut étudier le Génie national de ce peuple, aussi bien dans les arts que dans la politique, chez les artistes que chez les diplomates. L'histoire de l'Art chez un peuple est une branche indispensable de l'enseignement de ce peuple, car c'est l'histoire de sa civilisation que l'Art raconte. Il faut tout connaître dans la vaste et libre arène de l'histoire, car l'étude des travaux artistiques chez un peuple devient comme un aliment nécessaire à sa civilisation. L'histoire de l'Art d'un peuple c'est aussi l'histoire de la patrie. D'ailleurs, la patrie n'a-t-elle pas une âme qui se manifeste dans ses lois, dans ses mœurs, dans son histoire, dans ses arts.

## ORIGINE DES ARTS

Les premières créations de l'Art répondent aux premiers besoins de la vie.

Les Arts ont dû prendre origine chez les premiers hommes. Il existe de nombreuses légendes sur les origines des Arts, mais il est bien certain que ce sont plutôt les instincts et les besoins des hommes qui les ont amenés à créer ce qui était nécessaire, à la fois pour contenter leurs besoins matériels et exprimer les premiers rêves de leurs pensées.

Les premiers hommes, nus, au sein d'une nature inculte et sauvage, éprouvèrent le premier besoin de se garantir des bêtes venimeuses, de là, naquit le *vêtement*. Les intempéries des saisons les forcèrent à chercher un abri, ils se construisirent des huttes, ils creusèrent des cavernes, ce sont là les premiers rudiments de l'*architecture* qui a été ainsi forcément le premier des Arts, puisqu'il a été nécessaire aux premiers besoins.

D'autres besoins succédèrent ; l'homme eut une famille, ses proches moururent autour de lui, il les enterra et il fit un monument pour conserver leur souvenir, quelques pierres d'abord, et ce fut là l'origine *du tombeau;* puis lorsqu'il vit périr les siens, lorsqu'il eut à lutter contre mille difficultés, il pensa à sa faiblesse et il éleva les yeux vers le ciel; l'idée d'un être suprême lui vint alors, il songea à Dieu et pour l'honorer, pour l'implorer, il construisit le *Temple.*

Tous ces monuments furent d'abord informes, grossiers, mais l'homme, trouvant la nature belle autour de lui, se mit à l'admirer et voulut la copier; il donna plus de soins à sa cabane, à son tombeau, à son temple, et chercha à créer sur la pierre quelques ornements; ce furent là les premiers rudiments de la *sculpture* (1).

Pour boire, pour faire cuire les aliments, nos ancêtres devaient fabriquer des instruments en terre, des vases, d'abord informes qui entourèrent leurs foyers; comme ces sortes de choses restaient dans la cabane, dans la hutte, ils pensèrent à les rendre plus agréables aux yeux, à leur donner de doux contours, des formes plus charmantes, à y mettre quelques ornements, et c'est ainsi que prirent naissance les premiers *Arts décoratifs*, les *Arts appliqués à l'Industrie.* Ainsi ce furent des besoins nouveaux qui créèrent des Arts nouveaux, et, plus ces besoins grandirent, plus les Arts s'élevèrent; car ils sont en réalité l'expression la plus haute des civilisations.

C'est souvent au moyen des ruines artistiques des peuples antiques qu'on peut refaire l'histoire de leur civilisation. L'histoire de l'Égypte a été refaite de la sorte.

## UTILITÉ DE L'ÉTUDE DES ARTS

La connaissance de l'Art, qu'ont les nations les plus barbares et les moins civilisées, n'est-elle pas la meilleure preuve que l'Art est utile à l'homme ?

(1) Du latin sculptura, tailler, graver.

Les relations des voyageurs, des explorateurs, nous apprennent que les peuples les plus sauvages, ont un Art, font des peintures et des sculptures plus ou moins parfaites selon leur degré de civilisation.

Raconter l'*histoire des Arts*, c'est ainsi raconter l'*histoire de l'humanité*.

On ne doit pas considérer l'étude de l'art comme un simple agrément, il est au contraire comme un second langage qui achève de perfectionner les moyens que nous avons de nous communiquer nos pensées et nos sentiments.

L'objet principal de l'art étant d'exprimer matériellement de nobles sentiments pour les faire passer dans l'âme des spectateurs, il doit être universel, il doit être une véritable langue qui puisse être comprise dans toutes les parties du monde (1).

Un tableau, une statue, nous rappellent à nous-même, en nous faisans jouir artificiellement des plaisirs que nous offre la nature qui nous entoure.

(1) « L'étude des arts, a dit M. Guizot, a ce charme incomparable qu'elle est absolument étrangère aux affaires et aux combats de la vie. Les intérêts privés, les questions politiques, les problèmes philosophiques divisent profondément et mettent aux prises les hommes. En dehors et au-dessus de toutes les divisions, le goût du beau dans les arts les rapproche et les unit : C'est un plaisir à la fois personnel et désintéressé, facile et profond, qui met en jeu et satisfait en même temps nos plus nobles et nos plus douces facultés, l'imagination et le jugement, le besoin d'émotion et le besoin de méditation, les élans de l'admiration et les instincts de la critique, nos sens et notre âme.

« Aussi les arts ont-ils ce privilège qu'il peut leur échoir de prospérer et de charmer les hommes aux époques et dans les conditions de société les plus diverses. République ou monarchie, pouvoir absolu ou liberté, agitation ou calme des existences et des esprits, pourvu qu'il n'y ait pas ou cet excès de souffrance ou de servitude qu'abaisse et glace la société tout entière, le goût et la fortune des arts peuvent se développer avec éclat. Ils ont prêté leur gloire à l'empire Romain comme à la Grèce républicaine, et fleuri au sein des orageuses républiques du Moyen âge comme sous le sceptre majestueux de Louis XIV. »

La vue des chefs-d'œuvre de l'art, n'est-elle pas d'une grande utilité pour la société toute entière (1) ?

Des tableaux, des gravures, des statues, ne sont pas seulement des meubles plus ou moins agréables, plus ou moins luxueux, ils sont souvent utiles, ils sont même instructifs ; ils excitent les sentiments élevés, nobles, les grandes idées, les réflexions sérieuses et morales.

Les portraits sont de véritables monuments d'honneur ou d'infamie, suivant les personnages qu'ils représentent, et qui survivent ainsi à leur propre mémoire. La vue d'un scélérat n'inspire-t-elle pas une grande horreur de vice et celle d'un grand homme, d'un homme de bien, ne nous donne-t-elle pas une excitation salutaire pour pratiquer la vertu.

## UTILITÉ DE L'ART
## POUR LES CLASSES OUVRIÈRES

Les arts ne sont pas seulement utiles aux riches auxquels elles procurent de douces jouissances, des plaisirs délicats, mais bien aussi aux classes populaires, aux ouvriers (2).

Est-ce que l'ouvrier, en peuplant sa mansarde, son humble logement, de quelques objets artistiques, de quelques dessins et gravures, n'en rendra pas l'aspect moins pauvre, moins misérable ; est-ce que son séjour ne lui en semblera plus agréable ? En apprenant à aimer mieux son intérieur, l'ouvrier apprendra à aimer d'avantage les siens ; les liens

---

(1) L'étude de l'histoire des Arts fera aimer la liberté, car on pourra s'apercevoir que c'est aux grandes époques de la liberté que viennent le mieux l'inspiration et le choix des beaux modèles.

(2) « Dans l'état le plus humble, dit M. de Ménorval, l'instruction est nécessaire ; tout est soumis aux calculs, aux règles du goût, du dessin. On ne façonne, on n'assouplit la matière qu'à la condition de la connaître. L'ouvrier n'est-il point d'ailleurs un homme à qui la société doit demander à toute heure de l'intelligence et du cœur. »

sacrés de la famille lui sembleront plus doux, il aura moins de mauvaises fréquentations et deviendra plus sociable, plus civilisé. Il conservera les moindres souvenirs, et gardera précieusement ce qui appartenait à ses ancêtres, dont il apprendra à honorer la mémoire et à méditer la vie.

De plus, dans tout ce qu'il fera, soit chez lui, soit à l'atelier, l'ouvrier mettra plus de soins, plus de goût; il recherchera davantage l'étude de la beauté dans ses travaux, se fera estimer de ses patrons, de ses concitoyens, et tout cela sera pour lui de nouvelles sources de richesses matérielles et morales.

L'Art, envisagé de la sorte, n'est-il pas d'une grande et noble utilité et n'est-ce pas rendre service que de tâcher d'en faire prendre le goût aux classes populaires ?

## DÉFINITION DE L'ART

L'*Art* est l'imitation idéale de la nature et non simplement sa copie.

L'artiste qui fait une œuvre d'art, met en plus de la copie qu'il fait de la nature, quelque chose qui est son idée propre: c'est ce quelque chose qui a reçu le nom d'*Idéal* (1). L'idéal sera fort *variable*, il variera selon le pays de l'artiste, selon l'état des mœurs et des esprits de son siècle, selon son éducation et son propre caractère.

Pour un grave flamand aux mœurs bourgeoises, l'idéal ne sera pas le même que pour un italien du XVIe siècle aux mœurs raffinées, que pour un espagnol catholique ou un français vicieux du XVIIIe siècle.

Une preuve que faire une œuvre d'art, ce n'est pas imiter seulement la nature, c'est qu'une photographie, aussi fidèle

---

(1) L'art est l'interprétation de la réalité et non de la copie. L'artiste qui n'est pas un créateur idéaliste, n'est qu'un émule du photographe.

que possible, nous laissera complètement froids, tandis qu'une œuvre d'art réveillera en nous mille sensations, nous rappellera un grand nombre de souvenirs.

Les sculptures de Notre-Dame de Paris évoquent en nous le souvenir des légendes mystiques du Moyen âge, un tableau de Lebrun ou de Lorrain reportera notre pensée vers l'éclat pompeux de la cour de Louis XIV, le portrait d'une infante par Velasquez, nous rappellera les mœurs catholiques, monacales, de la cour d'Espagne où le sourire même était banni.

L'art étant l'expression la plus haute de la civilisation d'un peuple, les divers états des mœurs, des esprits, de la littérature, de l'éducation, du climat, auront une grande influence sur le développement et la nature des œuvres d'art. D'ailleurs à l'appui de notre thèse, nous pouvons citer cette définition d'un grand philosophe « *l'Art, a dit Bacon, c'est l'homme ajouté à la nature.* » Le grand poète Lamartine a dit aussi « *Pour tout peindre il faut tout sentir.* »

Chaque artiste, représentera selon les mœurs et les caractères (1) de son pays, la nature et l'idéal (2) sous un aspect différent : c'est ainsi que pour représenter le *Christ*, l'italien Léonard de Vinci lui donnera la noblesse d'un dieu, et Michel-Ange l'aspect d'un juge, tandis que Rembrandt, le représentant le plus grand de l'art bourgeois des Pays-Bas, nous montrera un christ populaire, un vrai type flamand, d'homme du peuple ; le christ au tombeau de l'allemand Hans Holbein sera un véritable vers de terre, un cadavre d'homme près de se décomposer.

---

(1) Le sujet ne signifie rien dans les arts, les plus grands artistes Michel-Ange, Raphaël, Corrège, Rubens, n'ont-ils pas fait des chefs-d'œuvre en représentant toutes sortes de sujets.

(2) Dans la *Kermesse* de Rubens (qui est au musée du Louvre), l'idéal est la fureur de l'orgie, la rage de la chair brutale ; dans la *Galathée* de Raphaël, l'idéal est la représentation de la beauté féminine, fière, gracieuse, sereine.

Dans un même pays, dans une même école, l'idéal des artistes, tout en conservant le caractère propre aux mœurs du pays, variera suivant le tempérament de chacun d'eux : C'est ainsi que Léonard de Vinci nous représentera une *madone* gracieuse, le fier et hautain Michel-Ange nous la montrera austère, et Raphaël rendra ses vierges suaves et divines.

La littérature, les belles lettres, exerçant sur les œuvres d'art, une très grande influence ; les poètes, les littérateurs, les écrivains, sont des maîtres que les artistes consultent souvent pour exprimer les pensées du siècle où ils vivent, les mœurs de ceux qui les entourent.

Les fresques à la fois touchantes et énergiques qui couvrent les murs des vieilles églises de Toscane, n'ont-elles pas été inspirées par la divine comédie du Dante.

Les poésies du Dante, de celui qui a réellement le plus fait pour l'unité de l'Italie, ont été les leçons principales des grands artistes de la Renaissance. Chaque œuvre de Michel-Ange porte l'empreinte de l'héritage dantesque.

Les œuvres de Lebrun, des paysages de Claude Lorrain, n'ont-ils pas quelque chose de la majesté et de l'éclat des sermons de Bossuet, de Bourdaloue, des écrits de Racine, de Corneille?

## LA BEAUTÉ DANS L'ART

On a dit souvent que l'Art était la recherche du Beau (1), que faire une œuvre d'Art c'était rechercher le vrai. Tout cela est fort joli, mais ce sont des formules creuses, car, alors, comment définir le Beau devant tant de diverses œuvres d'Art. Chacun comprendra le Beau à sa manière, celui-

---

(1) La recherche de la Beauté doit être évidemment un des principaux objets de l'Art. L'artiste appelle la Beauté ce que le philosophe appelle la loi ; il nous figure la réalité au moyen de l'Idéal.

ci trouvera que les œuvres des peintres italiens sont seules belles, celui-là, comme Louis XIV, appellera les personnages de Teniers des Magots; tel rira des sculptures naïves de nos vieilles basiliques, et, cependant dans toutes ces œuvres le Beau existe, l'appréciation n'est plus qu'une affaire de tempérament. Il est plus juste de dire que le *Beau* (1) *est l'expression idéale du vrai* : La beauté, existe tout aussi bien dans une toile de Raphaël représentant un sujet divin, que dans une scène bourgeoise de Rubens ou de Rembrandt; une coupe chinoise avec ses peintures si vives, si fraîches, quoique sans perpective, est tout aussi belle dans son genre, qu'une coupe de porcelaine française ou une majolique italienne : l'une et l'autre de ces toiles ou de ces coupes est l'expression d'une idée différente; les peuples pour qui elles sont faites ayant des mœurs, des besoins différents, la manière d'en exprimer la beauté sera différente (2), elle cherchera tout simplement à se rendre compréhensible à ceux à qui elle s'adressera. Il est de toute évidence qu'un flamand lourd, grossier, ne comprendra pas l'Art de la même façon qu'un italien léger, frivol, spirituel : au premier, il faudra pour lui plaire la représentation d'une scène triviale, à lui qui passe un bon quart de sa vie à boire, une scène de cabaret lui fera un sensible plaisir; au contraire, au second, à l'italien lettré et instruit, une œuvre délicate, fine, jolie, le comblera de joie, la vue d'une toile de Titien

(1) « Une forme est d'autant plus belle a dit saint-Thomas, qu'elle triomphe davantage de la matière, qu'elle en est moins enveloppée, e qu'elle s'en échappe plus par sa propre vertu. »

Platon, le philosophe antique, a dit que le Beau était la splendeur du vrai, et saint Augustin a dit qu'il était la splendeur de l'ordre.

(2) La Beauté peut-elle réellement bien se définir? La Joconde n'est-elle pas aussi belle que la femme au chapeau de Rubens, et une suave madone de Raphaël n'a-t-elle pas un caractère de grande beauté tout aussi bien que la Vénus de Milo ?

représentant la belle nature ou d'une majolique aux contours délicats, lui procurent un plaisir agréable (1).

## L'EXPRESSION DANS L'ART

L'art antique, recherche surtout la beauté plastique, c'est-à-dire la beauté corporelle, qui frappe les sens, l'Art moderne, ajoute à la beauté plastique, la beauté morale ; l'artiste moderne met dans son œuvre quelque chose de lui-même, une partie de son âme (2).

On a dit avec raison, que la sculpture antique représentait *le silence de l'âme ;* il n'en est pas de même de la sculpture moderne si expressive ; voyez une statue antique, tout est fort beau, mais froid comme le marbre lui-même, nulle expression dans la physionomie. Regardez au contraire une statue de Michel-Ange, avec une réelle beauté de la forme, quelle expression, quelle majesté ne trouve-t-on pas par exemple dans son *Moïse;* dans le portrait de la *Joconde* de Léonard de Vinci, n'y-a-t-il pas mille pensées dans le sourire de cette jeune femme ?

L'Art moderne est donc surtout expressif.

Dans l'histoire des Arts, on peut considérer trois périodes :

*L'Art antique ;*
*L'Art du Moyen âge ;*
*L'Art des Temps modernes.*

(1) « Il y a deux genres de beauté a dit, Lamennais, la beauté matérielle ou individuelle de la forme, et la beauté idéale de cette même forme ou resplendit le Beau infini de qui elle découle et auquel elle demeure unie. De l'union de ces beautés résulte la Beauté suprême, sous le point de vue de l'Art. »
*(De l'Art et du Beau).*

(2) « Ce qui distingue particulièrement les grands maîtres, c'est qu'ils ont su prêter aux lieux un langage indéfinissable, qui touche, émeut, provoque la rêverie et l'attire doucement comme en des espaces infinis. »
LAMENNAIS *(de l'Art du Beau).*

# LES ARTS DANS L'ANTIQUITÉ

## L'ART ÉGYPTIEN

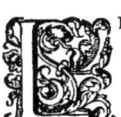E peuple égyptien est le premier peuple qui ait connu l'art avec le plus de perfection.

Les habitants de l'Egypte se divisaient en *trois castes* : les prêtres, les riches, et les esclaves. L'Orient est le pays des rêveurs, c'est là que nous sont venus les contes des mille et une nuits, il y fait très chaud et la nature y est calme, ce qui donne une certaine tendance à se laisser guider, à anéantir toute initiative.
explique un peu cet état d'esclavage.

En Égypte l'horizon est immense, et les terrains sablonneux vont se confondre et se perdre, dans un ciel où tout coloris et toute forme disparaissent.

Tout est uniforme dans la nature égyptienne depuis le Nil, si vaste, qui coule presque en ligne droite jusqu'aux montagnes monotones qui le bordent. L'aspect du désert n'est-il pas lui aussi à la fois d'une sécheresse désespérante et d'une majesté incomparable, aussi n'est-il pas étonnant que l'art de l'égyptien, qui rend la nature d'une façon si exacte, soit à la fois si régulier et si imposant, si froid et si monotone.

La nature en Egypte frappant forcément l'imagination d'une façon si grandiose, il est tout naturel que l'artiste ait voulu de même frapper l'esprit d'une profonde impression, aussi la *ligne droite*, symbole de grandeur, d'unité et de force a-t-elle la préférence dans l'art Égyptien.

De plus, l'*absence de détails*, qui manquent dans la nature d'une si grande pureté en Orient maintiendra aussi le majestueux et la simplicité de l'art égyptien, et par suite l'*architecture* en est le véritable interprète.

En Egypte, l'art était le privilège de quelques-uns : Les prêtres avaient la suprématie, aussi l'art est-il *sacerdotal*.

Les Egyptiens construisaient des palais pour glorifier leurs rois, ou des tombeaux pour honorer leurs morts. Les artistes qui exécutaient les travaux n'étaient que des ouvriers, ils ne travaillaient pas de la tête, rien que de la main, ils ne faisaient que mettre à exécution, l'idée que le prêtre avait tracé sur le papier.

L'art étant sacerdotal, étant par suite immuable, il ne changeait pas.

Platon (1), le célèbre philosophe, nous raconte qu'on déposait les modèles dans les temples, et défense formelle était faite aux artistes de ne rien faire de nouveau ni de contraire à ce qui avait été ordonné par les lois.

C'est à la France, (il faut le dire bien haut, car c'est un honneur pour elle), à *Champollien* et *Donon* que revient l'honneur d'avoir découvert les mystères de l'art égyptien.

*Champollion le Jeune*, savant français a découvert les secrets de l'écriture *hiéroglyphique*, il a recomposé une grammaire égyptienne.

Les égyptiens ont représenté les *bas-reliefs* en creux, et il ont introduit les premiers le *portrait* dans l'art de la sculpture.

L'art égyptien est une transition entre l'art indien et l'art grec.

La vie, pour les égyptiens n'était pas grand chose, le peuple opppressé, malheureux, n'y tenait pas beaucoup, aussi l'immortalité de l'âme a-t-elle tenue une grande place dans les croyances.

(1) Disciple de Socrate, il est mort en l'an 387 av. J.-C.

L'art égyptien se résume tout entier dans cette croyance de l'immortalité de l'âme (1), ce qui le prouve c'est que leur habitation n'est souvent qu'une simple cabane ; ils réservent leurs richesses pour leurs tombeaux : on y trouve des vases, des bijoux, et jusqu'à des meubles. On embaumait même les corps parce qu'en croyant à la résurrection, les égyptiens pensaient qu'ils devaient être bien conservés pour le jour où ils réssusciteraient. Comme tombeaux, ils construisirent es *pyramides* pour sépultures royales, les *sarcophages* pour les classes moyennes et les *stèles* et *tumulus* pour les pauvres.

Les principaux monuments d'art des égyptiens sont les *pyramides*, les *sphinx*, les *obélisques*.

Les *pyramides* sont les sépulptures des rois, elles ont la forme bien simple d'un triangle et pourtant elles sont bien imposantes dans leur simplicité; la plus grande pyramide, celle de Cleops, mesure 133 mètres de hauteur et a 206 rangées de marches, cent mille hommes y ont travaillé pendant 30 ans. Il fallait vraiment un peuple esclave pour faire de semblables travaux.

Dans l'intérieur des pyramides, des couloirs conduisaient au caveau qui contenait la momie du souverain.

Le *sphinx* se compose d'une tête d'homme sur un corps de lion avec une poitrine de femme : Il est à la fois le symbole de l'intelligence représentée par une tête d'homme, unie à la force représentée par le corps du lion. Au *Louvre* il y en deux en granit rose.

En Egypte, il y a des sphinx qui ont jusqu'à 7 pieds de haut.

Les *obélisques* (2) ne sont autre chose que des menhirs perfectionnés; les menhirs de la Vendée, de la Bretagne ont

---

(1) En Égypte la forme compte pour peu de chose, c'est le symbole qui est tout.

(2) Le nom d'obélisque vient du grec *obelos,* mot qui signifie aiguille.

tout simplement des formes géométriques moins parfaites. Ce sont probablement des monuments funéraires.

L'obélisque en granit rose de la place de la Concorde, à Paris, transporté sous le règne de Louis-Philippe, est le plus grand que possède l'Europe. Les inscriptions hiéroglyphiques rappellent les exploient du roi Rhamsès II.

Les bas-reliefs représentent les actes d'adoration de Rhamsès II au dieu Soleil Ammon Râ.

Les *Sarcophages* étaient la plupart du temps en granit; on y représentait des scènes se rapportant à l'*immortalité de l'âme*.

## LE MOBILIER ÉGYPTIEN

Avant de manger, les Égyptiens se lavaient toujours les mains, ils avaient pour cet usage des aiguières à col très allongé, quand ils recevaient des convives, autrement ils se lavaient simplement les mains dans une coupe.

Ils n'avaient pas de tables communes, chaque convive avait une table fort exiguë sur laquelle on plaçait les aliments et il ne mangeait qu'après les avoir retirés. La boisson se servait dans des petites tasses; les liquides étaient mis dans des vases allongés ou amphores pointus par le bas.

On se servait aussi d'ustensiles en terre ou en métal, avec ou sans anses, et de plats à formes très nombreuses. On a découvert un grand nombre de ces ustensiles de ménage dans les tombeaux égyptiens, tels que cuillères en bois, en ivoire, en or ou en bronze, suivant la richesse du défunt. Les formes en étaient souvent bizarres. Le musée du Louvre en possède de beaux spécimens curieux à consulter.

Les Égyptiens devaient manger les mets solides avec les doigts, car on n'a pas retrouvé de fourchettes.

Il y avait aussi des ustensiles à long manche servant sans

doute à puiser de l'eau ou divers liquides pour les usages domestiques.

## VERRERIE ÉGYPTIENNE

Les Égyptiens connaissaient l'usage du verre et étaient mêmes très avancés dans l'art de la verrerie. C'est ainsi que dans les peintures des tombes de Benni-Hassan, qui datent de 2000 ans avant l'ère chrétienne, on voit la représentation de verriers thébaïns, puisant le verre en fusion, ou le soufflant. Le capitaine Hervey de la marine royale, a trouvé à Thèbes un grain de collier, en pâte de verre, moulé et d'un art très avancé. Pline vante les verreries égyptiennes de Sidou et Théophraste, et Hérodote celles de Tyr. Les Romains connaissaient la réputation des verreries égyptiennes, aussi, quand Octave eut soumis l'Égypte (an 26 av. J.-C.), ils s'empressèrent d'exiger l'impôt sur le verre. Cet impôt fut une source de fortune pour toutes les verreries égyptiennes, et, les Égyptiens se livrèrent à un grand commerce d'exportation dont ils conservèrent le monopole jusqu'à l'époque du règne de Tibère (an 14 av. J.-C.), où cette industrie commença à être cultivée à Rome.

## LES BATEAUX ÉGYPTIENS

En Égypte, le transport des marchandises se faisait toujours par eau ; le Nil et les canaux étaient sillonnés d'une multitude de *barques* et de *petits bateaux* (1) dont beaucoup avaient une grande élégance ; les barques de plaisance en particuliers étaient ornées d'or, d'argent, d'ivoire.

« Les barques des Égyptiens, dit Hérodote, celles qu'ils emploient au transport des marchandises, sont faites d'acacia. Les barques ne peuvent naviguer en remontant le

---

(1) Une peinture de Thèbes nous montre des bateaux de transports remplis de bestiaux, une barque amarrée près du rivage.

fleuve, à moins d'un vent violent; on les remorque du rivage.

Pour remonter les brisants ou traverser les bras de rivière, on employait des *petits bateaux* (1) faits entièrement avec du *papyrus* dont les tiges étaient soudés avec de l'asphalte ou de la poix. (Le panier sur lequel Moïse fut exposé sur les eaux, était probablement un de ces bateaux en papyrus.)

## LES ARTS DÉCORATIFS CHEZ LES ÉGYPTIENS

Les Égyptiens ne savaient pas seulement tailler et construire les grands monuments; ils savaient encore travailler avec délicatesse les divers objets du mobilier, de la toilette. Les bijoux qui nous restent des Égyptiens sont d'un travail délicat et achevé. La ciselure était arrivée à un grand degré de perfection.

Les Égyptiens avaient des bijoux faits en or, en bronze, en verre, en terre émaillée et bien rarement par exemple en argent. On y admire une grande variété d'inventions.

Les colliers et les bracelets sont surtout décorés d'une façon remarquable.

Toutes les étoffes, galons, broderies, etc., étaient en lin.

Les fauteuils, les sièges, les lits, les tables étaient sculptés, et les pieds de ces divers meubles représentaient ordinairement des pieds d'animaux. Ils étaient aussi souvent incrusté avec de l'ivoire.

Les faïences, les bouteilles mêmes, avaient des formes agréables et leurs anses représentaient souvent des animaux. Les nuances étaient nombreuses et variées.

Quant aux objets et ustensiles de toilette, ils avaient la plupart du temps une forme exquise; les petits objets en bois

---

(1) La décoration d'une tombe, près des pyramides, montre la construction d'un de ces bateaux de papyrus.

HISTOIRE DES BEAUX-ARTS ET DES ARTS APPLIQUÉS A L'INDUSTRIE. PL. I.

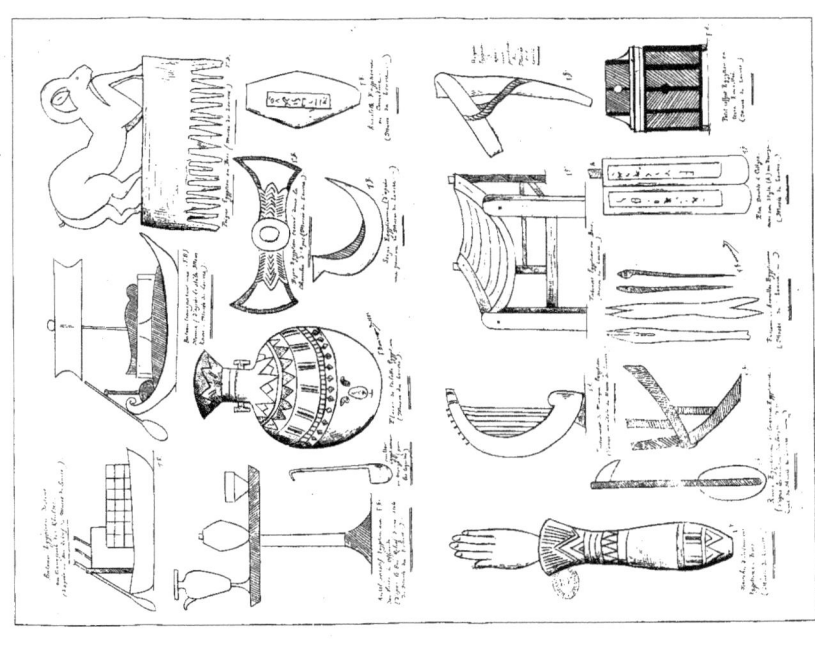

et en ivoire servant à mettre des parfums, des pommades, étaient délicieusement sculptés. Plus d'une fois, dans le cercueil d'une reine égyptienne, on a retrouvé des pendants d'oreilles d'une finesse prodigieuse (1), des manches d'éventails ornés d'incrustations d'un travail très fini, d'une délicatesse si grande que l'orfèvrerie moderne ne saurait mieux faire ; et cependant, ces objets qui ont servi de parures aux défuntes, sont souvent contemporaines de l'entrée des Hébreux en Égypte.

## L'ART DES HÉBREUX

Il n'est guère possible de donner de grands détails sur l'Art des Hébreux. La religion interdisant à ces peuples l'imitation des formes vivantes; la richesse des objets se représentait plutôt par l'or qui les recouvrait (2). Le temple des Hébreux était décoré avec une grande magnificence. Nous ne pouvons guère pour leur architecture, que nous reporter à la Bible qui donne la description du *Temple de Salomon* sur la montagne de *Moriah*.

Le *système de construction* du *Temple de Salomon* était très simple : à l'extérieur, on ne s'était servi que de la pierre, et à l'intérieur que du bois, seulement ce bois était doré et décoré avec richesse (3).

(1) Voir au musée du Louvre, les riches collections du premier étage.

(2) Nous pouvons voir dans la Bible que sous le règne de Salomon c'était de Sidon et de Tyr qu'on faisait venir des artistes pour décorer les édifices.

(3) « L'intérieur du temple de Salomon, dit M. Batissier, était décoré avec une prodigieuse magnificence. Les deux sanctuaires, le *Saint des Saints* et le *Saint*, étaient lambrissés avec des boiseries de cèdre sur lesquelles on avait sculpté des fleurs, des coloquintes et des chérubins ; tous ces lambris étaient rehaussés de lames d'or, fixées avec des clous d'or. Le sol était couvert de planches de cyprès également plaquées de lames d'or. La porte du milieu avait deux battants, et était de bois d'olivier sculpté de chérubins, de palmes et de fleurs épanouies.

« Dans le lieu saint, se trouvaient, d'un côté, le chandelier aux

## L'ART DES PHÉNICIENS

On rencontre des vestiges de l'Art des Phéniciens à Sion, à Tyr, et jusque dans les environs de Carthage, de Malte.

Leurs édifices devaient être en forme de cône, ils employaient l'or, les bois précieux pour leurs ornementations.

L'Art de teindre les étoffes au moyen de la pourpre aurait eu pour inventeur les Phéniciens.

C'est de l'écriture phénicienne que sont dérivées toutes les autres écritures : l'*alphabet phénicien* est le premier qui s'est répandu dans le monde civilisé ; tous les alphabets découlent de l'alphabet phénicien.

L'écriture phénicienne est celle que l'on retrouve sur les monuments phéniciens. Les prescriptions phéniciennes sont précieuses à consulter pour l'histoire de l'Art. On en compte aujourd'hui plus de 3,000 que l'on a retrouvées non seulement en Phénicie, mais en Sicile, à Malte, à Marseille à Carthage, partout où existaient des colonies phéniciennes.

Les temples phéniciens étaient de petite dimension. Le plus remarquable était celui d'Astarté à Paphos, dans l'île de Chypre. Les statues phéniciennes étaient rarement sculptées en pierre ; le bois était employé de préférence. Les sculpteurs recouvraient leurs statues de feuilles métalliques, battues au marteau.

## L'ART EN CHALDÉE

La civilisation des peuples a eu *deux foyers* : l'*Égypte* et la *Chaldée*. La civilisation chaldéenne est née dans le bassin du Tigre et de l'Euphrate, dans la région voisine du golfe

sept branches et cinq candélabres d'or. Tous les autres objets précieux, tels que vases, plats, encensoirs, tables, lustres, instruments de musique, habits sacerdotaux, étaient conservés avec les lingots. »

Persique. Ce pays avait été appelé par les Grecs du nom de *Mésopotamie.*

C'est surtout par des débris que l'on connaît l'Art chaldéen. C'est en Chaldée où tout a commencé, où tout est né pour ainsi dire, que l'on trouve les plus anciens monuments. Tout y était bâti en briques, car le pays manque de pierres.

Les ruines de la Chaldée se présentent aujourd'hui comme des masses de décombres.

L'architecture de ce pays était massive. La *décoration* était le plus souvent faite *par la peinture.* C'était à l'aide de teintes étendues sur les murs ou au moyen de briques émaillées que l'on réunissait les différents étages d'un monument. On se servait beaucoup de la faïence vernissée.

Dans la sculpture chaldéenne, on remarque de la vigueur et une grande franchise. On y voit déjà dans la représentation des personnages, cette longue chevelure et cette longue barbe que l'on retrouve plus tard dans les sculptures assyriennes.

Dans l'Art Chaldéen archaïque, les figures, et surtout les figures assises sont en général d'une forme très ramassée ; elles sont courtes. Il n'y a aucune recherche de la grâce, l'artiste ne vise qu'à la vérité de l'effet et à l'expression de la puissance. Les bas-reliefs représentent d'étranges scènes de carnage, de funérailles, de guerre.

Par la suite, la sculpture chaldéenne arriva à une exécution très avancée qui gardait, jusque dans les moindres détails de la décoration et du relief, une délicatesse très remarquable. Ce sont surtout les figurines en terre cuite qui nous offrent des échantillons d'un style plus élégant et plus fin.

## L'ART DES ASSYRIENS

Les Assyriens ont bâti et sculpté en pierre, car ils avaient la pierre à discrétion. C'est la pierre qui a été employée à la décoration des palais et aux soubassements des édifices.

C'est à *Khorsabad* que l'on a trouvé le plus de vestiges de l'Art des assyriens ; le Louvre en possède un certain nombre, entre autres des bas-reliefs représentant des hommes (ce sont des vaincus et des prisonniers), conduisant des chevaux.

*Babylone* (1) si célèbre, *Persépolis*, bâtie sous Darius, *Ecbatane*, bâtie sous Cyrus, *Ninive*, bâtie plus de 1,000 ans avant Jésus-Christ et qui n'avait pas moins de 20 lieues de tour, étaient des villes assyriennes, dont il reste encore quelques ruines remarquables.

On a retrouvé quelques ruines du temple de *Bélius*, près Babylone.

Certains monuments des Assyriens affectent la forme de pyramides à étages superposés ; leurs palais étaient bâtis sur des terrasses.

Dans les débris de meubles trouvés dans les ruines, on s'aperçoit que l'or et l'argent étaient employés à profusion.

Les Assyriens savaient travailler le bronze puisqu'ils ont fait des statuettes qui datent de plus de 18 siècles avant notre ère (2).

Ils ne connaissaient pas bien le travail de la ronde bosse ; cela se voit dans les ouvrages en haut-relief qui sont parvenus jusqu'à nous.

(1) Babylone était entourée de murailles ayant 15 mètres d'épaisseur sur 50 de hauteur. Elle était remplie de jardins suspendus ou de grandes galeries.

(2) On peut voir au musée du Louvre un petit lion en bronze placé sur un autel à trois faces.

Les artistes assyriens, avaient surtout le don du monument, et ils savaient le rendre avec justesse.

## CÉRAMIQUE ASSYRIENNE

Les potiers assyriens ne se servaient pas de moules, ils modelaient en plein dans l'argile. Ordinairement, la terre qu'ils employaient était grossière, granuleuse, grise et très friable comme celle des briques. Au musée du Louvre, on possède un certain nombre de figurines en terre cuite provenant de Khorsabad et qui ont été découvertes dans des cachettes construites, sous le sol du palais, près des portes. C'étaient des amulettes protectrices; les figures sont pareilles à celles des bas-reliefs assyriens dont elles reproduisent le style et le costume (elles datent du VIII$^e$ siècle). On a aussi retrouvé des figurines d'une terre rose, cuite au feu (1). Le Louvre possède aussi des terres émaillées représentant des animaux (elles datent du VII$^e$ siècle).

Au palais d'Assombanipal on a retrouvé des maquettes en terre cuite qui servaient de modèles aux sculpteurs (2).

## L'ART INDIEN

Ce qui caractérise l'Art indien, c'est qu'à l'inverse de l'Art égyptien où domine la ligne droite, l'artiste s'en sert au contraire le plus rarement possible et recherche la *ligne courbe* et les *arcs de cercle*.

Dans les Indes (3), l'aspect terrifiant des volcans, l'énor-

(1) Elles sont au *British Museum*, à Londres.
(2) Voir Georges Perrot, tome II, *Histoire de l'art*.
(3) Dans l'Inde, aux sites gigantesques, dit M. Daniel Ramée, l'architecture sera colossale mais sans sévérité, participant à la fois des architectures grecques et égyptiennes, parce que les idées religieuses de ces peuples avaient quelque analogie entre elles, et parce que les matériaux et le sol de l'Inde ont également quelques ressemblances avec ceux de la Grèce et de l'Égypte.

mité des montagnes et des fleurs écrasent la nature, aussi n'est-il pas étonnant que l'Art soit aussi démesuré, écrasé, sans ordre ; rien n'est régulier comme en Égypte, tout est comme la nature elle-même en confusion, en fouillis.

En Égypte, l'architecture occupait la plus large place, ici, au contraire, c'est la sculpture.

Dans les temples souterrains surtout, construits en l'honneur de Bouddha, l'or a fait un véritable travail de fée ; les artistes ont reproduit à profusion la flore et la faune qui les entourait : les fleurs, les palmiers, les singes, les éléphants même, rien n'y manque.

Le temple indien le plus célèbre est celui d'*Ellora;* il est rempli de chapelles, de corridors, etc... Toutes les surfaces sont couvertes de bas-reliefs (1).

## L'ART GREC

Il y a plus de 3,000 ans que la Grèce existe et aujourd'hui encore c'est dans les œuvres des sculpteurs grecs que les artistes vont chercher leurs modèles, car l'art grec a été le plus beau du monde pour la sculpture.

Ce qui caractérise principalement l'art grec, c'est la *représentation des corps nus.*

Tout est *chaste* dans l'art grec, le *nu* y est toujours décent et le *beau* toujours *idéal*. C'est là, le secret de la suprématie et de la grandeur de cet art qui a traversé un si long espace de temps sans lasser l'admiration, car la sculpture grecque sera toujours le modèle et l'institutrice de la sculpture de l'avenir.

Chez les Grecs, le *but suprême* de l'art, c'est *la beauté*. On

(1) Le travail de la sculpture chez les Indiens est tellement fin et délicat, qu'il ressemble plutôt à un travail d'orfèvrerie. On rencontre souvent sur un petit espace des milliers de statues ou de sculptures représentant des scènes de la mythologie indienne.

peut dire que c'est par la Grèce que, pour la première fois, la beauté fit son apparition dans le monde.

Il y a plusieurs causes à cette suprématie de l'art grec. D'abord, la nature aura une influence en Grèce, l'art sera pur, varié, gracieux, riche et sévère à la fois, comme la belle nature au sein de laquelle il est né.

Ensuite, une grande émulation, pour les arts, régnait chez les Grecs, et de même que chez les Italiens du XVI<sup>e</sup> siècle, l'étude des beaux-arts faisaient partie de l'éducation des riches.

Les Grecs honorèrent, non-seulement, les chantres, les poètes, mais aussi les artisans; les Athéniens rendaient des hommages à *Nicius*; à *Apelles* (célèbre peintre de Cos, 340 ans avant Jésus-Christ), l'auteur de la Vénus anadyomène, recevait les hommages des habitants de Pergame.

Des concours publics avaient lieu entre les artistes; aussi le sculpteur ou le peintre qui savait que son œuvre serait vue de tout le monde, y mettait-il tout le talent, tout le soin possibles; dans certaines villes, même, on punissait d'une amende l'artiste qui avait produit une œuvre trop mauvaise.

Tout est beau dans la statuaire grecque, les proportions des corps sont admirablement exécutées. Il y a à cela plusieurs raisons.

En Grèce, tout contribuait à familiariser les yeux avec les belles proportions du corps humain. Les jeunes gens étaient presque toujours complètement nus; tous les Grecs prenaient des bains froids pour fortifier leurs corps, les danses sacrées s'exécutaient tous nus. Après la victoire, Sophocle dansa tout nu devant les trophées; il était donc tout naturel que le nu fût presque toujours ce qui se présentait à la vue et à l'esprit du sculpteur, quand il voulait faire une statue. De plus, chez les Grecs, dans les vêtements, rien n'emprisonnait aucune partie du corps, rien ne gênait le développement des divers membres. Ils avaient même de la coquetterie pour conserver la beauté corporelle, tout, depuis la naissance avait pour but l'embellissement et la conservation du corps humain.

Dans divers jeux des prix étaient décernés à la beauté ; la beauté du corps devenait ainsi l'apanage de la race grecque. Joignez à cela un orgueil immense (1) ; un philosophe grec disait : « si on parle dans l'Olympe (le ciel grec), on doit y parler grec ». *Phidias*, le grand sculpteur, disait : « Si nous donnons aux dieux la forme humaine, c'est par ce que nous n'en connaissons pas de plus parfaite ».

Aussi, n'est-il pas étonnant que la réunion de toutes ces circonstances aient été favorables à la production de belles œuvres.

On commença en Grèce, par représenter les héros et les dieux au moyen de blocs informes et de pierres grossièrement façonnées. Ensuite, on plaça des têtes sur ces blocs équarris. Ces sculptures ont reçues le nom d'*hermès*.

*Dédale*, fut le premier sculpteur qui sépara les jambes et forma de véritables statues. Au commencement de la sculpture grecque, les artistes, pour ajouter à l'effet de leurs statues, rehaussaient par les couleurs certaines parties, tels que les ornements, les franges, les ceintures, et parfois même ils promenaient leur pinceau sur les traits du visage.

C'était une véritable, mais aussi une magnifique barbarie que cette *sculpture polychrôme*, car la sculpture n'est point faite pour avoir besoin du secours de la couleur.

« Si la sculpture, dit Charles Blanc, qui façonne ses images en ronde bosse, ajoutait à la vérité palpable des formes, la vérité optique des couleurs, elle aurait à la fois trop de ressemblance avec la nature et pas assez ; elle serait

---

(1) Les Grecs avaient bien la conscience de la supériorité de leur esprit et de leur race quand ils traitaient de *Barbares* les peuples orientaux.

tout près du mouvement et de la vie, et ne nous montrerait que la mort. La couleur, après un mouvement d'illusion ne ferait que rendre plus sensible et plus choquante l'absence de vie, et cette première apparence de réalité deviendrait repoussante quand on la verrait démentie par l'inertie de la matière. Nous en avons un exemple dans les *figures de cire*, plus elles ressemblent à la nature, plus elles sont hideuses. Dès que le spectateur a reconnu leurs yeux d'agate, au regard fixe, leurs cheveux postiches, leurs faux sourcils, leurs barbes rapportées, il se sent en présence de fantômes, qui lui font horreur, précisément parce qu'il les voit semblables à lui-même. Les ombres impalpables que la peinture nous représente, peuvent avoir de la poésie et un charme effrayant, mais ces spectres épais et vides, en qui la vie n'est point et ne fut jamais, n'ont pas même la majesté de la mort. Ils ne sont avec leurs vrais habits et leurs vraies couleurs, que ce qu'il y a de plus horrible à dire, de faux cadavres. »

L'*architecture* aussi était *polychrômes*. Les tons des couleurs étaient même violents. C'étaient surtout le bleu, le rouge et l'or qui étaient le plus employés.

Au VIe et Ve siècle, c'était *l'Ecole d'Egine* qui était la plus florissante : sa sculpture avait un caractère très énergique. Cette école se distingue surtout dans l'art de fondre les métaux.

En *Crète*, les sculpteurs se servaient du marbre.

*Cimon de Cléone* y avait fondé une école de Peinture.

A *Argos*, *Polyclète* fonda une école de sculpture. Les architectes d'Argos construisirent un grand nombre de *temples*, entre autres ceux de Delphes et de Jupiter olympien à Delphes et à Athènes, de Cybèle à Sardes, de Diane à Ephèse, de Minerve à Egyne.

Mais, c'est surtout au IVe siècle, que les arts brillèrent d'un vif éclat non seulement en Attique, mais encore en Sicile, en Asie Mineure.

Parmi les principaux monuments de cette époque glorieuse on peut citer le Parthénon, les Propylées, le temple de Thésée, les temples d'Eleusis, d'Epidame, etc.

C'est à ce moment que les grands sculpteurs *Pythagore* et *Calamis* firent faire à la sculpture un grand pas.

Les plus belles époques de l'art grec, sont le siècle de Périclès et le siècle d'Alexandre.

C'est sous Périclès que fut construit le *Parthénon* sur l'*acropole*, les *Propylées* et que les deux grands sculpteurs, Phidias et Polyclète, couvrirent la Grèce de leurs chefs-d'œuvre (1). *Phidias*, né à Athènes au commencement du V° siècle, représente en sculpture le style sublime. Ses deux chefs-d'œuvre étaient la *statue de Minerve*, au Parthénon, et le *Jupiter olympien* qui passait pour une des sept merveilles du monde. Il travailla avec ses élèves à décorer le Parthénon; les sculptures de la frise inférieure, qui représentent le *cortège des Panothénées*, sont de sa propre main. *Polyclète*, de Sicyone, fonda une école de sculpture à Argos, on cite comme son chef-d'œuvre la *statue de Junon*, à Argos.

Ce fut sous Alexandre que travailla le peintre *Apelles*, son artiste favori, dont le chef-d'œuvre était la *Vénus Anadyomène*, mère de l'Amour et de la Grâce. Les deux grands sculpteurs du siècle d'Alexandre sont *Scopas* et *Praxitèle*. Les œuvres du premier étaient remarquables par le mouvement et l'expression. Le chef-d'œuvre du second était la Vénus aphrodite.

Mais le véritable chef-d'œuvre de la sculpture grecque c'est la *Vénus de Milo* du musée du Louvre, découverte en 1820. Cette figure, dont l'auteur est inconnu, est empreinte d'un grand idéal.

(1) « Ce ne sont pas seulement des hommes, les plus beaux de tous, qu'a fait la statuaire grecque. Elle a fait aussi des dieux, et, du jugement de tous les anciens, ces dieux étaient ses chefs-d'œuvre. »
(TAINE. *La sculpture en Grèce*).

Ce sont les Grecs qui ont introduit les ordres dans l'architecture :

*L'ordre dorique.*
*L'ordre ionique.*
*L'ordre corinthien.*

Après la mort d'Alexandre, l'art grec se dispersa et s'étendit partout : en Etrurie, dans la Grande-Grèce, en Sicile et en Orient.

## LES MONUMENTS DE LA GRÈCE

Athènes est une des villes de la Grèce la plus riche en ouvrages prodigieux. Les plus beaux monuments sont sur l'*acropole*.

« La première chose qui vous frappe dans les monuments d'Athènes, a dit Châteaubriant, c'est la belle couleur de ces monuments. Dans nos climats, sous une atmosphère chargée de fumée et de pluies, la pierre, blanc le plus pur devient bientôt noir ou verdâtre. Le ciel clair et le soleil brillant de la Grèce répandent lentement sur le marbre de *Paros* et du Pentélique, une teinte dorée, semblable à celle des épis mûrs ou des feuilles en automne.

« La justesse, l'harmonie et la simplicité des proportions attirent ensuite votre admiration. On n'y voit point ordre sur ordre, colonne sur colonne, dôme sur dôme.

Parmi les plus beaux monuments de la Grèce, qui sont à Athènes, on peut citer le *Parthénon* et les *Propylées*.

Le *Parthénon*,(1) construit d'après les dessins d'Istinus, est en marbre blanc. Il a 228 pieds de longueur, 59 de hauteur et 101 de largeur.

« Pour le Parthénon, dit Chateaubriand, la justesse, l'harmonie et la simplicité des proportions attirent l'admiration. Le temple est ou plutôt était un simple parallélogramme allongé, orné d'un péristyle, d'un *Pronaos* ou portique et élevé sur trois marches ou degrés qui règnaient

(1) Ou *temple de Minerve*, sur le point le plus éminent de l'acropole.

tout autour. Ce Pronaos occupait à peu près le tiers de la longueur totale de l'édifice; l'intérieur du temple se divisait en deux nefs séparées par un mur et qui ne recevaient le jour que par la porte. Dans l'une on voyait la statue de Minerve, ouvrage de Phidias ; dans l'autre, on gardait le trésor des athéniens. Les colonnes du péristyle et du portique reposaient immédiatement sur les degrès du temple. Elles étaient sans base, crénelées et d'ordre dorique ; elles avaient quarante-deux pieds de hauteur et dix-sept et demi de tour près du sol.

« Les triglyphes (1) de l'ordre dorique marquaient la frise du péristyle ; des *Métopes* ou petits tableaux de marbre à coulisse séparaient entre eux les triglyphes. Phidias et ses élèves avaient sculpté sur ces métopes, le *combat des Centaures et des Lapithes*. Le haut du plein mur du temple, où la frise de la Cella, était décorée d'un autre bas-relief représentant la fête des Panathénées.

« Tel était ce temple qui a passé à juste titre pour le *chef-d'œuvre* de l'architecture chez les Anciens et chez les Modernes. Après leur harmonie générale, leur rapport avec les lieux et les sites et surtout leurs convenances avec les usages auxquels ils étaient destinés, ce qu'il faut admirer dans les édifices de la Grèce, c'est le *fini* de toutes les parties. L'objet qui n'est pas fait pour être vu, y est travaillé avec autant de soin que les compositions extérieures. La jointure des blocs qui ferment les colonnes du temple de Minerve est telle, qu'il faut la plus grande attention pour la découvrir et qu'elle n'a pas l'épaisseur du fil le plus délié. »

Les *Propylées*, qui servaient d'entrée monumentale à l'*Acropole* (2) ont été faits à la même époque.

(1) Les *Triglyphes*, formées par les têtes de poutres sont les divisions de la frise ; les espaces carrés qui se trouvent entre les *Triglyphes* ont reçu le nom de *métopes*.

(2) L'acropole d'Athènes était formée d'un rocher escarpé de toutes parts. Elle n'était accessible que d'un seul côté et se trouvait entourée de murailles bâties sur un précipice.

Elles se composent d'un grand portique et deux ailes faisant la forme du temple. Le portique avait 54 pieds de haut sur 68 pieds. « Les Propylées, a dit Chateaubriand, formaient un travail immense, et les dalles de marbre qui les couvraient étaient d'une dimension telle qu'on n'en a jamais vu de semblables. »

## LES MAISONS CHEZ LES GRECS.

Dans les premiers temps, pendant plusieurs siècles les maisons des Grecs, comme celles de tous les peuples à leur enfance, étaient simples et rustiques (1) sans aucun luxe. On commença à bâtir en pierre sous Solon, mais toujours sans faste, le luxe étant alors réservé pour les temples et les édifices publics des cités.

Plus tard, le luxe envahit les habitations des particuliers.

Une chose qu'il faut surtout considérer dans la distribution des appartements, c'est que les femmes étaient séparées des hommes ; la *vie de famille n'existait pas* comme chez nous. La femme sortait très peu de la maison ; il y avait même des cérémonies où elles n'allaient pas et d'autres d'où les hommes étaient exclus. Les femmes ne pouvaient pas jouer la comédie, et il était dans les usages de leur interdire l'entrée du théâtre lorsqu'on jouait certaines pièces (entre autres les comédies d'Aristophane).

Vitruve, architecte romain (116-26) a laissé un traité d'architecture en 10 livres, dédié à Auguste, et très précieux à consulter parce qu'il montre l'état de l'architecture de son temps, c'est grâce à lui qu'on se rend compte de l'état des maisons. Pour l'entrée des maisons voici ce qu'il faut noter. «Les Grecs, dit-il, n'ont point de vestibules, en entrant par la première porte on se trouve dans un passage

---

(1) « La maison des Grecs, dit M. Taine, était une bâtisse étroite, mal maçonnée, peu solide ; les voleurs entraient en perçant le mur. »

assez étroit, d'un côté est la loge du portier de l'autre côté sont situées les écuries, et à l'extrémité se trouve la porte de l'intérieur. »

Et parlant de l'appartement des hommes : cette partie de la maison, dit-il, a de beaux vestibules et des portes magnifiques. Les péristyles sont larges, et les quatre portiques de pareille hauteur qui l'ornent, sont décorés de stucs et lambrissés de menuiseries. Le long du portique qui regarde le nord, se trouvent situées les salles à manger, appelées *Cyzicènes*, et des pièces ou cabinets servant à mettre les tableaux.

Du côté de l'orient se trouvent placées les *bibliothèques*; à l'occident sont les salles de conversation et au sud il y a de grandes salles carrées, vastes et spacieuses, pouvant contenir facilement quatre salles à trois lits, avec la place nécessaire pour le service de la place et des jeux.

Les hommes n'ayant pas adopté la coutume d'admettre les femmes à leurs tables, c'est dans ces salles que se font leurs festins. C'est pour ces raisons que ces appartements sont nommés *Andronitides*, parce que les hommes seuls « y habitent et y mangent sans être ennuyés par les femmes. »

L'appartement des femmes s'appellent le *gynécée*.

L'entrée du gynécée s'appelait *Parastase*. C'était une cour entourée de portiques. Venaient ensuite de grandes salles où les mères de famille filaient avec leurs filles et leurs servantes. L'*amphithalamus*, était une pièce spacieuse et décorée de lits somptueux, où la maîtresse de la maison recevait ses visites. La chambre à coucher recevait le nom de *Thalamus*.

Il y avait, en outre, des chambres pour les enfants et pour les servantes, ainsi que des salles à manger.

Le maître, l'époux, venait dîner dans la salle à manger du gynécée quand il n'y avait pas de compagnie, les convives du maître ne pouvant suivant l'usage dîner que dans la salle à manger de l'appartement des hommes.

## LE MOBILIER EN GRÈCE.

Les meubles chez les Grecs, dans la *période primitive*, présentaient un mélange de luxe et de grossièreté, on employait beaucoup de métaux à leur fabrication.

Ils étaient souvent incrustés d'or et d'ivoire. C'était une mode très goutée des Grecs,

Ulysse, dans les récits du poète *Homère*, raconte ainsi à Pénélope la manière dont il a construit son lit:

« Dans l'intérieur de la maison, dans la cour, s'élevait un bel et florissant olivier, plein de sève, tout verdoyant. Son tronc énorme était aussi gros qu'une colonne.

« J'apportais des pierres énormes, je construisis avec, tout autour, jusqu'à ce qu'il y fût enfermé, les murs de la chambre nuptiale; je la couvris d'un toit et je la fermai de portes épaisses et solides.

« Alors je fis tomber les rameaux touffus de l'arbre ; je coupai la surface du tronc à partir de la racine, et m'aidant ensuite de la hache d'airain et de mon cordeau, je le polis, je fis avec les pieds un lit et le trouai à l'aide d'une tarière. C'est sur ce pied que je construisis entièrement ma couche, je l'*incrustai d'or, d'argent et d'ivoire* et je formai le fond avec des courroies prises dans les dépouilles d'un taureau, teintes de la pourpre écarlate. »

Plus tard, en même temps que l'art croissait en beauté, les choses les plus usuelles devinrent des œuvres d'art, et les formes de leurs meubles et ustensiles furent toujours adoptées à un emploi commode.

## L'ART DU MÉTAL CHEZ LES GRECS.

Les Grecs se sont servis beaucoup des métaux et on attachait au travail du métal une grande importance. Les *statues en bronze* étaient très communes, plus nombreuses même que celles de marbre; on en décorait les édifices et l'intérieur des temples. Les grands meubles, tels que lits, coffres à vêtements, les chaises, les tables étaient fabriqués fort souvent en métal (1).

Les lampes et les candélabres étaient en bronze, parfois avec incrustation d'argent.

Les chars étaient aussi en bronze avec ornements en argent.

Les armes, les boucliers en bronze, étaient ornés de dessins en or. Pendant plusieurs siècles, ce fut Corinthe qui eût la réputation de fabriquer les plus beaux bronzes; ce bronze était de plusieurs couleurs.

Le plomb s'employait pour les petits objets.

On se servait rarement du fer, pour l'art de la statuaire.

Quand on employait l'or, il était travaillé au repoussé; on lui associait très souvent l'*ivoire* qui entrait non seulement dans la construction des objets du mobilier, mais aussi dans les statues d'une grande dimension.

## LA CÉRAMIQUE GRECQUE.

Chez les Grecs, l'art du potier remontait à une haute antiquité; on a retrouvé à Santorin, à Milo, à Chypre, des vases à fond jaunâtre et ornés de dessins extrêmement anciens dont quelques-uns remontent à 12 siècles avant Jésus-Christ.

Suivant la forme, la couleur, les ornements, on a distingué plusieurs classes de vases grecs :

1° Les *vases de style oriental,* ainsi appelés parce que les décorations imitaient les tapis et les tissus de l'Orient;

2° Les *vases corinthiens,* (du VIe au VIIe siècle) ainsi appelés parce qu'on y retrouve la représentation des caractères de l'alphabet usité à Corinthe;

3° Les *vases à peinture noire,* appelés aussi *vases d'ancien*

(1) Le musée de Naples possède une magnifique table en bronze à un seul pied; ce pied est formé par une victime ailée qui porte un trophée.

*style*, où se trouve la représentation de la figure humaine (1). Détail à noter, les plis des draperies et les principaux muscles sont gravés avec une pointe.

4° Les *vases à figures rouges*, dont quelques-uns sont parfois sculptés.

Le Musée du Louvre possèdent un grand nombre de ces vases de toute beauté.

Chez les Grecs, les vases domestiques en terre étaient d'un usage très commun, quoiqu'il y en eut en verre et en métal.

Pline, le naturaliste, nous renseigne, d'ailleurs, à ce sujet: « la majeure partie des Grecs, dit-il, fait usage de *vases de terre*. On dit que la *poterie de Samos* est excellente comme vaisselle de table. La même renommée appartient à Arretium en Italie, à Tralles en Asie, à Modène en Italie, et pour les gobelets à Pergame en Asie, à Asta, à Surrentum, à Pollentia et à Sagonte en Espagne. Ces poteries rendent célèbres toutes ces localités, et les fabriques renommées envoient leurs ouvrages dans tous les pays, soit par terre, soit par mer ».

Les vases d'usage domestique, employés pour le service de la table recevaient des noms particuliers suivant leur destination. On peut les diviser en deux groupes : ceux qui contenaient ou versaient le liquide et ceux qui servaient à boire.

Parmi les types du premier groupe on peut citer : l'*hydrie* qui renfermait l'eau, l'*amphore* qui contenait le vin, le *cratère* où se faisait le mélange de l'eau et du vin, l'*œnoché* et le *cyathe* qui servaient à puiser les liquides.

---

(1) « Sur ces vases, dit M. de Witte, les yeux des hommes sont ordinairement indiqués d'une autre manière que les yeux des femmes. Ceux des hommes sont gravés au trait sous forme d'étoile, tandis que ceux des femmes sont allongés et taillés en amande avec le fond blanc et la pupille noire et souvent rouge. »

HISTOIRE DES BEAUX-ARTS ET DES ARTS APPLIQUÉS A L'INDUSTRIE     Pl. III

Le *canthare*, l'*obba*, le *rhyton*, les différentes coupes et tasses appartiennent à la seconde catégorie.

Les amphores, les hydries, les œnochés et les cyathes étaient toujours pourvues d'anses.

Les coupes n'avaient ordinairement des anses que lorsqu'elles étaient peu profondes. On en a retrouvé un grand nombre dans les ruines de Pompéï, elles étaient de formes très variées. Parfois les coupes étaient peintes, il y en avait aussi en or, en argent et en bronze.

Les tasses étaient fabriquées en terre cuite ou en métal et, généralement, pourvues de deux anses; celles en terre cuite étaient très souvent recouvertes de peintures représentant soit des animaux, soit des scènes familières.

Parmi les potiers grecs les plus célèbres, on peut citer : Amasis, Anaclès, Andocidès (1), Céphales, Epictèle, Erginus, Ergotinos, Hermogenès, Hischilus, Midias, Néandre, Nicosthènes, Pandorus, Simon, Taléides.

(1) Un beau vase du musée du Louvre porte le nom de ce potier, on y voit des amazones se livrant à leur exercice.

# L'ART ROMAIN

UAND les Romains envahirent la Grèce, ils la pillèrent et ramenèrent à Rome toutes les belles œuvres d'art qu'ils purent emporter. Ils en décorèrent leurs places publiques, leurs monuments, leurs palais, leurs villas. Ils prirent ainsi goût aux arts, mais comme chez eux, il n'y avait pas d'artistes, qu'il n'y avait que des hommes d'état, des conquérants, des guerriers, ils durent s'adresser à la Grèce, et ils emmenèrent en Italie comme esclaves, les artistes grecs des provinces qu'ils avaient conquises.

Quand ces artistes grecs vinrent en Italie, ils travaillèrent pour les Romains, et ils firent toujours de l'art Grec, mais en l'accommodant aux goûts des vainqueurs, de leurs maîtres dont ils n'étaient plus que les humbles serviteurs.

Les Romains ne recherchaient pas seulement la beauté comme les Grecs.

Chez les Grecs, il y avait des artistes, de grands hommes protecteurs des arts, de grands philosophes, de grands littérateurs, tous gens à aimer et à adorer la beauté, à se réjouir à la vue du beau, heureux d'admirer les belles œuvres.

Chez les Romains, il n'y avait guère que des soldats, des hommes d'élite, des dictateurs, des Césars, tous gens pour qui la beauté n'était qu'un plaisir de quelques instants et qui recherchaient plutôt la solidité, l'utile que l'agréable.

Aussi, à de grands caractères de beauté, l'Art gréco-romain (Union des Grecs et des Romains) mit-il surtout un cachet d'utilité, de force, de grandeur. (1).

Les Grecs avaient un goût fin et délicat, ils ne dédaignaient pas les choses passagères, durant peu, pourvu qu'elles fussent belles.

Les Romains, au contraire, avaient le goût orgueilleux, la vanité des parvenus et ils aimaient mieux les choses durables, solides, défiant le temps et représentant surtout le caractère de la domination.

Il s'en suit que, les Romains furent, pour la solidité, les premiers constructeurs du monde.

Aussi, leurs ouvrages n'étonnent-ils pas comme ceux des Grecs par un cachet de beauté idéale, pure, souvent unie à une grande simplicité, mais bien plutôt par leur grandeur, leur majesté, leur incomparable aspect de solidité et de force.

Comme on le voit l'Art Romain sera bien plutôt (surtout sous les empereurs), imitateur que créateur.

En Grèce, chaque petite ville, chaque petite république, était le centre d'une création féconde pour les arts.

En Italie, il n'y avait guère de liberté, c'était le hideux despotisme qui régnait dans toute sa force, dans toute sa mauvaise et terrible énergie, et, il ne faut pas l'oublier, le *despotisme fait imiter* tandis que la *liberté fait créer*.

Les principaux monuments romains sont les cirques, les temples, les théâtres, les amphithéâtres, les arcs de triomphe, les colonnes, les basiliques, les thermes.

Dans la vue de ces monuments on s'apercevra que le véritable caractère de l'art architectural romain c'est *l'arcade*. De plus, le toit aigu se trouve remplacé par la *Coupole*.

(1) Dans les bustes des artistes Romains, la parfaite ressemblance était soigneusement recherchée, ou y voit une grande finesse et une véritable minutie de détail.

Les temples avaient des colonnes, leur *cella* était de petite dimension comme dans les temples grecs.

Un portique nommé *péribole* entourait le temple.

La maison *carrée de Nimes*, peut donner le modèle d'un temple romain.

Les *Amphithéâtres*, destinés aux jeux des gladiateurs pour amuser le peuple. Quand le peuple s'amuse il ne pense pas à gouverner, les empereurs romains le savaient bien, aussi prenaient-ils grand soin de faire construire des amphithéâtres. Ils étaient ovales. Il y avait des gradins pour les spectateurs, (on peut citer à ce propos les arènes de Paris, rue Monge.)

Les *cirques*, destinés d'abord aux courses de chars et où plus tard vint mourir plus d'un chrétien martyr de sa foi, étaient aussi bordés de gradins. Leur forme était oblongue.

Les *basiliques* qui servaient de tribunaux avaient la forme d'un rectangle et étaient divisées en trois nefs. Elles servirent plus tard aux chrétiens pour faire leurs premières églises. Quand il leur fut permis de célébrer publiquement leurs divins mystères.

Les *arcs de triomphe*, furent d'abord en bois, par la suite on les fit en pierre et en marbre.

Ils étaient ornés de bas-reliefs, de trophées d'armes.

Les plus célèbres à Rome, sont les arcs de Constantin, de Septime Sévère et de Titus.

En France, on peut citer ceux d'Orange, de Cavaillac, de Reims, de Carpentras, de Saint-Remi.

Nous ne devons pas oublier de nommer le *Forum*, où se faisaient les discutions publiques. Les *rostres*, tribunes aux harangues s'élevaient au milieu du Forum; autour étaient les portiques où se rendait la justice.

Les Romains sont, par suite de leur organisation sociale, les premiers constructeurs du monde.

Pour leurs armées, il fallait de grandes voies de communication, aussi, les *routes* étaient nombreuses et faites très solidement par tout l'Empire romain (1). Ces routes étaient en ligne droite, la chaussée était surlevée et bombée par le travers (des ingénieurs étaient chargés de l'entretien de ces routes).

Les *aqueducs* très nombreux (il y en avait plus d'une douzaine pour Rome seule) étaient admirablement bien construits : comme exemple, on peut citer en tête le fameux *pont du Gard* qui était long de plus de 10 lieues, les *aqueducs* de *Fréjus*, d'*Arcueil* (2), de *Coutances*, de *Saintes*, et en Espagne, le fameux aqueduc de *Ségovie* qui avait plus de 100 pieds de haut.

Cette admirable puissance de moyens avait fait dire à Chateaubriand que « les Romains avaient amené l'eau chez eux avec des arcs de triomphe. »

Les *Thermes* étaient les bains des Romains; ils étaient construits avec une grande magnificence.

Le plus ancien monument de Paris (alors *Lutèce*) se trouve être justement des thermes romains, ce sont les *thermes de Julien*, près desquels fut construit l'*Hôtel de Cluny* aujourd'hui (*musée de Cluny*), ruines fort remarquables.

Les *amphithéâtres* romains datent de César : en France ceux d'Arles (3) et de Nimes sont fort beaux.

Les Romains avaient aussi des maisons de campagne, charmantes et admirablement décorées avec les ruines, les statues, les bronzes, les tableaux trouvés en Grèce ; ces maisons de campagne se nommaient *des villas*.

(1) L'empereur Auguste avait couvert de chemins, de belles routes, toute la Gaule, on y avait organisé un service de poste très régulier.

(2) On peut voir les restes du superbe acqueduc romain à Arcueil dans la propriété de M. Raspail.

(3) Arles était la *Rome des Gaules*; c'est ainsi qu'on l'appelait alors. Le Rhône portait à Arles les produits commerciaux du monde romain; de là, ils étaient répandus dans toutes les contrées voisines. Narbonne avait aussi une grande importance commerciale. C'est d'ailleurs dans les villes du midi, près des bords de la Méditerranée que se trouvent les plus belles ruines des monuments romains élevés dans les gaules.

Le règne d'*Auguste* fut le plus beau pour l'art romain. Aussi a-t-on dit le siècle d'Auguste comme on dit le siècle de Périclès pour la Grèce.

Du temps d'Auguste, l'architecture a été fort belle, magnifique. Auguste était un mécène pour les arts, il s'entourait de chefs-d'œuvre, il aimait à faire venir de la Grèce beaucoup de chefs-d'œuvre. Il s'est vanté d'ailleurs d'avoir reçu une Rome de briques et d'avoir fait une Rome de marbre.

Tous les monuments construits sous Auguste ont pour but de rappeler les victoires de son Empire et la grandeur de l'Empereur.

Dans les monuments de cette époque, dans la sculpture, c'est toujours le sentiment grec qui domine. Ce sont les artistes ioniens, qu'aimait Auguste, qui ont fait revivre avec un grand cachet d'idéalisme les traits de tous les membres de la famille impériale.

La peinture de ce siècle est une peinture décorative surtout. *Vitruve*, grand architecte qui a laissé un célèbre traité d'architecture, vivait sous Auguste qui en avait fait son inspecteur de bâtiments publics.

*Caligula* faisait décapiter les statues des dieux grecs, pour remplacer leurs têtes par son portrait.

*Néron*, en fait de protection des arts, ne savait qu'imposer aux artistes des caprices inutiles ou faire décorer ses jardins de statues colossales.

*Adrien* avait l'âme d'un artiste, il a fait élever ou restaurer un grand nombre d'édifices, non seulement à Rome, mais dans toutes les provinces de l'Empire. Il a fait élever un

---

Les Romains, comme on le voit, avaient décoré splendidement les principales villes qui étaient à la fois leurs colonies et leurs entrepôts de commerce. L'amphithéâtre d'Arles a dû être le premier construit (en Gaule) en pierre à l'imitation des amphithéâtres de Rome sous le règne d'Auguste. Le *Théâtre* d'Arles, dont la construction remonte à Antonius, et dont la décoration était formée des marbres les plus rares, offre un spécimen complet des édifices destinés aux spectacles des Romains.

temple de la fortune à Éphèse, un cénotaphe à Pompéï en Egypte ; il a fondé la ville d'Antinopolis.

Après Adrien, la décadence va toujours en augmentant, Marc-Aurèle, trop occupé à la philosophie et à la guerre s'inquiète peu des arts. Septime, Sévère et Caracalla, pensent surtout à faire construire des thermes, Constantin ne pensait qu'à l'utilité et à la solidité, à élever des forteresses où à construire des ponts (1).

## MAISONS ET MOBILIER DES ROMAINS

Les maisons chez les Romains ne ressemblaient pas, au point de vue de la distribution des appartements, à ceux des Grecs. Il n'y avait pas d'appartements particuliers, de gynécées pour les femmes.

La première pièce de la maison romaine était consacrée à renfermer les statues et les images des dieux domestiques et celles de la famille. Cette pièce de forme rectangulaire et qui contenait souvent un bassin s'appelait l'*atrium*.

(1) Nous demandons la permission de citer les paroles suivantes de M. Viollet-le-Duc qui montrent si bien les caractères principaux des arts des Romains :

« Le Romain est avant tout un peuple politique, dit M. Viollet-le-Duc, et ses arts sont pour lui un instrument, un moyen, non point une jouissance comme chez les grecs. Le Romain dédaigne tout ce qui n'entre pas dans son vaste système d'organisation, il ne s'inquiète guère de savoir si telle forme de l'art est en harmonie avec les principes de cet art ; il n'ira pas comme le grec discuter pour savoir si ses observations sont déduites logiquement ; il ne se passionnera pas pour un carton, un jeu d'ombre et de lumière. Il ne demande qu'une chose, c'est que son œuvre soit romaine, qu'elle soit un signe de grandeur, de puissance, et mieux que cela, une œuvre concordant avec son système d'organisation politique, une œuvre utile avant tout, remplissant exactement le programme donné. Il trace des routes, jette des ponts sur les rivières, amène l'eau dans les cités au moyen d'aqueducs immenses, il élève des amphithéâtres qui servent de lieu de réunion et fait de véritables maisons de ville en même temps que des édifices réservés aux plaisirs des citoyens ».

C'est à demi couchés sur des lits que mangeaient les Romains ; il y avait ordinairement trois lits autour de la table : la salle à manger se nommait *triclinium*. La table s'appelait *monopodium ;* la première place était destinée au père.

Les rues étaient ordinairement petites, étroites, c'était évidemment dans le but de se préserver des ardeurs du soleil. Les rues étaient souvent bordées de trottoirs élevés et très étroits. Quand il y avait des boutiques, elles s'ouvraient sur la rue, les marchandises qu'on y vendait s'indiquaient par des enseignes.

Les lits chez les Romains étaient assez élevés ; c'étaient des divans, des sortes de sophas, couverts de riches tissus et garnis souvent de coussins moelleux et luxueux. Il y avait des chaises à dossier très incliné en arrière et des chaises sans dossiers sur lesquelles on mettait un coussin. Ces sièges étaient ordinairement d'un grand luxe ; on y voyait incrustés des ciselures d'ivoire et des ornements en or. Il y avait aussi des sièges qui s'ouvraient et se fermaient.

## LES MONNAIES ET LES MÉDAILLES DANS L'ANTIQUITÉ

On donne aux pièces antiques le nom de *monnaies*, quand elles circulaient avec un poids et une valeur déterminés, et qu'elles étaient un moyen d'échange comme nos monnaies actuelles ; et le nom de *médailles* aux pièces commémoratives, rappelant les circonstances au milieu desquelles elles avaient été frappées.

Les portraits des personnages célèbres et d'un grand nombre de rois, se trouvent sur les médailles et monnaies antiques.

Les plus anciennes pièces de monnaies et médailles étaient fondues, ce n'est que plus tard que naquit l'usage de les frapper au marteau.

Chez les Romains, on peut distinguer trois classes : les monnaies de bronze, celles d'argent et celles d'or. Les plus anciennes sont celles de bronze, on fit les monnaies en argent à partir de la première guerre punique, et en or sous les Empereurs.

L'*as* ou la *livre* (qui se divisait en douze onces) était l'unité de la monnaie de bronze, *le denier* qui valait dix as était l'unité de la monnaie d'argent, et enfin l'unité de la monnaie en or s'appelait *le denier d'or*.

Les images gravées sur ces pièces de monnaies (sur ces unités) étaient pour la livre, d'un côté la proue d'un vaisseau et de l'autre Janus à double tête, pour le denier, d'un côté les diosomes, et de l'autre la tête ailée de Pallas, pour le denier d'or, d'un côté la figure de l'Empereur qui vivait à l'époque où la pièce était faite, et de l'autre une figure de femme assise.

Le denier en or valait environ 25 francs de notre monnaie, le denier d'argent 75 centimes, et l'as environ 15 centimes.

Les triumvirs monétaires ou magistrats chargés de la fabrication des monnaies et médailles, furent autorisés à inscrire leurs noms sur les médailles frappées pendant leur administration.

Une des représentations les plus communes, un des types plus ordinaires des médailles de Rome, c'est la louve allaitant des jumeaux, en souvenir de l'enfance de Romulus et Rémus.

Les médailles consulaires et impériales mentionnent un assez grand nombre des faits principaux de l'histoire romaine, elles sont précieuses à consulter.

Les Carthaginois ont frappé un grand nombre de pièces de monnaies et de médailles en Sicile. On y trouve à la fois le caractère oriental et la beauté du travail grec. On y voit représentée la tête de Cérès, allusion à la principale production de l'Afrique, riche en céréales et enrichie par ce commerce.

On trouve dans les monnaies gauloises des premières époques l'influence étrangère. A Marseille, les caractères, les types, le travail des monnaies sont grecs. On rencontre dans l'Armorique, dans l'Aquitaine, dans la Celtique, des monnaies copiées, des monnaies macédonniennes du temps de Philippe II. Cela s'explique par les fréquentes incursion des Gaulois en Italie et en Macédoine. Les médailles les plus importantes sont celles qui ont été frappées au nom des chefs gaulois pendant les guerres contre les Romains. Sur des pièces d'or trouvées en Auvergne, près de Gergovie (1), on voit d'un côté un cheval libre au galop, et de l'autre une tête imberbe d'un beau caractère, avec une chevelure abondante et bouclée, autour de laquelle on lit en lettres latines : *Vercingétorix*. C'est le portrait de l'héroïque défenseur de l'indépendance gauloise.

Il y avait aussi dans l'antiquité des pièces de bronze appelées *Cortoniates;* elles étaient marquées d'un cercle creux près de leur bord. Elles ont dû servir de jetons pour les jeux ou de contremarques. Elles représentaient d'un côté une tête de prince ou d'homme célèbre, et de l'autre un sujet relatif aux jeux du cirque, aux courses, aux chasses, etc.

## LA TAPISSERIE CHEZ LES HÉBREUX

Chez les Hébreux, la tapisserie était intimement liée à la décoration monumentale. Le tabernacle que Moïse avait construit dans le désert était recouvert de tissus teints de riches couleurs et faits à la navette. Le voile dont Salomon avait orné le temple était une magnifique tenture sur un fond d'azur, d'écarlate, de pourpre.

Les tapisseries étaient donc chez le peuple juif essentiellement décoratives.

(1) La ville natale de Vercingétorix qu'il défendit si bien contre César.

## LA TAPISSERIE EN ASSYRIE

La tapisserie a brillé durant de longs siècles, avec un vif éclat chez les Babyloniens et les Ninivites. Ils savaient faire des tentures de bleu céleste, de blanc et d'hyacinthe, soutenues par des cordons de fils de lin. Ils étaient extrêmement habiles. Les sujets représentés sur les tapisseries de Babylone étaient très variés, et des animaux fantastiques étaient mêlés à des sujets tirés de l'histoire et de la mythologie.

## LA TAPISSERIE ÉGYPTIENNE

Les Egyptions connurent de bonne heure l'art de la tapisserie. Des peintures de l'hypogée de *Beni-Hassan*, qui remontent à plus de *3,000 ans* avant notre ère, nous montrent la représentation d'un métier de haute lisse qui se rapproche énormément de ceux qui sont en usage aujourd'hui à la manufacture des Gobelins.

Les premières tapisseries n'étaient faites que de lin et de coton. Ce ne fut que peu de siècles, avant notre ère, que les Egyptiens employèrent la soie et la laine.

## LA TAPISSERIE CHINOISE

Les Chinois connaissaient la tapisserie plus de 3,000 ans avant notre ère. « Les historiens chinois, dit M. Dupont-Auberville, nous montrent que le tissage de la soie avait fait, dès une époque reculée, des progrès considérables; les plus riches couleurs de la teinture étaient habilement employées soit à peindre, soit à rehausser l'éclat des tissus que de fines broderies rendaient doublement précieuses. Longtemps après, douze siècles environ avant J.-C., lorsque l'empire chinois se fut subdivisé en un grand nombre d'États féodaux, nous lisons que les cours feudataires de l'empire cherchaient à se surpasser par le luxe de leurs costumes et s'entouraient des plus habiles artistes dans l'art de tisser et de manier le fil divin. »

## LA TAPISSERIE CHEZ LES GRECS

Les Grecs étaient très versés dans l'art textile, même dès l'époque d'Homère ; ils se plaisaient à couvrir de riches ornements les couvertures, les voiles, les tapis, les tentures, Dans l'Iliade, et l'Odyssée, on parle très souvent de tapis moelleux. D'ailleurs, dès cette époque, le métier de tapissier était honoré. A l'époque de Périclès, l'art de la tapisserie arriva à sa plus grande perfection. Les tapisseries servaient alors à décorer les palais, les temples, les portiques. Le grand Phidias se servait de tapisseries pour compléter la décoration du Parthénon. Alexandre et ses successeurs se servaient de tapisseries magnifiques d'un luxe élevé, et faisant même recouvrir jusqu'à leurs vaisseaux. Dans la Grande-Grèce et dans les colonies helléniques, l'art de la tapisserie fut aussi poussé à un grand degré de floraison.

## LA TAPISSERIE CHEZ LES ROMAINS

C'est à la Grèce que Rome dut reconnaître l'art de la tapisserie qu'ils avaient ignoré pendant longtemps. Ce fut après la conquête de la Grèce et de l'Egypte, de l'Asie, que les Grecs prirent goût aux tapisseries, dont ils décoraient, non seulement, les palais, mais les villas et les demeures des particuliers.

A l'époque de Néron, la tapisserie était parvenue à son complet épanouissement ; les Romains la considérèrent alors comme une sorte de peinture et y représentèrent les sujets les plus variés. La perfection de la main-d'œuvre et la science du coloris étaient portés à un haut degré, le luxe étant un des principaux défauts du peuple romain.

# L'ART CHRÉTIEN PRIMITIF

**LES CATACOMBES.**

L'Art chrétien primitif sert de transition entre l'art antique et l'art du Moyen âge.

C'est dans les *Catacombes* (1) qu'il faut chercher les origines et les premiers vestiges de l'Art chrétien.

Les Catacombes sont des monuments d'un caractère évidemment judaïque, car elles reproduisent les tombes de la Palestine creusées dans la terre. Les environs de Rome surtout, possèdent un grand nombre de ces vastes galeries taillées dans le roc, dont les chrétiens se servaient comme de cimetières. C'est dans ces galeries, qu'on peut voir les premières représentations de l'Art du christianisme, car les chrétiens faisaient inscrire sur les tombeaux de leurs parents ou de leurs amis des pensées de consolation ou d'espérance, ou dessiner, ou peindre, sur les murailles les figures et les images où ils trouvaient le plus de plaisir. Le système de décoration des catacombes, était évidemment emprunté à l'Orient ; c'est ainsi qu'on y rencontre à chaque instant des images d'arbres ou de fleurs, et il en était de même en Orient où le Paradis était figuré comme un jardin rempli d'arbres. « Introduisez-les, Seigneur, dit la liturgie d'Alexandrie, en parlant des trépassés, rassemblez-les dans le lieu de verdure, ou les eaux de repos, dans le paradis de

---

(1) D'après le père *Marchi* (*monum*, page 209), le mot Catacombes paraît être formé du latin *cumbo*, verbe qui combiné avec les prépositions *ad cum, de,* veut dire *jacere, être couché* le mot Catacombes voudrait donc dire, lieu souverain ou lieu où l'on est couché.

joie, d'où sont bannis la douleur, la tristesse et les gémissements. » L'art chrétien primitif, procède donc de l'art oriental.

Les sources auxquelles ont puisé les peintres de la primitive église sont les textes sacrés ; à l'*Ancien Testament*, ils ont emprunté les sujets suivants : la Création, le Sacrifice d'Isaac, Moïse frappant le rocher, Jonas, Daniel et le lion, Suzanne, et, un Nouveau Testament ; l'Adoration des Mages, la Guérison du paralytique, la Résurrection de Lazare, Pilate, le Refus de saint Pierre, etc. (1)

(1) M. Renan, dans un beau livre de *Marc-Aurèle*, parle ainsi de l'art du christianisme primitif :

« Les *arcosolia* des tombeaux appelaient quelques peintures. On les fit d'abord purement décoratives, dénuées de toute signification religieuse : vignes, rinceaux de feuillage, vases, fruits, oiseaux. Puis on y mêla des symboles chrétiens ; puis on y peignit quelques scènes simples, empruntées à la Bible et auxquelles on trouvait une saveur toute particulière en l'état de persécution où l'on était : Jonas sous sa cucurbite ou Daniel dans la fosse aux lions, Noé et sa colombe, Psychée, Moïse tirant l'eau du rocher, Orphée charmant les bêtes avec sa lyre, et surtout le Bon Pasteur, où l'on n'avait guère qu'à copier un des types les plus répandus de l'art païen. Les sujets historiques de l'Ancien ou du Nouveau Testament n'apparaissent qu'à des époques plus récentes. La table, les pains sacrés, les poissons mystiques, des scènes de pêche, le symbolisme de la cène sont, au contraire, représentés dès le troisième siècle.

Toute cette petite peinture d'ornement, exclue encore des églises et qu'on ne tolérait que parce qu'elle tirait peu à conséquence, n'a rien absolument d'original. C'est bien à tort qu'on a vu dans ces essais timides le principe d'un art nouveau. L'expression y est faible ; l'idée chrétienne tout à fait absente ; la physionomie générale indécise. L'exécution n'en est pas mauvaise ; on sent des artistes qui ont reçu une assez bonne éducation d'atelier ; elle est bien supérieure, en tous cas, à celle qu'on trouve dans la vraie peinture chrétienne qui naît plus tard. Mais quelle différence dans l'expression ! Chez les artistes du septième, du huitième siècle, on sent un puissant effort pour introduire dans les scènes représentées un sentiment nouveau ; les moyens matériels leur manquent tout à fait. Les artistes des catacombes, au contraire, sont des peintres du genre pompéien, convertis pour des motifs parfaitement étrangers à l'art, et qui appli-

Le caractère principal de toutes ces peintures, *c'est la sérénité et la gaité*, il n'y a rien de lugubre. A la place des instruments de la Passion, des têtes de mort, des choses tristes du Moyen âge, on y voit au contraire des lits de roses, des enfants qui s'amusent, des génies ailés. La mythologie païenne a même été mise à contribution, on y voit représenté Psyché, symbole de l'âme; Orphée jouant de la harpe; Bacchus le dieu de la vendange.

Les âmes des morts sont représentées par des oiseaux, des sauterelles, des paons, des colombes, des faisans (1), les artistes ne faisant en cela, que de prendre conseil de l'Écriture sainte qui dit que les âmes doivent être pareilles aux oiseaux de l'air.

« Prise dans son ensemble, dit M. Eug. Muntz, la décoration des Catacombes, ou, en d'autres termes, la peinture chrétienne primitive, exprime surtout les idées de résignation, la Foi dans la miséricorde divine, l'Espérance de la ré-

---

quent leur savoir-faire à ce que comportent les lieux austères qu'ils décorent.

L'histoire évangélique ne fut traitée par les premies peintres chrétiens que partiellement et tardivement. C'est ici surtout que l'origine gnostique de ces images se voit avec évidence. La vie de Jésus que présentent les anciennes peintures chrétiennes est exactement celle que se figuraient les gnostiques et les docètes, c'est-à-dire que la Passion n'y figure pas. Du prétoire à la résurrection, tous les détails sont supprimés, le Christ, dans cet ordre d'idées, n'ayant pas pu souffrir en réalité. On se débarrassait ainsi de l'ignominie de la croix, grand scandale pour les païens. A cette époque, ce sont les païens qui montrent par dérision le dieu des chrétiens comme crucifié; les chrétiens s'en défendent presque. En représentant un crucifix, on eût craint de provoquer les blasphèmes des ennemis et de paraître abonder dans leur sens. »

---

(1) Saint Clément d'Alexandrie, recommande aux fidèles de faire graver sur le chaton de leurs anneaux une colombe, un poisson, une ancre d'or ou d'autres signes bibliques (*Pédagogue, III, 2*).

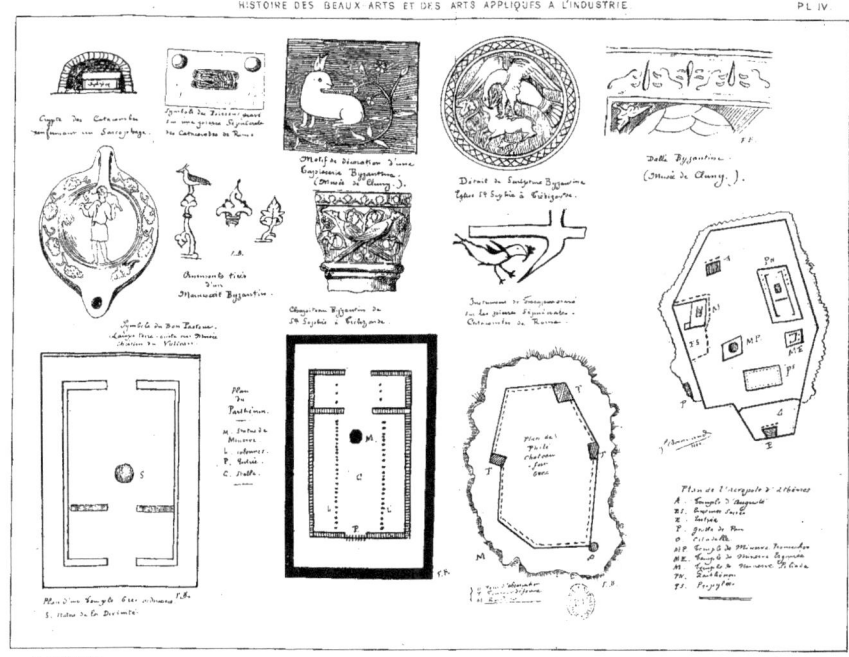

surrection, Au milieu des persécutions les plus cruelles, nulle plainte, nulle trace de colère (1). »

Le Christ est représenté en symbole au moyen d'un *poisson*, (en grec Ichthus). « Ichthus, dit saint Augustin, est le nom mystique du Christ; n'est-il pas descendu vivant dans cet abîme de la vie, comme dans la profondeur des eaux. » D'ailleurs, dans l'*Evangile,* le poisson figure comme aliment mystique.

Mais, il est surtout dans les Catacombes, deux représentations qui indiquent nettement les origines de la croyance chrétienne, ce sont le *beau* ou *bon Berger* et la *Vigne.*

Le *beau* ou *bon Berger*, est représenté par un berger très jeune, qui tient d'une main un chalumeau et une houlette et sur l'épaule une brebis qu'il tient soigneusement de l'autre main.

Cette représentation, est évidemment tirée des Écritures saintes, car un passage du III$^e$ évangile montre le Berger traversant les montagnes pour retrouver une brebis perdue; dans un passage du IV$^e$ évangile on lit : « Je suis le bon berger. »

Ce berger représente le côté gai et serein du christianisme primitif; il montre que le premier objet des croyants de la

---

(1) On vient de placer dans le trésor de la cathédrale de Brunswick, le plus ancien crucifix connu; il est en bois et date du IX$^e$ siècle, époque où il fut employé à la décoration de la petite chapelle qui s'élevait sur l'emplacement de la cathédrale en question.

Le Christ est revêtu d'une tunique qui prend jusqu'au genou, et à la ceinture de laquelle le ciseleur auquel est dû ce crucifix a gravé son nom : GERVARD.

Les anciens chrétiens évitaient la représentation du crucifiement, ce n'est que vers le milieu du VI$^e$ siècle que l'on trouve la mention de peintures et de mosaïques figurant le Christ sur la croix.

Mais encore une fois, on ne connait pas de crucifix sculpté antérieur à celui dont nous parlons, sauf celui datant du III$^e$ siècle, qui a été trouvé, il y a quelques années, dans les ruines du palais des Césars, à Rome; cette fois c'est l'œuvre d'un païen, qui a imité le sujet en caricature, par dérision de la religion chrétienne.

religion chrétienne était non de repousser, de condamner, mais de sauver, d'attirer et il fait voir aussi l'extrême simplicité du christianisme primitif.

Le deuxième emblème, la *Vigne*, peint sur les murs, aux plafonds et dont les rameaux courent dans toutes les directions, représente aussi le caractère gai et joyeux du christianisme des premiers âges, et c'est évidemment un emblème qui vient de l'Orient, car dans l'Église juive, il n'y avait pas de fête plus gaie, plus joyeuse que celle des Tabernacles, lorsque le peuple recueillait le raisin.

L'image de la Vigne, montre aussi l'idée de l'unité chrétienne, car quoique les rameaux de la vigne soient infinis, ils appartiennent tous au même tronc.

On voit ces représentations du beau Berger et de la Vigne, dans les chapelles et sur les tombes des plus humbles, comme sur celles des grands, des empereurs, des impératrices.

Comme on le voit toutes les représentations étaient symboliques.

« En groupant ces signes, dit de Rossi, on arrivait à une véritable écriture mystérieuse, connue seulement des initiés. Ainsi, l'ancre (1), jointe au poisson, signifiait l'espérance dans le fils de Dieu, sauveur des hommes ; le poisson portant le pain, cachait le grand secret du Christ se donnant lui-même dans l'Eucharistie ; la colombe qui s'envole avec un rameau d'olivier désignait l'âme du chrétien mort en paix, qui s'envole au ciel. Le sens de ce genre de composition, assez transparent en lui-même, est déterminé de la manière la plus rigoureuse par l'ensemble des monuments, par les inscriptions et par les écrits des pères des premiers siècles. »

Les Catacombes étaient fort grandes. « Les cimetières des anciens chrétiens de Rome, dit encore M. de Rossi, occupent une zone d'environ 2 ou 3 kilomètres tout autour de

---

(1) L'ancre était le symbole de l'espérance.

Rome. Leur étendue est prodigieuse, non pas dans la superficie du sol entamé, mais bien dans la quantité des galeries creusées à différents niveaux, quelquefois à 4 ou 5 étages les unes sous les autres.

Il a été calculé exactement, que, dans un espace carré ayant 125 pieds romains de côté, il n'y a pas moins de 7 à 800 mètres de galeries ; la somme totale de toutes les lignes d'excavation semble monter au chiffre énorme de 580 kilomètres, la longueur de l'Italie. »

Parmi les Catacombes les plus remarquables au point de vue de l'art, citons : 1° les catacombes du cimetière de Calixte, dont les voûtes sont décorées de fleurs, de génies et dont les parois sont ornées des représentations du bon Pasteur, d'Orphée charmant les bêtes fauves, d'Hermès Créophore, on y a découvert les tombes du pape Corneille (en 1852), de sainte Cécile (en 1854);

2° La catacombe de Sainte-Priscille, où l'on voit la grande crypte consacrée à sainte Félicité, et qui a été peinte avec ses six fils dans l'attitude de la prière;

3° Les catacombes du cimetière Pontien situé sur le Janicule, où l'on a retrouvé les sarcophages de saint Abdon, de saint Servinien et de saint Vincent;

4° La catacombe de Flavia Domitilla, où de beaux stucs blancs, fins, adhérents, sont peints et montrent les enroulements de la vigne au milieu de laquelle se jouent de jeunes génies et Psyché, symbole de l'âme immortelle.

## L'ART CHRÉTIEN PRIMITIF

On a découvert aussi des catacombes chrétiennes ailleurs qu'à Rome, à Chiusi en Étrurie, à Venosa dans la Pouille, à Naples. (1)

---

(1) « On ne voit pas que, dans la vie privée, les chrétiens se fissent scrupule de se servir des produits de l'industrie ordinaire qui ne por-

On a retrouvé dans les Catacombes, des bronzes, des verres, des lampes en bronze et en terre cuite, des images en ivoire, des pierres gravées, objets recueillis dans les niches.

Les chrétiens n'ont pas été les seuls à avoir des catacombes. Les égyptiens en avaient creusées dans les collines et les montagnes de la vallée du Nil, dans les carrières; leur destination funéraire est prouvée par les ouvrages de peinture et de sculpture qui les ornent.

A Syracuse, les catacombes découvertes montrent une véritable ville souterraine avec ses rues, ses carrefours et ses places; on y voit des salles pour des tombeaux particuliers.

On a retrouvé sur la route de Saint-Sébastien, une catacombe juive avec des inscriptions, des représentations de symboles telles que la palme, la grenade, le chandelier à sept branches.

taient aucune représentation choquante pour eux. Bientôt, cependant il y eut des fabricants chrétiens qui, même sur des objets usuels, remplacèrent les anciens ornements par des images appropriées au goût de la secte (bon pasteur, colombe, poisson, navire, lyre, ancre). Une orfèvrerie, une verrerie sacrée se formèrent, en particulier pour les besoins de la Cène. Les lampes ordinaires portaient presque toutes des emblèmes païens ; il y eut bientôt dans le commerce des lampes au type du bon pasteur, qui probablement sortaient des mêmes officines que les lampes au types de Bacchus ou de Sérapis. Les sarcophages sculptés, représentant des scènes sacrées, apparaissent vers la fin du troisième siècle. Comme les peintures chrétiennes, ils ne s'écartent guère, sauf pour le sujet, des habitudes de l'art païen du même temps. »

(RENAN. — *Le Christianisme primitif et les Arts.*)

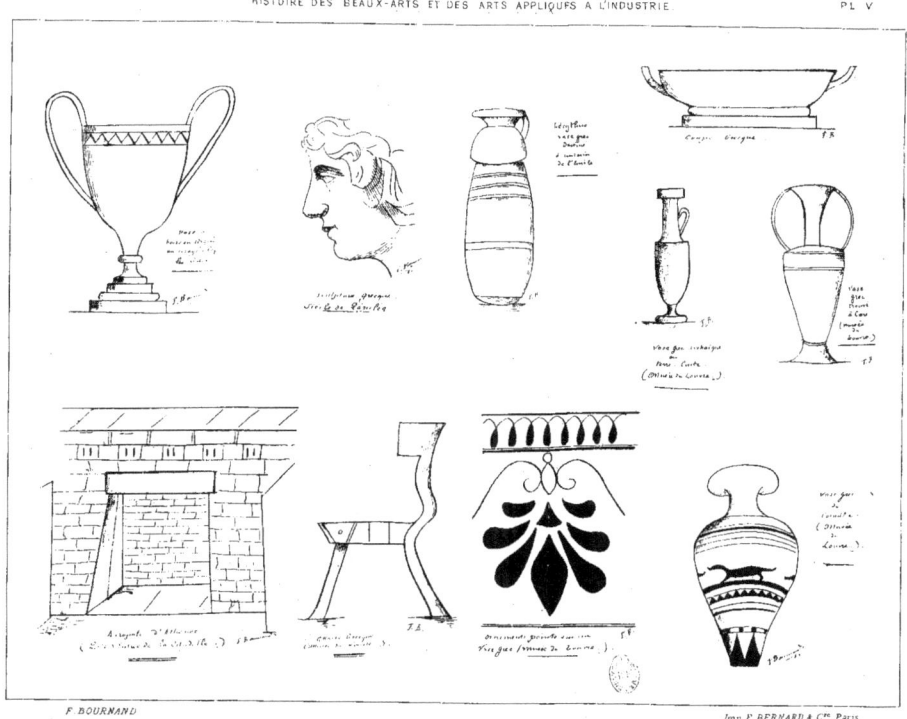

# L'ART BYZANTIN

## ORIGINE ET CARACTÈRES DE L'ART BYZANTIN

L'*Art Byzantin* a aussi été nommé *Art Chrétien oriental*; il a pris naissance quand Constantin transporta à Byzance la capitale de son empire. Cet art a tenu en très grande partie de l'art antique. En effet, quand les artistes Byzantins créèrent le style byzantin, leur imagination était pleine des souvenirs de la Grèce, de son antique civilisation, car ils vivaient au milieu de ses chefs-d'œuvre. La puissance des traditions grecques s'était conservée toute entière, et le charme des vieilles légendes mythologiques, la beauté incomparable et pénétrante des œuvres grecques, vinrent troubler les artistes chrétiens de Byzance. Ils mirent, dans leurs œuvres d'art chrétien quelque chose de la grandeur, de l'harmonie, de la noblesse, de la beauté de certains types de la plus belle époque grecque, dont ils avaient sous les yeux les modèles antiques.

Mais si l'art grec est pour beaucoup dans les œuvres des artistes byzantins, il ne faut pas méconnaître qu'on y rencontre aussi des influences étrangères, notamment des influences de l'extrême Orient, de la Syrie, de la Perse.

La population de Constantinople se rattachait à ces pays, dont elle était originaire; de plus, les rapports commerciaux ou politiques avec ces pays étaient devenus fréquents, la civilisation et par suite les arts devaient se ressentir de ces contacts.

Cette influence est surtout sensible dans les arts décoratifs. C'est évidemment chez les orientaux de l'Asie,

que les Byzantins ont puisé ce goût décoratif, empreint de luxe et de richesse, ce goût des ornements détaillés empruntés à la flore et à la faune de ces pays.

On retrouve, et c'est là une preuve convainquante, sur les ornements indiens ou persans les mêmes ornements, les mêmes animaux bizarres ou les fleurs fantastiques des œuvres byzantines.

Si l'Art Byzantin a emprunté aux Grecs, aux peuples de l'extrême Orient, il n'en a pas moins été *créateur*, car c'est à lui que revient le grand honneur d'avoir, les premiers, compris les règles véritables de la *décoration religieuse*, d'avoir donné un *type individuel* bien marqué aux pures conceptions de la religion chrétienne. Les dieux, les héros de la statuaire grecque sont sans âme, le Dieu, les saints et les saintes, les types des artistes byzantins ont une *âme*, et les sentiments, les passions qui les animent ont été exprimés avec force, avec une réelle grandeur. On peut même dire, à ce sujet, que dans l'art religieux, les artistes byzantins ont été de *grands maîtres*; d'ailleurs, quand aujourd'hui, nos artistes modernes veulent faire revivre cet art religieux malheureusement presque disparu, qui s'adresse surtout au cœur, c'est aux vieux artistes de Byzance qu'ils vont demander de l'inspiration et des modèles.

## L'ARCHITECTURE BYZANTINE

L'*Architecture Byzantine* se forma sous l'influence du mélange de l'imitation de l'architecture gréco-romaine avec le style asiatique et fantastique de la Syrie.

Les architectes byzantins rendirent aux colonnes leurs rôles de supports; ils adoptèrent aussi le pilastre isolé à la place de la colonne. D'après ce système il fallut évaser le chapiteau qui affecta alors la forme d'une pyramide tronquée, renversée sur sa pointe.

*La coupole* est le caractère distinctif de l'Architecture

Byzantine, car les nefs byzantines sont surmontées de plusieurs coupoles. Les coupoles reposent sur des piliers appelés *pendentifs*.

« Toutes les surfaces rectilignes, carrées, angulaires, des temples d'Athènes, dit M. Hoppe, se changèrent dans les églises de Constantinople en surfaces circulaires ou curvilignes, concaves à l'intérieur, convexes à l'extérieur. Les Romains avaient commencé par priver l'architecture des anciens grecs, de tout ce qu'elle avait de rationnel et de conséquent; mais ce fut la Grèce chrétienne qui effaça les dernières traces encore respectées par les Romains, et le même peuple qui avait créé l'Architecture grecque lui porta aussi les derniers coups. »

L'influence assyrienne se fait aussi sentir dans l'architecture byzantine, car, les architectes primitifs qui ont construits les premiers monuments ont reproduit et imité les formes usitées à Ninive et à Babylone.

Un des plus beaux et des plus grands exemples de l'architecture byzantine, c'est *Sainte-Sophie de Constantinople*.

Elle a été construite, pendant le règne de Justinien, sous la direction d'Anthémios de Trallès et d'Isidore de Milet, de 532 à 537.

La dédicace eût lieu le 27 décembre 537, et quand Justinien eut vu cette magnifique construction terminée, il s'écria: « Gloire à Dieu qui m'a jugé digne d'accomplir cet ouvrage ! Je t'ai vaincu, ô Salomon ! »

Sainte-Sophie est de forme rectangulaire (77 mètres de longueur), et sa coupole qui s'élève à 179 pieds au-dessus du sol a un diamètre de 31 mètres.

Un grand nombre de fenêtres ouvertes (40) à la base de la coupole produisent un effet grandiose.

Après la construction de Sainte-Sophie, l'emploi de la coupole se répandit de plus en plus ; le *plan* changea souvent, mais la coupole fut un thème unique.

Parmi les autres églises de style byzantin, les plus remarquables, nommons : l'église de Sainte-Sophie à Salonique, l'église des Saints-Apôtres à Saint-Serge, l'église de Saint-Vital à Ravenne, l'église de Saint-Apollinaire à Ravenne également, l'église de la Mère-de-Dieu à Constantinople, l'église monastique de Pantocrator (aujourd'hui mosquée de Kilisse Dschami), dans la même ville, etc.

## LA PEINTURE BYZANTINE

La *peinture byzantine* a commencé par la décoration des églises au moyen de *fresques* ou de tableaux. Les sujets se rattachaient surtout à l'histoire de l'Ancien et du Nouveau Testament, et c'est ainsi que commence ce système de décoration des murailles des églises, qui dure encore de nos jours. C'était une école de religion que les artistes peignaient dans l'église. « Dans le temple, de chaque côté, écrivait saint Nil ; on couvrira les murs de scènes de l'Ancien et du Nouveau Testament, peintes par un véritable artiste ; ainsi ceux qui ignorent les lettres et ne savent pas lires les saintes Écritures, apprendront au moyen de ces peintures les belles actions de ceux qui ont aimé Dieu fidèlement. »

Comme nous en avons fait la remarque, les artistes des catacombes, les premiers artistes chrétiens, avaient évité de représenter des scènes tristes, lugubres ; les artistes byzantins, eux, ont accusé le caractère brutal et cruel des scènes lugubres. C'est ainsi que les fresques représentaient des scènes de martyrs, des épisodes douloureux de la vie des saints, la représentation du jugement dernier.

Au douzième et treizième siècles, les peintres byzantins firent aussi des *tableaux sur bois* et particulièrement des tableaux représentant des saints et l'image de la Vierge, auxquels les populations ont donné le nom d'images miraculeuses de la Vierge. (1) On en voit une à Rome, dans la

(1) « Ce sont, a dit M. Vitet, des figures du plus beau, du plus grand caractère, vraiment chrétiennes, et conservant pourtant certain air de famille avec les vieux du Parthénon. »

basilique de Sainte-Marie-Majeure, à Sainte-Marie de Venise, d'autres au Mont-Athos et dans plusieurs églises. Les autres sujets traités étaient les mêmes que ceux de la mosaïque et de la fresque.

Deux des principaux peintres de cette époque étaient *Emmanuel Tzanfunari*, dont un tableau représentant la vie des ascètes de la Syrie, se trouve au musée du Vatican, et *Antoine Pampilopos*, qui a eu une grande popularité.

C'est dans les *monastères du Mont Athos*, que se réfugièrent les peintres byzantins après la ruine de Byzance. Ils en décorèrent toutes les églises, depuis le bas du Mont jusqu'au sommet de la coupole avec une richesse d'aspect étonnante. Seulement, la peinture prit alors un caractère invariable, les scènes et les personnages se reproduisirent avec uniformité. Aujourd'hui, encore, on fait au Mont Athos, les mêmes peintures que faisaient les artistes byzantins au seizième siècle.

## LA SCULPTURE BYZANTINE

La sculpture byzantine ne commença à s'affirmer d'une façon caractéristique que longtemps après la peinture. Constantin avait bien appelé des sculpteurs pour décorer Byzance, mais ils s'étaient bornés à orner les fontaines de bas-reliefs, avec les images du bon Pasteur et de Daniel dans la fosse aux lions. Ce qui gêna l'essor de la sculpture, c'est que l'Eglise ne la protégeait pas en crainte de l'idolatrie. Au sixième siècle, les sculpteurs n'étaient guère que des ornementistes faisant des petits bas-reliefs décoratifs pour orner des sarcophages (1), des dessus de porte, des linteaux, etc.

La querelle des iconoclastes fut aussi très défavorable à l'essor de la sculpture.

---

(1) On en voit de très beaux à Ravenne.

Parmi les œuvres de sculpture assez remarquables, nous devons citer : les bas-reliefs qui décorent l'église de Cividale en Prioul, et qui datent du huitième siècle, un bas-relief représentant la Vierge à Santa-Maria-in-Porto à Ravenne, un bas-relief encastré dans la muraille à Saint-Marc de Venise.

Les sculpteurs exécutaient fort souvent des dalles en marbre ou en pierre représentant des animaux ou des motifs d'ornements. On y retrouve des motifs de décorations qui figurent dans les étoffes fabriquées en Asie au Moyen âge.

**MANUSCRITS ET MINIATURES BYZANTINS.**

Au point de vue de l'histoire de l'Art, les manuscrits byzantins à miniatures sont des plus utiles à consulter.

« Les artistes byzantins ont excellé dans l'art de la miniature et ils ont su, dès les temps les plus reculés, introduire dans leurs œuvres la vie et la grâce.

La *décoration des manuscrits* est souvent complexe ; les motifs reproduits appartiennent pour la plupart à des scènes de l'Ancien et du Nouveau Testament, à l'histoire du christianisme ou à des sujets mythologiques.

Un des plus anciens manuscrits byzantins conservés est le manuscrit de la Genèse qui se trouve à la bibliothèque de Vienne, un autre manuscrit également à Vienne, et contenant les œuvres du médecin Dioscolide, et datant du cinquième siècle renferme des miniatures de sujets profanes.

La *bibliothèque Laurentienne* de Florence renferme un manuscrit byzantin fait en 588 par un moine nommé *Rabula*, qui contient à chaque page de grands encadrements et des miniatures où se montrent l'influence orientale. L'une des miniatures de ce manuscrit montre un des premiers exemples de la cruxifixion.

Certaines miniatures des manuscrits occupent une page entière.

Au neuvième et au dixième siècle, après la défaite des Iconoclastes, il y eut comme une sorte de Renaissance de l'Art de la miniature, et là l'ornementation des manuscrits s'écarte du sentiment exclusivement religieux, pour entrer dans le domaine de l'antiquité. Le charme de l'éternelle beauté antique et païenne vint s'adjoindre et se mêler à la religion chrétienne. On ne saurait citer comme meilleurs exemples que les manuscrits conservés à la Bibliothèque nationale de Paris, dont l'un est un Psautier, et l'autre le *Recueil des Homélies* de saint Grégoire de Nazianze.

Dans le Psautier on voit une magnifique miniature (neuvième siècle) représentant David, jouant de la harpe en compagnie de la Mélodie.

L'ornementation de ces manuscrits est d'une rareté étonnante, merveilleuse. Toutes les richesses fantaisistes d'une délicate imagination, tous les caprices de l'ornement, se déroulent dans les bordures et les encadrements. Les animaux fantastiques, les fleurs, les feuillages les plus bizarres, se rencontrent dans ces ornements.

Les initiales mêmes deviennent de charmantes compositions d'ornements.

Mais, malgré cette prodigalité, il n'y a de confusion nulle part. « Les miniaturistes grecs, dit M. Bordier, n'admettaient pas l'air surchargé, et voulaient partout cette modération, cette juste mesure qui est le cachet du bon goût. »

Particularité curieuse et remarquable, que nous retrouvons plus tard dans l'Art français ou gothique du Moyen âge, les miniatures ne sont en réalité que des *copies en plus petit* des fresques byzantines des onzième et douzième siècles.

## LA MOSAIQUE BYZANTINE.

Dès le sixième siècle, *la mosaïque* avait commencé à être employée dans la décoration. A Constantinople ce genre de décoration était employé non seulement pour les églises, mais encore pour les palais, les édifices privés. C'est à *Ravenne* dans l'église de *Saint-Vital* et à *Sainte-Sophie de Constantinople*, à *Saint-Georges de Salonique*, que se voient les plus belles mosaïques de cette époque.

A Saint-Georges de Salonique, la coupe de l'église était entièrement couverte de mosaïques, représentant des saints dans un riche encadrement architectural, avec des arabesques et des bandes à palmettes.

A Sainte-Sophie, d'immenses mosaïques décoratives couvrent la voûte de la coupole, les absides, les parois ; elles montrent de grandes et majestueuses figures sur des fonds d'or.

A Saint-Vital de Ravenne, ce sont deux grandes compositions historiques en mosaïques qui attirent les regards. D'un côté sont figurés Justinien avec ses gardes, et de l'autre l'impératrice Théodora et ses femmes offrant des présents à l'église.

Au neuvième, dixième, onzième et douzième siècle, la mosaïque a été toujours très appréciée et servait à décorer les monuments religieux et civils.

On peut citer l'église de Nicée où se trouvent des mosaïques qui datent du douzième siècle ; le monastère de Saint-Luc en Livadié, dont la coupole est tapissée de mosaïques représentant le Christ, la Vierge, les archanges et les prophètes.

Manuel Commène au douzième siècle (1180) avait fait représenter en mosaïque sur les murs des salles de la Résidence des Blachernes, ses guerres contre les barbares.

Les églises du Mont Athos devaient être autrefois entièrement décorées de mosaïques.

Au tympan de la porte du Narthex du catholicon de Vatopédie, on voit encore une mosaïque à fond d'or représentant le Christ avec la Vierge et saint Jean. Dans un autre couvent à Xénophon, sont les débris de deux considérables mosaïques représentant les saints guerriers, saint Démétius et saint Georges.

Comme on le voit la mosaïque a tenu une très grande place dans l'art décoratif byzantin.

Le Musée du Louvre possède un tableau en mosaïque byzantine représentant la Transfiguration.

## LA TAPISSERIE BYZANTINE

La fabrication des tissus historiés, des tapisseries, prit un grand essor chez les Byzantins, grâce au développement considérable du luxe. Sous Justinien, fut introduit la culture de la soie, qui donna un nouvel essor.

L'ornementation des tissus, avant le huitième siècle, était bizarre; on y voyait des lions, des ours, des panthères, des buffles, des éléphants, des tigres, des pommes d'or, des oranges, des chasseurs, des rochers, des arbres, etc. Ce genre de décoration continua même jusqu'au onzième siècle dans l'ornementation des costumes d'apparâts, civils ou celtiques.

Comme on le voit, dans l'ornementation de ces tissus, c'était l'élément animal et l'état végétal qui dominaient; au contraire, les ornements offrant un caractère religieux, tels que croix, étoles, étaient très rares.

Le luxe des tapisseries et des tissus s'étendait jusqu'aux églises; c'est ainsi que les rideaux de Sainte-Sophie qui voilaient des ciboires, étaient d'une grande richesse et représentaient le Christ, saint Pierre et saint Paul. La nappe qui recouvrait l'autel de la même église montrait de saints personnages groupés autour du Christ, et sous une coupole dorée; dans les broderies étaient figurées les miracles du Christ.

A partir du onzième siècle, la fabrication des riches étoffes se développa encore davantage. Il existait des fabriques à Constantinople, en Thessalie, à Chypre. Les ateliers de Constantinople étaient renommés, et les tissus qui en sortaient avaient reçu le nom d'*impériales*.

Dans la décoration de ces tissus, on employait tantôt les sujets très simples ou religieux, tantôt des motifs d'ornementation orientale. Un des exemples le plus remarquable, c'est la Dalmatique impériale conservée dans le trésor de Sainte-Irène de Rome (onzième siècle), qui montre sur un fond bleu des scènes de la vie du Christ avec une cinquantaine de personnages.

La tapisserie servait aussi pour orner les édifices ; on voit dans une mosaïque de Ravenne, représentant le palais de Théodore, des tentures suspendues entre les colonnes du portique

## L'ORFÈVRERIE BYZANTINE

L'orfèvrerie byzantine était très en honneur à Byzance, le goût du luxe ne cessant de se développer. Les Byzantins pensèrent que c'était honorer Dieu que de décorer ses temples des objets d'orfèvrerie les plus rares. Constantin lui-même avait des vêtements ornés de pierres précieuses, de perles, et il portait le diadème. Il donnait aux églises un nombre considérable d'ornements en or, en argent et pierres précieuses. Dans les palais, se dressaient des croix en or décorées de pierres fines, des bas-reliefs en or.

Au cinquième siècle, des statues d'or et d'argent se dressaient sur les places publiques ; l'orfèvrerie se substituant à la sculpture, une statue en argent de Théodose-le-Grand était placée à l'Augustœon.

A partir du dixième siècle, l'orfèvrerie alla toujours en grandissant. Nombreux étaient les bas-reliefs d'or et d'argent exécutés par la fonte et par le travail au repoussé.

Le musée du Louvre possède une œuvre d'orfèvrerie Byzantine du dixième siècle, c'est un bas-relief en plaque d'or montrant les saintes femmes au tombeau du Christ.

C'est principalement à Venise, au trésor de Saint-Marc, qu'il est possible de voir toutes les splendeurs de l'orfèvrerie byzantine; c'est là que se trouve le célèbre *Pala d'Oro*, qui sert de retable au grand autel de Saint-Marc et qui renferme, sur une hauteur de 2 mètres, quatre-vingt trois tableaux d'émail (1) sur fond d'or encadrés dans de larges bordures, chargés de médaillons ciselés et de pierres fines.

Comme on le voit, l'orfèvrerie byzantine était d'un très grand luxe.

## L'IVOIRERIE BYZANTINE

Le travail de l'ivoire était très apprécié des Byzantins, et pendant tout le Moyen âge, ils eurent des ateliers d'ivoiriers célèbres qui sculptèrent principalement des dyptiques, des cassettes, des dessus d'évangéliaires. L'ivoirerie religieuse était d'un meilleur style et plus élégante et délicate que l'ivoirerie civile.

Du reste, la sculpture en ivoire progressait, pendant que la sculpture du marbre dégénérait.

Un des plus beaux spécimens de l'ivoirerie des premiers siècles est le siège épiscopal de Maximilien à Ravenne, dans la cathédrale; il est tout orné de bas-reliefs en ivoire, dont les bordures montrent des rameaux de vigne d'une délicatesse exquise.

Du huitième au treizieme siècle, la sculpture en ivoire se développa d'une façon remarquable; elles s'appliquait jusqu'à la décoration de la reliure des manuscrits précieux, des autels domestiques.

Le cabinet des médailles, à la Bibliothèque nationale, possède un certain nombre d'ivoires byzantins, entre autres, un triptyque du douzième siècle représentant la crucifixion, un ivoire, remontant au onzième siècle, montrant le Christ; Romans et Eudoxie, dont les têtes sont d'une grande beauté. Le coffret sacré de Sens est décoré aussi d'ivoire sculpté avec finesse.

(1) Du reste, comme le dit M. Louis Énault : « avec l'émail on arrive à de véritables merveilles décoratives. »

## GLYPTIQUE BYZANTINE

Les artistes byzantins travaillèrent les *pierres fines* avec beaucoup d'habileté et avec une grande élégance.

Presque toujours la fine décoration des camées était composée de sujets religieux. Le cabinet des médailles à la Bibliothèque Nationale et le musée du Louvre possèdent un certain nombre de *camées byzantins* qui ont tous comme motifs décoratifs des sujets religieux.

Le plus beau de ces camées, à la Bibliothèque Nationale, représente le Christ entre les deux saints guerriers, saint Démétrius et saint Georges.

L'art de la glyptique s'était conservé chez les Byzantins bien après qu'il semblait être disparu de l'Occident.

## LES ÉMAUX BYZANTINS

Dès la fin du $V^e$ siècle, on employait à Constantinople les procédés de l'émaillerie. Les écrivains byzantins ne laissent aucun doute à cet égard, car ils indiquent la fabrication des émaux qui décoraient les parements de Sainte-Sophie.

Les portes de Sainte-Sophie même étaient émaillées.

Les plats d'or qui formèrent la vaisselle de l'empereur Justinien, étaient décorés d'émaux représentant les victoires de cet empereur.

Les artistes byzantins paraissent n'avoir guère fabriqué que des *émaux cloisonnés*; ils en tenaient probablement les procédés de fabrication des peuples de l'Asie, avec lesquels ils étaient en relation, et qui pratiquaient cette fabrication dès une époque très reculée.

## LES BRONZES BYZANTINS

Les Byzantins ont excellé dans l'art de fondre le bronze.

Le bronze servait à décorer le mobilier des églises. On peut à ce sujet consulter les objets conservés au musée du

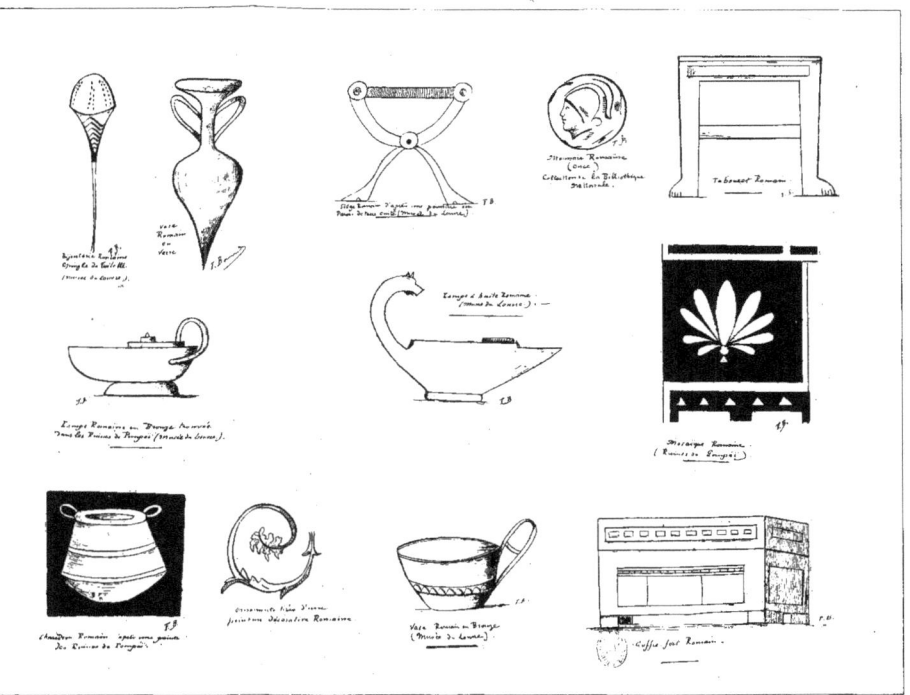

Vatican, à Rome, qui montrent des dessus de coffrets et de reliquaires en bronze, ornés de figures de saints et de saintes. On employait aussi le bronze pour les grandes décorations ; c'est ainsi qu'un écrivain byzantin, Constantin Porphyrogénète, décrit une fontaine placée dans l'atrium de l'église : « Une de ces fontaines, dit-il, est en pierre sagavienne. Du centre de la basse s'élève une pomme de pins percée de trous ; au-dessus, sur la corniche qui fait le tour du bassin, sont placés des coqs, des boucs et des béliers en bronze fondu qui lancent l'eau par leurs tuyaux.

C'est surtout aux portes des églises que les fondeurs de bronze doivent leur réputation.

Parmi les portes en bronze les plus remarquables dues aux artistes byzantins, nous pouvons nommer celles de Saint-Paul hors les murs, à Rome, et de Saint-Sophie, à Constantinople.

Les portes de Saint-Paul hors les murs, commandées par l'abbé Hildebrand, furent exécutées en 1070 par un artiste nommé *Stauracios*. Les sujets représentés sont des scènes de martyrs, des prophètes, des saints, des épisodes de la vie du Christ.

La porte de Sainte-Sophie de Constantinople est décorée de feuilles de vigne.

### MONNAIES ET MÉDAILLES BYZANTINES

Les monnaies et médailles byzantines, à dater de Constantin, ressemblaient d'abord aux monnaies romaines et sont remarquables au point de vue de l'art.

Ce ne fut guère qu'à l'époque du règne d'Anastase I$^{er}$ que l'on prit l'habitude d'introduire dans les légendes les lettres de l'alphabet grec, et un peu plus tard les inscriptions grecques remplacèrent complètement les inscriptions latines.

Les monnaies et les médailles byzantines présentent le

plus souvent d'un côté l'effigie en pied, ou le buste, ou seulement la tête des empereurs.

Quelquefois cette effigie est accompagnée de la représentation du Christ ou de la Vierge, mettant deux mains sur la tête de l'empereur, qui porte le diadème, symbole de la puissance suprême.

L'autre côté de ces pièces, est occupé par des symboles et des inscriptions, et quelquefois les deux ensemble.

L'effigie des empereurs est presque toujours accompagnée de légendes indiquant leurs noms et les titres qu'ils prennent.

# LES ARTS DU MONT ATHOS [1]

'ART byzantin primitif qui date de tant de siècles, a trouvé un asile inviolable chez les moines du *mont Athos*. Là, à l'abri des invasions étrangères et des révolutions politiques, il a pu se conserver pur et intact dans les mains des moines qui à travers le moyen âge ont été les gardiens fidèles d'une tradition qu'ils n'ont pas encore oublié de nos jours.

Cette école de peinture des moines du mont Athos a fourni des maîtres à tout l'Occident, à Athènes, à Venise, à Constantinople et aujourd'hui elle en fournit encore à la Grèce, à la Turquie, à la Russie après 14 siècles d'existence. L'artiste même du mont Athos cherche à reproduire les types consacrés de la manière la plus fidèle. Tout d'ailleurs est calculé d'avance : les contours, les proportions, les couleurs, les nuances des cheveux, de la barbe, des vêtements, leur longueur, leur disposition, les plis des étoffes. C'est ainsi que dans les peintures représentant des saints à longue robe, on remarque un pli à l'étoffe depuis 14 siècles, se retrouve invariablement au-dessus et au-dessous du genou. On s'explique de la sorte comment l'art byzantin a pu se conserver fidèlement après de si nombreuses années. Les moines possèdent d'ailleurs un guide de la peinture aux-

---

(1) ATHOS. Montagne et cap de la Turquie d'Europe, à l'extrémité d'une langue de terre étroite, longue de 50 kil., à côtes très découpées, et très montueuse à l'intérieur. La chaîne de hauteurs, qui remplit cette langue de terre et se termine par le mont Athos lui-même, s'appelle en grec : *Hagion Oros,* la Montagne sainte, à cause des nombreux couvents qui s'y installèrent dès les commencements du christianisme.

quels ils se conforment fidèlement. Ce guide, véritable manuel d'iconographie chrétienne, a été fait au XV° siècle par Denys, moine de Fourna d'Agraplu, qui avait étudié la peinture à Salonique, et qui s'était proposé comme modèle un des maîtres les plus célèbres de cette école, le Raphaël de l'art byzantin, *Manuel Panselnos*, dont il existe encore quelques fresques dans l'église principale de *Kares*. Ce traité donne les détails les plus minutieux sur les procédés techniques, indique les compositions à adopter pour chaque sujet, quels traits le peintre doit donner à ses personnages, comment il doit les grouper. Le mont Athos comprend près de 950 églises ou chapelles. Dans les grands couvents les réfectoirs sont couverts de fresques. Les tableaux sur bois sont nombreux, quelques-uns sont fort anciens. Au musée du Louvre on peut voir une toile de *Papety* représentant d'une façon charmante des moines décorant de fresques une chapelle du couvent d'Iuron dans le mont Athos. Ces grandes fresques des chapelles, quoique imparfaites et récentes en général, font voir ce que fut la peinture décorative byzantine aux beaux temps de son histoire. Quand on pénètre dans ces chapelles aux offices de nuit, à la lueur des cierges, ces figures de saints et de saintes, à demi éclairées, produisent une impression étrange et grandiose ; on se croirait transporté en plein moyen âge. Les monastères de l'Athos sont aussi riches en pièces d'orfèvrerie des XIII° et XIV° siècles. Aujourd'hui, quelques moines excellent aussi dans le travail de la sculpture sur bois.

# L'ART ARMÉNIEN

À l'exemple des Grecs, les Arméniens n'ont jamais placé, dans l'intérieur de leurs églises, des sculptures en ronde-bosse ; ils n'admettaient pour la représentation des sujets religieux que bas-reliefs de très peu de saillie et la peinture.

Une église d'*An*, bâtie au bord de l'Arpa-Takaï, dans le style de la nécropole, mais avec des *matériaux monochromes* et sans l'emploi de l'ogive, a sa façade ornée de sculptures délicates représentant des oiseaux du pays : des coqs, des faisans, des vautours. Les sculpteurs arméniens ont d'ailleurs toujours aimé à représenter la faune et la flore de leur pays.

On peut encore citer, pour la beauté et le fini de la sculpture, l'*Hospice de la grande mosquée d'Oulon-Djonn à Erzeroum*, dont les sculptures de la porte d'entrée sont exécutées avec un bon goût, beaucoup de délicatesse dans les détails et une grande finesse de ciseaux. Ces sculptures offrent tous les caprices délicieux de l'ornementation arabe.

La peinture arménienne s'est principalement occupée des représentations religieuses.

C'est ainsi que les murs de la nef et ceux du rond-point de l'église d'Ani sont couverts de peintures à fresque, qui rappellent l'art européen des XIe et XIIe siècles. Les sujets principaux en sont empruntés à l'Ancien et Nouveau Testament. Une figure de Christ, assis sur un trône, occupe la coupole du dôme; cette peinture est d'une couleur chaude et brillante.

## LES ARTS DÉCORATIFS EN ARMÉNIE

Les Arméniens ont toujours eu l'habitude constante de décorer leurs édifices, palais, églises ou châteaux, de peintures murales, non seulement au-dehors, mais encore à l'intérieur. C'est ainsi que dans une vallée voisine d'Ani, toute remplie de tombeaux, taillés à même dans le roc, à une certaine hauteur au-dessus du sol, on remarque que chaque tombeau est orné d'une grande niche, dans laquelle s'élevait un autel, et qui est décorée d'une peinture représentant le Christ ou la Vierge. Dans la solitude la vue de ces peintures produit une émotion puissante sur l'âme du voyageur qui croit voir là des visions évanouies du moyen âge chrétien.

Les artistes arméniens se servaient aussi de la *mosaïque* comme moyen décoratif; c'est ainsi que dans un monument très ancien, qui se voit encore à Ani, et qui est formé d'une réunion de petites chapelles de forme circulaire ayant chacune une coupole et un toit conique, la décoration a été faite au moyen de mosaïques formées de laves de différentes couleurs, représentant des rinceaux de feuillages entamant des croix composées elles-mêmes de fleurs de différentes couleurs.

Les orfèvres arméniens ont copié les modèles byzantins, en y mettant cependant un cachet local. Leurs monastères renfermaient un grand nombre d'images sacrées en argent repoussé.

## ARCHITECTURE ARMÉNIENNE

L'architecture de l'Arménie a revêtu un caractère byzantin; seulement les artistes arméniens n'ont point fait une copie scrupuleuse, et ils ont donné dans l'ornementation une libre carrière à leur imagination. Leur style se rapproche en ce sens beaucoup du style persan et arabe.

On peut diviser l'architecture arménienne en deux périodes : une première période qui s'étend jusqu'au Xe siècle et à laquelle appartiennent l'église de Sainte-Ripsime, à Wagarschabad (VIIe siècle), le cloître d'Etschmiadzin, les églises de Kharni (Xe siècle) (1). La deuxième période, qui date de la fin du Xe siècle, montre le style byzantin, profondément modifié ; à cette période appartiennent la cathédrale d'Ani (1010), celle de Kutais (bâtie de 1004 à 1009). La conquête turque arrêta malheureusement la marche de cette architecture si pittoresque.

### MONNAIES ARMÉNIENNES

Les monnaies frappées en Arménie ne sont pas très nombreuses, car ce ne fut guère qu'au moment où Alexandre faisait son expédition en Asie que l'Arménie, divisée alors en plusieurs provinces, commença à battre monnaie. Les premiers princes qui commencèrent à fabriquer des monnaies furent les rois de Samosate, d'Arsamosate et de la petite Arménie.

La dynastie arsacide ne frappa monnaie qu'à l'époque de Tigrane le Grand; on connaît quelques rares médailles des successeurs de ce prince jusqu'à Artaxias.

Enfin une dynastie moitié arménienne et moitié arabe, qui régna à Edesse, sous la domination romaine, frappa monnaie. Un prince bagratude, Gorig, vassal de Byzance, émit de rares monnaies au XIIIe siècle, tandis qu'une autre branche de la même dynastie, qui, en changeant de patrie, avait changé aussi de nom, les Roupeiniens, frappèrent monnaie. Léon II fut le premier qui fit fabriquer un numéraire national, et son exemple fut suivi par ses successeurs de l'Arménie, mort en 1393.

Depuis le commencement du XIVe siècle, les monnaies

---

(1) On peut citer aussi quelques édifices du IXe siècle à *Achpat*.

qui eurent cours en Arménie furent celles des maîtres dominateurs des Juifs.

Les monnaies arméniennes portent toutes des légendes en caractères arméniens. Généralement, on y voit, d'un côté, le roi figuré de face, la tête couverte de la tiare, assis sur son trône ou bien passant à cheval ; sur l'autre revers de la pièce, est figuré le lion d'Arménie, tenant la croix entourée d'une légende arménienne.

Les monnaies arméniennes ont été faites en or, en argent ou en cuivre.

# LES ARTS AU MOYEN AGE

### PHILOSOPHIE DE L'ART AU MOYEN AGE

Les arts au moyen âge sont empreints d'une grande tristesse, d'une mélancolie profonde, d'une noire terreur ; c'est que c'est en effet une vie de longues souffrances que la vie des peuples occidentaux à cette époque qui a pourtant été pour la France celle de son plus bel épanouissement.

Le moyen âge est compris entre deux catastrophes : l'invasion des Barbares du Nord et celle des Turcs.

C'est l'époque des choses sublimes et des choses horribles, des plus grands crimes et des plus belles vertus, des terreurs terrestres et des enthousiasmes religieux.

Les monuments de cette époque sont des témoins désolés de la vie malheureuse et craintive de nos ancêtres. En effet, la terreur régnait partout ; il fallait craindre et le roi qui ne se gênait pas pour brûler, même ses sujets, comme à Vitry au XII$^e$ siècle où il brûla plus de mille habitants dans l'Eglise, et le noble qui veillait de haut de son donjon sur le voyageur et qui descendait dans la plaine, avec ses hommes d'armes, pour lui prendre la bourse ou la vie, et souvent les deux, ou qui d'autre fois, en guerre civile, massacraient (le duc de Bourgogne au XV$^e$ siècle, à Paris), plus de quinze cents personnes dans les rues, les prisons et même les églises.

Il fallait craindre aussi le bohémien, voleur d'enfants, l'étudiant en guenilles qui attendait le soir, sous un porche d'église ou au coin d'une rue, les passants attardés pour les détrousser, et par dessus tout cela les ennemis, les envahisseurs, grands tueurs d'hommes (comme les Normands qui incendiaient au X⁰ siècle les bords de la Seine, les Anglais qui massacraient à Limoges).

La famine venait encore ajouter à la désolation et aux terreurs des hommes du moyen âge. « Sur les chemins, dit le moine Glaber, les forts saisissaient les faibles, les déchiraient, les rôtissaient et les mangeaient. Les riches maigrirent et pâlirent ; les pauvres rongèrent les racines des forêts, plusieurs dévorèrent des chairs humaines. »

Il semblait, tellement la vie était terrible, que la mort était une délivrance ; aussi voit-on dans les arts de cette époque jusqu'à la négation du corps humain emprisonné dans de longs suaires.

Cette terreur continuelle avait appris aux hommes à se fortifier ; aussi les rues de cette époque étaient-elles tortueuses, remplies de passages voûtés, les fenêtres étroites comme des meurtrières, les Églises bastionnées, les maisons massives, les bourgs perchés sur les pointes des collines comme des nids d'aigles, protégés par des remparts crénelés et des tours d'où l'on guettait l'approche des ennemis.

Si l'art du moyen âge est empreint d'un grand système de défense, il revêt aussi un grand caractère religieux et triste, cela se comprend facilement, car lorsque la misère, la douleur, le désespoir règnent sur la terre, l'âme humaine qui a toujours soif d'idéal prend son vol en des régions plus pures, où tout semble meilleur et s'adresse à Dieu comme une suprême espérance, comme la meilleure consolation.

C'est le rêve poétique de la foi, de l'héroïsme, qui proteste contre la brutalité des événements humains ; l'idéal reprend ses droits avec enthousiasme et à travers les malheurs et les lâchetés sans nombre, produit des choses sublimes et héroïques jusqu'à la folie.

C'est alors que prit naissance cette fine fleur, la chevalerie, création française par excellence, car en plein dix-neuvième siècle, les étrangers proclament toujours la France la première des nations chevaleresques.

C'était vraiment le temps religieux et chevaleresque, où la pratique de la religion, des vertus, des idées généreuses, étaient le souci de tout homme de cœur ; aussi, dans les arts, étaient-ce les types de l'infinie beauté morale que les artistes aimèrent à reproduire; la forme n'était rien, la pensée était tout : l'expression était réservée au visage aux dépens du corps emprisonné dans de larges mailles ou dans de grandes armures.

Par suite de la prédominance des idées religieuses et morales, c'était la tristesse qui dominait partout et qui avait si bien marqué de son empreinte l'art du moyen âge.

Les architectes qui ont édifié les sombres églises romanes ou les grandioses cathédrales gothiques, ont exprimé au moyen de la pierre toute la poésie touchante de leur âme. Le moyen âge semble frissonner et gémir au fond de ces sombres voûtes.

Ce sont les tristes scènes de la Passion que les sculpteurs français ont groupées le long des piliers et sur les portails des églises où les saints de pierre semblent rêver dans une extase douloureuse.

Ce sont aussi les tristesses de la passion, les crucifiements, les couronnements d'épines, les nativités, les vierges et les saints aux visages souffrants, les douleurs de la mort, le désespoir de l'enfer, que les peintres primitifs de la France, de l'Italie, de la Flandre, de l'Allemagne, ont reproduites dans leurs fresques lugubres et mélancoliques.

Et cette mélancolie profonde a continué longtemps à marquer de son empreinte les œuvres d'art, car, même en pleine Renaissance, elle fera encore sentir sa vitalité.

N'est-ce pas la mélancolie moyen âge qui a fait donner aux géants de pierre de Michel-Ange cet air las et fatigué, aux femmes de Léonard de Vinci ces sourires mystérieux comme des énigmes, aux portraits de Hans Holbein, ces airs tristes et ennuyés, aux fresques d'Orcrgna, cette désolation et cette désespérance.

N'est-ce pas la mélancolie qui a guidé le grand artiste allemand, lorsqu'il a représenté ce chevalier en compagnie de la mort et qui, arrêté sous une forêt sinistre et lugubre, déjà immobile sous son armure de fer, regarde fixement le sablier presque vide où les siècles qui viennent de s'enfuir (1).

Mais si l'art a été triste et mélancolique au moyen âge, il a été aussi, surtout pendant la dernière période, moqueur et satirique.

Quand des hommes ont souffert et pleuré pour des chimères, pour des beaux rêves, et que leurs doux rêves se sont évanouis, ces hommes, tout en conservant l'amère tristesse de leurs illusions perdues, se moquent, se raillent de tout ce qu'ils ont aimé et adoré.

Et cette moquerie sera d'autant plus grande que le rêve avait été plus haut et la chute plus profonde. C'est ce qui est précisément arrivé au moyen âge.

L'expérience avait donné un démenti aux plus beaux rêves enthousiaste des chevaliers, des preux et de la multitude.

Les croisades, nées d'un sentiment exquis, et au mouvement desquelles tout un peuple depuis les rois, les chevaliers, les nobles, jusqu'aux enfants et mêmes jusqu'aux serfs qui avaient pris part. Certains alors pensaient et soupiraient

---

(1) Pénétrez en ces jours d'amertume, où l'âme endolorie a soif des célestes consolations, pénétrez dans les longues et hautes nefs d'une cathédrale gothique, errez au milieu de cette forêt d'aiguilles, de lancettes, de colonnettes si ouvragées, si fines qu'elles paraissent impalpables ; inondez votre regard des clartés mystérieuses que répand la pourpre sanglante des vitraux aux étincelantes couleurs, et dites si vous ne vous sentez pas ému et troublé de tant de merveilles et comme saisi d'un sublime éblouissement.

Dans ce sanctuaire du silence et du recueillement, ne vous semble-t-il pas qu'un vie cachée anime ces prières.

(Les (Beaux-Arts dans la politique.)   (Georges DUFOUR).

à la conquête de ce doux hameau de Bethléem où, dans la nuit de Noël, des rois étaient venus adorer un pauvre enfant couché dans une étable, premier berceau d'un Dieu bon et pauvre, et à celle de ce Golgotha où cet enfant divin devenu homme avait pleuré et prié pour les hommes la veille de sa mort.

Toute une multitude avait donné son sang pour reconquérir ces lieux saints et les arracher aux mains des infidèles. Mais ce sang avait été répandu en vain (ce Dieu dort, disait un troubadour, et Mahomet triomphe), et en fait de vertus, beaucoup de croisés avaient rapporté les vices des Orientaux.

Le procès des Templiers au XVI$^e$ siècle n'avait-il pas montré comment même chez certains ordres religieux le vice avait fini par l'emporter sur la vertu parfaite.

A quoi avait servi l'héroïsme, qu'avaient rapporté aux chevaliers, aux preux sans peur et sans reproches leurs luttes gigantesques, leurs exploits sans nombre? Ils avaient eu beau faire, leurs combats sanglants n'avaient pu ni ramener la fraternité sur la terre, ni chasser les infidèles de la chrétienté. Le tombeau du Christ était toujours la proie des mécréants.

A quoi bon tous ces beaux rêves, toutes ces belles œuvres?

Aussi tout en pleurant le passé, tout en gardant le triste deuil des bonheurs évanouis, les hommes du moyen âge se moquèrent-ils, se raillèrent-ils.

Et cette raillerie, cette satire, se montre non seulement dans les lettres, mais dans les arts. Elle est partout, dans les fresques lugubres où le grotesque se mêle au sublime, dans les sculptures de nos cathédrales où des monstres à figures grimaçantes coudoient les vierges, les saints, les scènes de la Passion.

Il n'était pas jusqu'aux appartements, jusqu'aux meubles les garnissant, qui n'aient revêtu dans la première partie du moyen âge une teinte de mélancolie. Ces salles hautes et froides, aux fenêtres étroites garnies de vitraux multicolores (où étaient représentés les scènes de l'Evangile, les mystères de saints, les exploits des chevaliers), de bancs de pierre ou de bois sculptés, de chaires hautes ; ces chapelles attenantes aux châteaux et remplies d'objets de saintetés, de statuettes en pierre ou en bois coloriés, de christs aux visages douloureux, tout cela ne respire-t-il pas une mélancolie profonde.

Plus tard, la raillerie, la satire, vinrent s'y mêler aussi et on vit apparaître dans ces salles des sculptures grotesques, dans ces chapelles, des sculptures, des ornements jurant avec la sainteté du lieu.

Cette satire, c'était la critique vivante du moyen âge, la protestation contre l'emprisonnement lugubre qu'il faisait subir à l'art, c'était un commencement d'acheminement vers l'air demi-païen, renouvelé de l'antique, en un mot de la Renaissance.

## LES PREMIERS DÉVELOPPEMENTS DES ARTS
### EN FRANCE

Les premiers vestiges de l'art que nous découvrons sur la terre de France sont des débris de monuments grossiers de la religion primitive des *Gaulois* ou *Gaëls*. La Gaule n'était qu'une suite de vastes forêts où abondèrent les bêtes sauvages. Les Gaulois vivant au milieu de ces forêts les prenaient pour l'asile de leurs divinités et c'était là qu'ils adoraient leurs dieux. Leurs prêtres se nommaient *Druides* ou *hommes des chênes*. Le *gui*, plante qui s'enroule autour du chêne, était pour eux la plante sacrée; on le coupait en grande pompe avec des faucilles d'or. Les monuments d'architecture de cette religion sont des pierres brutes prises comme symboles religieux. On peut citer parmi ces monuments le *Peulvan* ou *Menhir*, le *Dolmen*, le *Galgal*, le *Cromleck*, les *Allées couvertes*, le *Lichaven* ou *Trilithe*.

Le plus simple c'est le *Galgal* ou tombe primitive, c'est un amas de pierres, de petites roches, déposées sur la tombe. C'est le tumulus des Celtes et Germains. On retrouve d'ailleurs cette forme primitive de la tombe dans tous les pays du globe.

Le *Menhir* était une grosse pierre d'une seule pièce placée verticalement. Le *Menhir* devait être, comme l'obélisque de l'Egyptien, un symbole commémoratif. Le plus grand *Menhir* connu a 60 pieds de hauteur (à Lochmariaker en Bretagne).

Le *Trilithe* ou *Lichaven* était formé par deux pierres qui en soutenaient une troisième.

Le *Dolmen* (1) était une sorte de table colossale, formée d'une énorme pierre fixée horizontalement. Ce devait être la table des sacrifices, car les Druides, pour apaiser la divinité, ne se contentaient pas de lui immoler des animaux, ils lui immolaient aussi des hommes. Du reste, dans ces derniers temps on a retrouvé à coté des ruines de dolmens, des débris de corps humains, évidemment des restes de pauvres victimes.

Les *Allées couvertes* étaient formées de deux lignes de pierres, sur lesquelles on plaçait d'autres blocs gigantesques. Elles devaient probablement servir à des processions solennelles.

Le *Cromleck* était un assemblage de meuliers; ce devait être un lieu de réunion, un forum, un vaste cirque, où, sous la conduite des druides, les chefs de tribus venaient parler des affaires du pays, premières assemblées libres des représentants de la nation.

En Bretagne, à *Carnac*, il y a un Cromleck comprenant plus de 1,200 pierres colossales.

(1) On a trouvé un grand nombre de fragments de sculptures gallo-romaines (en 1711) sous le chœur de Notre-Dame; on peut en voir plusieurs au musée Carnavalet.

Tels sont les premiers débuts de l'art en Gaule, avant la conquête des Romains et l'apparition du christianisme (1).

Quand la Gaule conquise devint province romaine, les Romains y apportèrent cet art qui a reçu le nom de *gallo-romain* ; c'était l'art des Romains importé par eux, mais avec un *cachet de liberté plus grande, avec une allure déjà française*. Les artistes étaient pour la plupart des Gaulois (2), et il arrive ce qui était arrivé à Rome même avec les artistes grecs emmenés en esclavage, c'est que les artistes conservèrent la manière propre de travailler, et, si la main qui indiquait la manière de travailler était romaine, celle qui exécutait restait gauloise.

Les monuments de cette époque se ressentent déjà de ce cachet libéral et national qui devait plus tard enfanter l'art français, appelé si malheureusement gothique.

Les Gaulois qui s'étaient faits chrétiens sous Clovis, élevèrent des églises. Ils prirent d'abord *modèle sur les basiliques romaines* où les premiers chrétiens en liberté avaient célébré leurs saints mystères.

On décora ces premières églises de peintures murales, de mosaïques, de dorures. C'est ainsi que l'évêque de Poitiers, Saint-Fortunat, appelait l'église de St-Vincent, aujourd'hui *St-Germain-des-Prés*, la *Maison dorée de St-Germain*.

La basilique de Sainte-Geneviève, bâtie par Clovis et détruite par les Normands, était couverte, dit Etienne de Tournai, de riches et superbes mosaïques. Le luxe était d'ailleurs réservé spécialement pour les églises.

Sous les Mérovingiens, les demeures des rois francs se

(1). Les musées de Sèvres et de Cluny possèdent des poteries gauloises et gallo-romaines trouvées aux environs de Paris, dans les fouilles faites dans le sol du Luxembourg.

(2). Aux environs de Paris et à Paris même on a retrouvé des restes de ces primitifs, tels que : le Dolmen de Conflans-Ste-Honorine, la tombe d'un chef trouvée à l'École des beaux-arts, la Pierre aux moines, dans le bois de Meudon, le Cromleck trouvé à la Varenne-St-Hilaire en 1858, les Peulvans trouvés à Pierrefitte, à l'Étangleville.

composaient de places, de jardins, d'assemblage de constructions irrégulières, luxueuses ou non. Ils se servirent des monuments antiques. Leurs résidences ressemblaient aussi plutôt à une petite ville qu'à un véritable palais.

Charlemagne fut un des plus grands protecteurs des arts. Il avait fait une loi ordonnant que les églises fussent peintes et richement ornées. Il avait même fixé le mode de contributions à percevoir pour exécuter les peintures murales. L'église attenante à un bénéfice devait être peinte aux frais du bénéficiaire; une église royale, aux frais de l'évêque et des abbés voisins (1). Il voulait, par ce luxe, faire oublier aux Saxons récemment convertis leurs anciens temples. Charlemagne ayant eu de fréquents rapports avec l'Orient, connaissait la valeur de ses artistes; aussi quand Léon l'Isaurien, l'iconoclaste, eut chassé les artistes de Constantinople, Charlemagne en fit venir un grand nombre qu'il employa à divers travaux et favorisa ainsi le développement de l'art byzantin. De là évidemment vient l'introduction du style byzantin dans l'architecture romane.

Les marbres antiques enlevés à Ravenne servirent à décorer les monuments du grand empire de Charlemagne : les palais de Cologne, la basilique et le salon d'Aix-la-Chapelle, le palais de Nimègue, la crypte de Saint-Denis, le palais d'Ingelheim, etc. Du reste, on ne prenait pas seulement des modèles pour les monuments, on s'inspirait aussi du style byzantin qui régnait alors à Constantinople et dans la Syrie orientale, pour la fabrication des étoffes, des meubles, des bijoux.

Du reste, les moines ont eu beaucoup d'influence sur les arts de cette époque et sur le style dont ils sont empreints. Car, en France, ce fut le clergé qui, pendant de longs siè-

(1). Le Bel Évangéliaine, connu sous le nom d'*heures de Charlemagne*, que l'on possède encore heureusement avait été donné par un moine, le diacre Godelscel.

cles, fut le protecteur, le soutien et le seul gardien des lettres et des arts. Le peuple, malheureux, opprimé, affamé, ne pouvait guère y songer, les rois pensaient aux expéditions lointaines et aux luttes qu'ils avaient à soutenir pour conserver leur suprématie ; les nobles étaient occupés à la guerre, au pillage ou à la repression des vassaux ; les moines seuls, dans leurs sombres cloîtres, pouvaient s'occuper d'études, et de même qu'ils conservaient la science des siècles passés dans leurs manuscrits, ils conservèrent l'art en le pratiquant eux-mêmes. Il n'existait guère d'écoles que chez les moines ; chaque évêché, chaque monastère avait une école.

Les Bénédictins, sous Charlemagne, s'établirent dans une grande partie de la France et bâtirent une grande quantité de monastères.

Ce sont eux surtout qui eurent le plus d'influence réelle sur le caractère byzantin des arts.

Rien d'étonnant d'ailleurs, les établissements religieux des bénédictins étant en relations très fréquentes avec les peuples de la Syrie centrale, avec Antioche surtout, où régnait un grand commerce et où les ouvriers de l'Occident allaient s'instruire.

L'architecture que les Bénédictins favorisèrent fut une union de l'architecture romaine avec la décoration byzantine ; elle a reçu le nom d'*architecture romane* et c'est elle qui a duré jusqu'à la fin du XI$^e$ siècle, jusqu'à l'apparition des premiers éléments de l'art gothique.

Pendant toute la période qui s'étend depuis l'invasion des Barbares jusqu'à la formation des communes, les établissements des communes, les établissements religieux, dernier refuge des intelligences laborieuses dans ces temps néfastes, se multipliaient nécessairement. A cette époque, il n'y a de vie que dans les monastères, la nécessité d'orner la maison de Dieu en fait le refuge de toutes les industries d'art, et chaque monastère est en même temps un lieu de repos pour les esprits méditatifs et une fabrique d'objets religieux, où on conserve les procédés concernant l'orfévrerie, l'ébénisterie, et tous les arts qui se rattachent à la décoration des édifices pieux.

Jusqu'au XII$^e$ siècle, les moines et les moines seuls sont architectes, sculpteurs, peintres, calligraphes, etc.; tout ce qui reste des sciences et des arts est confiné dans les monastères et employé uniquement au service divin.

# LA PEINTURE FRANCAISE
## AU MOYEN AGE

Pendant l'époque du moyen âge, la *peinture française fut architecturale* c'est-à-dire qu'elle servit surtout comme moyen de décoration aux architectes français et qu'il est impossible de la séparer de l'architecture.

Grégoire de Tours parle souvent des peintures qui décoraient les palais et les édifices religieux de son temps. A l'époque carlovingienne, Frodoard nous apprend dans son histoire de l'Eglise de Reims, que l'évêque Hincmar, en reconstruisant la cathédrale de Reims, « orna la voûte de peintures, éclaira le temple au moyen de fenêtres vitrées, et le fit parer de marbres. »

Vers la fin du XI<sup>e</sup> siècle, en même temps que l'architecture, la peinture, se dégageant des traditions gallo-romaines, prit un caractère spécial, national.

Jusqu'à cette époque, la peinture recouvrait les monuments au dedans comme au dehors ; le sol lui-même était peint, les sculptures étaient recouvertes d'un badigeon coloré ; les ornements se détachaient sur des fonds rouges et étaient souvent rehaussés de traits noirs ou jaunes.

On avait conservé des traditions romaines la byzantine ; c'est ainsi que les belles peintures de l'*église de Saint-Savin*, près Poitiers, montrent les traditions de l'école byzantine, mais cependant avec une certaine recherche particulière qui fait présager une émancipation de l'art. Au XII<sup>e</sup> siècle, il existait déjà en Auvergne une puissante école de peinture, dégagée des traditions étrangères et ayant un caractère national.

Dans les peintures françaises du XIII⁰ siècle, la rigidité du style byzantin est complètement abandonnée, l'art archaïque est complètement laissé de côté, on voit que le fané revient libre et l'observation de la nature plus finie et plus constante.

Les poses commencent à avoir plus de souplesse et les draperies sont données avec plus de liberté. Les peintures murales sont alors souvent de véritables improvisations.

Les peintres fameux du XII⁰ siècle se servaient de plusieurs sortes de peintures : la peinture à fresque, la peinture à la colle, à l'œuf, et la *peinture à l'huile* (1) employée pour les petits ouvrages, tels que des panneaux.

Au XIII⁰ siècle, les artistes employaient fort souvent la peinture à la gomme pour les menus objets, tels que boiseries, rétables, etc.; ces peintures étaient recouvertes d'un vernis formé de gomme arabique dissoute à chaud dans l'huile de lin; ce vernis donnait aux peintures un éclat extraordinaire.

La peinture décorative française s'appliquait non seulement à orner les parois de l'intérieur des édifices, mais aussi elle jouait un rôle à l'extérieur. On peut voir à ce sujet des traces de peintures et de dorures sur la façade de Notre-Dame de Paris, sur les colonnes, sur les moulures, sur les sculptures d'ornement et même sur les statues.

Les ornements qui sont situés aux sommets des grands pignons du transept de la cathédrale de Paris, qui datent du XIII⁰ siècle (1257⁰ année) étaient dorés avec fonds noir

---

(1) Dès le XI⁰ siècle, les peintres français employaient et célébraient avant les flamands et les italiens, des couleurs broyées avec de *l'huile de lin*; au XIV⁰ siècle elles étaient en usage, on en a une preuve dans les devis des peintures exécutées dans le château de Vaudreuil, en 1355, par Jehan Liste, et par ordre du duc de Normandie, où on lit ces mots : « Et toutes ces choses dessus dessinées seront fetes de *fines couleurs à l'huile*. . . . »

ou rouge sombre. Les porches de la cathédrale d'Amiens montrent aussi des traces de couleurs.

A l'extérieur, les colorations étaient beaucoup plus dures, plus vives, c'étaient des tons vert cru, rouge vif, jaune ocre, des blancs, des noirs, mais très rarement des bleus réservés pour l'intérieur.

C'est à partir du XVI<sup>e</sup> siècle que la peinture décorative fut uniquement réservée pour l'intérieur des édifices.

Dans l'intérieur des monuments, des édifices, quand les parois et les piles étaient peintes, les sculptures l'étaient aussi, les peintres n'admettant pas la coloration partielle. Les ornements étaient peints de tons clairs, bleus, rouges, jaunes, vert pâle, sur des fonds sombres; les bijoux étaient rehaussés d'or et des gaufrures peintes et dorées figuraient des passementeries sur les étoffes brochées. Les fonds des figures étaient peints en brun rouge ou en jaune d'ocre, avec de légers ornements blancs. Comme on le voit, l'art intervenait dans cette décoration.

# LA SCULPTURE FRANÇAISE

## AU MOYEN AGE

C'était surtout à la décoration des églises que s'appliquaient les sculpteurs du moyen âge ; nombreux sont les ornements, les statues, les bas-reliefs qui les ornent (1).

Les sujets les plus souvent figurés étaient les scènes du Nouveau Testament, la Passion, les sept péchés capitaux, les légendes de la vie des saints, les peines de l'enfer, les figures des rois, des reines, des prélats.

Les bas-reliefs et les statues étaient le plus souvent peintes, on en voit des exemples dans les bas-reliefs de la cathédrale de Paris et dans ceux de la cathédrale d'Amiens, dans les statues de l'église d'Avioth (Meuse).

Mais c'est surtout à la *cathédrale de Chartres* que se trouvent les chefs-d'œuvre de la sculpture française du moyen âge, chefs-d'œuvre qui peuvent soutenir la comparaison des œuvres les plus belles de la statuaire grecque. On peut citer en particulier les sculptures représentant sainte Elisabeth et saint Joseph, les apôtres, les prélats, le groupe de la Visitation, etc.

Comme chefs-d'œuvre, on peut aussi citer : la statue de la Vierge sculptée au trumeau du porche Nord de la cathédrale de Paris, ainsi que la tête de saint Marc, et à la cathédrale d'Amiens une statue de la Vierge et une tête de Christ.

Les dalles funéraires étaient aussi sculptées (2).

(1) On peut voir au *musée du Trocadéro* les moulages de ces divers chefs d'œuvre.

(2) Voir au musée du Louvre et au musée de Cluny.

La sculpture s'exerçait aussi sur de petits objets, et les artistes, les tailleurs d'images, les tabletiers, les ciseleurs, exécutaient en bois, cuivre, os, ivoire, des crosses, des croix, des diptyques, des triptyques, des objets de toilette, de luxe, véritables chefs-d'œuvre de goût et de délicatesse.

Les sculpteurs sur bois, les orfèvres, les serruriers, mettaient une grande fantaisie dans leurs ornements, empruntant mille sujets au règne végétal et minéral, en y ajoutant des rinceaux, des enroulements, des entrebois, etc. On peut en voir de nombreux exemples jusque dans les petits bijoux, les petits objets de l'époque.

# LA MOSAIQUE FRANÇAISE

## AU MOYEN AGE

A l'époque gallo-romaine, l'art de la *mosaïque* (1) existait déjà en France; on en a retrouvé quelques-unes dans le midi de la France, et notamment dans le Béarn, dans le cimetière de Taron, dans le jardin de l'école des sœurs de Bielle, aux Thermes antiques de Pont-d'Oly, dont toutes les salles étaient décorées de mosaïques qui servaient alors de pavages et qui abondaient même dans les maisons particulières. Ces mosaïques représentent, soit des motifs d'ornements combinés avec des figures allégoriques ou des portraits, soit des épisodes de chasse (2).

Aux XIe et XIIe siècles, l'art de la mosaïque prit un caractère spécial, qui montre qu'en France il y avait des artistes français qui ont su lui donner un caractère national; c'est ainsi qu'à la cathédrale de Lescar, construite à la fin du XIe siècle, et dans l'église de Sades, on a retrouvé des mosaïques qui sont évidemment l'œuvre d'artistes français; ce sont des chasses, des ornements où se trouvent mêlés des animaux que l'on retrouve plus tard dans l'art héraldique français. On retrouve de cette époque des pavages en terre cuite vernissée imitant la mosaïque.

(1) Grégoire de Tours parle de nombreuses mosaïques qui décoraient les églises de son temps. L'Évêque d'Auxerre, Saint-Pallade, avait fait élever au XIIe siècle le monastère de St-Eusèbe dont l'abside était décorée de mosaïques, dans lesquelles se trouvait beaucoup d'or.

(2) « Au XIIe siècle, a dit Viollet-le-Duc, nos architectes ont quelquefois cherché à imiter ces pavages italiens connus sous le nom de Opus Alexandrinum; mais les pierres dures leur manquant, ils y suppléaient par la terre cuite vernissée. »

Au XIVe siècle, on employait encore la mosaïque en France, c'est ainsi, que l'abbé Lebeuf, dans son histoire du Diocèse de Paris, dit que dans le château de Bicêtre, bâti par le frère du roi Charles V, le duc de Berry, il y avait deux petites salles « enrichies d'un parfaitement bel ouvrage à la mosaïque. »

Dans certaines mosaïques françaises, les émaux ont joué un certain rôle; dans les mosaïques, dont l'abbé *Suger* (1) fit décorer le sol et l'arc de la porte latérale de l'église Saint-Denis, il y avait non seulement du marbre, des cubes dorés, mais aussi des émaux.

(1) 1082-1152.

# LA SERRURERIE FRANÇAISE
## AU MOYEN AGE

Après les invasions des V$^e$ et VI$^e$ siècles, l'art de la serrurerie est dans l'apanage des établissements monastiques qui établissent des fourneaux de forges, et, dès le commencement du XII$^e$ siècle, l'industrie des fers forgés avait atteint un certain développement et la serrurerie fine atteignait au XIII$^e$ siècle à la perfection.

A Notre-Dame de Paris, on peut voir des *pentures* ou bandes de fer clouées et boulonnées aux vantaux des portes, qui sont des merveilles d'exécution; il semble que pour ces forgerons français des XII$^e$ et XIII$^e$ siècles, le fer soit devenu une matière aussi facile à manier que la cire molle.

C'est aussi à la ferrure des vantaux des portes fortifiées que les serruriers du moyen âge ont apporté tous leurs soins. On peut en voir des exemples au musée de Cluny.

# L'ARCHITECTURE FRANÇAISE
## DITE GOTHIQUE

L'*architecture gothique* a pris naissance par la construction des cathédrales.

La *cathédrale* était à la fois le siège du pouvoir épiscopal et le monument de la commune.

Au XII<sup>e</sup> siècle, les habitants des communes trop maltraités par le pouvoir civil ou laïque s'étaient alliés aux évêques dont la juridiction plus douce leur accordait plus de franchise, et ils avaient d'un commun accord élevé des cathédrales superbes et énormes qui pouvaient contenir toute une cité.

C'est alors qu'apparaît pour la construction de ces monuments l'architecture appelée improprement *architecture gothique* (1) et qui n'est autre chose que l'*architecture française* (2).

Les cathédrales ne sont-elles pas les monuments splen-

---

(1) On invoque souvent ici l'origine de *l'ogive* en disant que les Français l'ont empruntée aux Arabes ; mais l'ogive n'a rien à y voir, c'est une question secondaire, un détail, car on trouve l'ogive dans les ruines des monuments Ninive, et quand on soutiendra que le système général de l'architecture des monuments dits gothiques est français, personne n'aura la prétention de venir dire que ces monuments sont des copies de monuments arabes.

(2) On a donné souvent et plus justement à cette architecture le nom d'*ogivale* parce que les ogives s'y trouvent à profusion plus que dans les autres architectures, mais ce nom ne peut lui être appliqué en propre, car l'ogive se rencontre aussi dans l'architecture d'autres peuples ; on la trouve même dans certains monuments du Mexique.

dides de la foi chrétienne de nos pères ? Un poète anglais a dit que les flèches des cathédrales gothiques étaient « des doigts levés pour nous indiquer le ciel ». Un de nos plus admirables écrivains français, *Montaigne*, a dit en parlant de nos cathédrales : « Il n'est âme si revêche, qui ne se sente « touchée de quelque révérence à considérer cette vastité « sombre de nos églises, et ouïr le son dévotieux de nos « orgues. Ceulx mêmes qui y entrent avec mespris sentent « quelque frisson dans leur cœur ».

Les Allemands ont soutenu pendant longtemps et soutiennent encore souvent que l'architecture gothique était la leur ; c'est un mensonge, c'est complètement faux, et l'on peut donner beaucoup de preuves à l'appui.

En premier lieu, le premier monument gothique français la cathédrale de Paris, Notre-Dame, est de l'an 1165, tandis que le premier monument en Allemagne d'architecture gothique, est de l'an 1272 ; il y a donc une différence de plus d'un siècle en notre faveur (1).

Ensuite, presque tous les architectes qui ont construit des monuments gothiques soit en Allemagne, soit en Suède, soit en Angleterre, sont des artistes français.

La cathédrale de Cantorbéry, en Angleterre, a été construite en 1174, par un Français, *Guillaume de Sens* ; la cathédrale de Strasbourg a été faite aussi par un Français, *Erwin de Steinbach* ; c'est à deux artistes français, *Mathieu d'Arras* et *Pierre de Boulogne*, que l'on doit la cathédrale de Prague (2).

(1) On y travaillait encore au milieu du XIII<sup>e</sup> siècle ; une inscription gothique de Jean de Chelles (sur le portail méridional) indique que cette partie de l'édifice fut commencée en 1257.

(2) La cathédrale de Lincoln est aussi l'ouvrage d'un architecte français. Rebâtie vers 1299 par les soins de Saint Hughes de Bourgogne, elle a été construite par un architecte de Blois et copiée par lui sur le modèle de St-Nicolas de Alois, incontestablement commencée en 1133.

Le dôme de Milan, le plus bel édifice gothique de l'Italie, a été élevé de 1388 à 1402, par trois Français, *Jean Campanosen*, *Jean Mignot* de Normandie et *Philippe Bonaventure* de Paris (1).

En 1320, un Français, maître *Henri de Narbonne*, dirige les travaux d'architecture de la cathédrale de Gérone ; cet artiste étant mort, un autre Français, Jacques de Favariis, s'engage à venir à Gérone, six fois l'an, et le chapitre lui assure un traitement de 250 sous par trimestre, belle somme pour l'époque.

Tout est français à la cathédrale de Bourges, architecture et sculpture.

La façade de l'église de *Santa Maria del Mar*, à Barcelone, élevée en 1328, ressemble et a la même disposition que la façade de la *cathédrale d'Arles* en Provence.

Ce sont des Français aussi qui ont construit en Orient, à Athènes, à Chaloi, au Morée, à Sidon, à Saint-Jean-d'Acre, à Rhodes, des monuments, des maisons gothiques.

Nous pouvons encore citer parmi les autres artistes français qui ont travaillé à l'étranger : *Jean*, qui bâtit la cathédrale d'Utrecht ; *Hardoiun* est l'auteur de l'église Sainte-Pétronne, à Bologne, qu'il commença en 1300 ; en Suède, *Pierre de Bonneuil* fit la cathédrale d'Upsal (2).

En France, ils sont nombreux et tous Français ceux qui construisirent ces superbes cathédrales ; nous pouvons donner leurs noms et celui des monuments qu'ils firent.

*Jean de Chelles* fit Notre-Dame de Paris, *Thomas de Cormont* la cathédrale d'Amiens, *Enguerrand le Riche* la cathédrale de Beauvais, *Jean Langlois* Saint-Urbain de Troyes ;

---

(1) A la fin du XVIe siècle, alors que l'Italie était en pleine renaissance et ne manquait pas de grands artistes, un Français, *Nicolas Bonaventure*, obtenait dans un concours la commande de faire dans la cathédrale de Milan une des très belles fenêtres du fond du chœur.

(2) Voir la citation d'après Viollet-le-Duc, à la fin du chapitre.

la Sainte-Chapelle a été faite par *Pierre de Montereau*, et la cathédrale de Reims par *Robert de Coucy*.

Si l'architecture gothique avait été une architecture d'origine allemande, ce seraient des artistes allemands que l'on aurait pris pour faire ces monuments, car ce sont toujours les créateurs d'une œuvre que l'on prend de préférence pour l'exécuter.

En troisième lieu, le caractère de l'architecture gothique est bien d'origine française, car il ne ressemble en rien à la manière de faire, à la façon dont sont construits les monuments des Allemands ou des autres nations.

D'habitude, en fait de construction, on commence un édifice par sa base, et on le termine par sa toiture ; ici, dans l'architecture gothique, c'est tout l'inverse : on a d'abord fait la couverture et on a essayé de la soutenir, et de soutiens en soutiens on est arrivé à la base.

Dans aucune architecture, si ce n'est en France, on n'a procédé de la sorte.

Une autre preuve encore que c'est bien à une architecture française que nous avons affaire, c'est que c'est *à la flore et à la faune des champs de la France*, des provinces où s'élevaient les monuments que les sculpteurs ont emprunté *les motifs de leur décoration*. Ce sont des feuilles, des fleurs, des plantes françaises aux formes plus ou moins élancées, selon que le gothique est simple ou flamboyant, que l'on voit répétées sans cesse comme des emblèmes décoratifs sur les monuments gothiques.

Il y a un autre caractère de l'architecture gothique qui est digne de remarque, c'est le système des corniches terminées par des *gargouilles*.

Les gargouilles sont nombreuses et furent multipliées dans les édifices religieux et civils ; elles sont nées de l'utilité de faire couler les eaux de pluie qui tombaient en cascades dans les rues avant l'installation de ce système.

Les gargouilles avaient la forme d'animaux et de personnages fantastiques ; elles avaient pour les sculpteurs français l'avantage d'exercer leur verve et la bizarrerie de leur imagination.

Il n'y avait pas seulement les cathédrales, mais encore les chéneaux des monuments civils et religieux qui portaient des gargouilles de métal.

Une dernière preuve (toute de détail mais toute significative) que l'architecture gothique est vraiment une architecture française, c'est que si on regarde un de nos vieux manuscrits français enluminés que possèdent nos bibliothèques publiques, et si par la pensée on agrandit les ornements qui en brodent les pages, on aura de suite les ornements de l'architecture gothique.

Les *sculptures ornementatives* de nos vieilles cathédrales gothiques, de nos vieux monuments, ne sont que les *motifs agrandis des ornementations* dont nos moines français ornaient les manuscrits des abbayes.

Dans un ouvrage remarquable (*Les Artistes français à l'étranger*), livre véritablement patriotique, M. *Dussieux* réclame hautement pour la France la propriété de l'architecture dite gothique en ogivale ; il démontre que les monuments gothiques de l'étranger ont été faits par des Français ou bien ont été copiés sur des monuments français.

En même temps que la langue, les poésies, les mœurs et les modes mêmes de la France étaient universellement acceptées, dit-il ; l'architecture française l'était pareillement. *Les étrangers*, qui venaient par milliers à l'Université de Paris, *puisaient en France le goût de l'architecture française que l'on appelle si improprement gothique.*

Entre autres faits, il faut parler de ces étudiants suédois, qui, en 1287, envoyaient en Suède *Étienne Bonneuil*, tailleur de pierres de Paris, avec dix compagnons pour aller faire

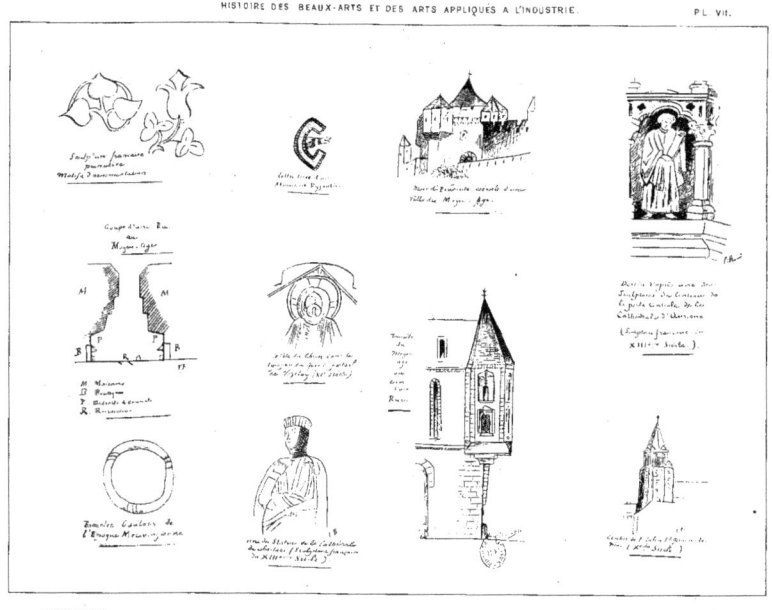

la cathédrale d'Upsal et lui fournissaient l'argent nécessaire à son voyage.

Sans vouloir écrire ici l'histoire de l'architecture gothique il est cependant nécessaire de faire connaître les résultats des travaux les plus récents sur l'origine de cette architecture. Il est parfaitement certain aujourd'hui que l'architecture gothique a pris naissance en France, dans l'ancienne Neustrie (Ile de France, Picardie, Champagne), qu'elle y a acquis son développement, et que de la France elle s'est répandue dans les pays voisins. En effet, *l'art gothique procède de l'art roman*, et certains monuments de l'Ile de France, de la Picardie et de la Champagne présentent la transition entre les deux styles ; on y remarque un mélange, une fusion de deux systèmes, tandis que partout ailleurs, au contraire, il y a une brusque substitution d'un style à l'autre. A coup sûr, il ne faudrait pas d'autres preuves de l'origine française de la naissance en France de l'architecture gothique et ogivale ; eh bien, ces monuments de transition de la France du Nord sont les plus anciens monuments à ogive, ce sont les plus incontestablement déterminés, et leurs dates indiquent qu'ils sont tous antérieurs à tous les autres monuments de style ogival construits dans les autres pays de l'Europe.

Le portail de Saint-Denis est de 1140, celui de Chartres est de 1145, le chœur de Saint-Germain-des-Prés de 1163, et celui de Notre-Dame de Paris de 1182.

*Hors de France, aux mêmes dates, on chercherait en vain des monuments aussi avancés dans ce style.* C'est seulement en France que règne sans partage l'art ogival primitif, et c'est là qu'ont été construits les plus anciens et les plus beaux monuments gothiques, tels que les cathédrales de Soissons (1), de Laon, de Vigan, de Sens, de Reims, d'Amiens,

---

(1) Voir au musée de moulages du Trocadéro, des reproductions de sculptures, de portails, de fragments de ces divers monuments.

de Paris, de Chartres, de Beauvais, etc., *modèles du genre, qui ont été imités dans tout le reste de la France et en Europe.*

« Il est actuellement démontré par tous les esprits au courant de la science archéologique que les *monuments gothiques de l'Allemagne, d'ailleurs si peu nombreux*, bien loin d'avoir servi de type à ceux de la France, sont d'une époque postérieure à ceux-ci, *qu'ils ont été copiés d'après les nôtres, ou bien qu'ils ont été bâtis par des architectes français.*

« *La cathédrale de Cologne*, bien loin d'être le premier monument construit en style gothique, le monument modèle de tous les autres, est au contraire un *édifice copié sur Notre-Dame d'Amiens et sur la Sainte-Chapelle de Paris*. Les deux plans d'Amiens et de Cologne sont si ressemblants qu'on peut les confondre ; ils se couvrent l'un l'autre, et lorsque le plan de Cologne s'éloigne par hasard du plan d'Amiens, c'est pour suivre celui de Beauvais. Le style, les détails, les fenêtres, les contre-forts de Cologne sont empruntés aux cathédrales d'Amiens et de Beauvais, et à la Sainte-Chapelle.

« L'Allemagne, qui a prétendu avoir inventé le style ogival, n'a que *huit monuments français* de ce style.

« L'église de Wimpfen en Val, bâtie de 1263 à 1278, est due à un architecte francais, auquel le doyen de cette collégiale avait recommandé de la construire en ouvrage français.

« Les deux tours occidentales de la cathédrale de Bamberg, qui sont du second tiers du XIIIe siècle, sont évidemment copiées sur celles de Notre-Dame de Laon, dont la date est la fin du XIIe siècle. La ressemblance est frappante ; c'est le même style, ce sont les mêmes étages et les mêmes contre-forts.

# NOTES SUR L'ART GOTHIQUE

 propos du *caractère national de l'art gothique*, voici ce qu'en ont dit deux patriotes, deux Français compétents en matière d'art, MM. Renan et Viollet-le-Duc :

« Le style gothique, dit *M. Renan*, nous apparaît comme un art purement français. Il naît avec la France, au centre même de la nationalité française, dans ce pays florissant et riche (l'Ile de France) qui, se dégageant le premier de la féodalité germanique, fut le berceau de la dynastie capétienne, et en recueillit avant tous les autres les bénéfices. Ce fut l'architecture du domaine royal. Soumis à l'influence essentiellement française de la royauté et de *l'abbaye de Saint-Denis*, ce pays, aux XI$^e$ et XII$^e$ siècles, fut le théâtre d'un grand réveil de l'esprit humain, d'une sorte de renaissance qui se traduisit en poésie par les chansons de geste, en philosophie par l'apparition de la scolastique, en politique par le mouvement des communes et l'administration de Suger, en religion par saint Bernard et les croisades. L'architecture gothique ou pour mieux dire le mouvement de construction d'où elle sortit fut le produit des mêmes causes. En ce qui concerne les communes, ce ne fut pas sans doute une circonstance fortuite qui fit coïncider leur établissement avec la rénovation architecturale. L'Eglise, à cette époque, avait hérité du forum et de la basilique antique ; c'était le lieu des réunions civiles, et en effet ce sont des villes de communes, Noyon, Laon, Soissons, qui élèvent les premières cathédrales gothiques.

« Qu'aucun élément, ni italien, ni allemand, ne se mêlât à cette première renaissance toute française du XI$^e$ et du XII$^e$ siècles, si tristement arrêtée au XIV$^e$, c'est ce qui, pour l'architecture, est de toute certitude. Cent ans au moins le style ogival reste la *propriété exclusive de la France*. Les bords du Rhin se couvraient encore de constructions romanes quand les chefs-d'œuvre du style ogival étaient déjà élevés dans la France du Nord. L'*Angleterre* eut des *églises gothiques* bâties dès le XIIe siècle, mais par *des Français*. En 1174, la reconstruction de la *cathédrale de Cantorbéry* ayant été décidée, on ouvrit un concours : ce fut *Guillaume de Sens*, célèbre par de grands travaux, qui fut choisi et qui commença le chœur dans le système nouveau qui déjà régnait exclusivement en France. Au XIIIe siècle, les *innombrables maîtres-maçons* qui portèrent ce style jusqu'aux confins de l'Europe latine étaient *des Français*. En Allemagne, jusqu'au XIVe siècle, ce style s'appelle « *style français* », *opus francigenum*, et c'est là le nom qu'il aurait dû garder. Malheureusement la fatalité qui priva la France de la gloire de ses chansons de geste se retrouve ici ; l'esprit étroit qui domine à partir de saint Louis, les violences de l'Inquisition, les malheurs de la guerre de cent ans, éteignent chez nous le génie. Strasbourg et Cologne deviennent les écoles du style que nous avons créé. La France voit à son tour chez elle des ouvriers étrangers, le style français passe pour allemand, l'Italie l'appelle tudesque, puis, par un contre-sens des plus bizarres, fait prévaloir pour le désigner l'absurde dénomination de gothique.

« De là à prétendre que les Goths avaient inventé ce style il n'y avait qu'un pas.

« Comment se forma ce style extraordinaire, qui, durant près de quatre cents ans, couvrit l'Europe latine de constructions empreintes d'une si profonde originalité; de judicieuses recherches ont résolu la question.

« Les anciennes hypothèses, et d'une influence orientale, et d'une origine germanique, et d'un prétendu type d'architecture en bois, doivent être absolument abandonnées.

« Le *style gothique sortit du style roman* par un épanouissement naturel, ou, si on l'aime mieux, par le travail d'hommes de génie tirant avec une logique inflexible des conséquences de l'art de leur temps ; il fut la continuation d'un style antérieur, créé vers l'an 1000 et déduit lui-même des lois qui jusque-là avaient présidé en Orient à la construction des temples chrétiens.

« La production du style gothique fut parfaitement logique ; elle ne suppose l'introduction d'aucun élément étranger. Il se passa en architecture un phénomène analogue à celui qui avait lieu dans la langue et la poésie. Avec des éléments antiques, brisés, transposés, recomposés selon ses idées et ses sentiments, le moyen âge se créait un instrument tout différent. Nos églises gothiques sont originales à leur manière et correspondent à un génie religieux tout nouveau. »

Pour la sculpture dans l'art gothique, voici ce que dit Viollet-le-Duc :

« Un caractère nouveau apparaît dans la statuaire. Le naturalisme commence. On abandonne la figure byzantine, hiératique, pour chercher dans la nature, la figure humaine et celle de l'animal. On s'adresse à la faune et à la flore pour l'art de la sculpture.

« A la fin du XIIe siècle et au commencement du XIIIe, apparaît un art vraiment national, en ce sens que toute sa structure est sortie du cerveau français, que rien n'a pu l'influencer ; que l'aimantation est prise dans les champs français, que l'étude de la *statuaire* est prise dans *l'observation de la nature*, dans l'observation des gens qu'on a autour de soi. C'est là un grand mouvement et qui nous appartient en propre, c'est incontestable....

« Nous avons trouvé l'apogée de cette architecture au XIIIe siècle avec tout ce qui constituait son ornementation. Jusqu'aux moulures, tout était rationnel, tout était logique, tout était la conséquence d'un besoin, d'une nécessité. »

Vient-il à parler de l'architecture, Viollet-le-Duc n'est pas moins explicite et il donne des détails sur les nouveaux principes de cette architecture :

« Tout monument à élever a une fin; tout monument a une couverture; passez-moi le mot, tout monument est un parapluie; c'est le but que se propose tout édifice. Les Romains et les Grecs mêmes ont commencé par concevoir leurs monuments par des supports et ils ont cherché ensuite les moyens de couvrir ces supports.

« Eh bien, ici, le raisonnement est absolument opposé. Par suite de cet esprit logique qui existe toujours chez nous, je l'espère, et même j'en suis sûr, ces artistes, ces maîtres, se dirent : Puisqu'un monument est destiné à couvrir, faisons d'abord la couverture et nous chercherons les supports après.

« C'était logique. En effet, si nous examinons le plan d'un d'un édifice gothique du XIIe siècle, nous voyons que tous les points d'appui ne sont que les conséquences de la chose que ces points d'appui portent, c'est-à-dire que l'artiste a dressé la voûte d'abord, c'est-à-dire la couverture, puis ensuite il a cherché les moyens de soutenir cette voûte.

« C'était une idée fort simple, mais elle n'était venue à personne, et elle est le principe de l'art nouveau. Ce principe s'étend si loin que vous voyez chacun des membres de cette couverture se reproduire sur les piles et former un point d'appui spécial.

« Vous pouvez visiter le premier monument gothique venu; tous les membres, toutes les nervures de la voûte ont chacun leur support spécial.

« C'était la conséquence logique, absolument neuve, qui qui nous appartient en propre et qui est française. »

Un Français, M. de Caumont, a aussi insisté sur le caractère national de l'art gothique.

« Plus on avance dans l'étude des monuments du moyen

âge, dit de son côté M. de Caumont, plus on demeure convaincu que l'architecture ogivale (1) s'est développée sous l'influence des conceptions de nos artistes indigènes. Quand on voit de près l'architecture du XIII° siècle et de la fin du XII°, on reconnaît que l'ogive a été commandée par les besoins et l'expérience. »

Un grand artiste français, un sculpteur éminent, *David d'Angers*, qui s'y connaissait en statuaire et qui avait bien le droit d'être un bon juge, a écrit aussi de belles pages où il témoigne de son admiration pour l'art français dit gothique.

« Plus je vois les monuments gothiques, disait-il, plus j'éprouve de bonheur à lire ces belles pages religieuses si pieusement sculptées sur les murs séculaires des églises. Elles étaient les archives du peuple ignorant. Il fallait donc que cette écriture devînt si lisible que chacun pût la comprendre. Les saints sculptés par les gothiques ont une expression sereine et calme, pleine de confiance et de foi. Ce soir, au moment où j'écris, le soleil couchant dore encore la façade de la cathédrale d'Amiens (1); le visage calme des saints de pierre semble rayonner. »

(1) On appelle *ogive* une arcade formée par l'intersection de deux axes de cercle d'un égal rayon.

(1) La cathédrale d'Amiens est un des plus beaux chefs-d'œuvre de l'art chrétien du moyen âge. La clôture du chœur est faite d'une suite de statuettes sur la vie de saint Firmin, premier apôtre d'Amiens. Le magnifique vase central est de toute beauté.

# L'ART CIVIL EN FRANCE

## AU MOYEN AGE

### LES ARTISTES JUSQU'AU XIII· SIÈCLE

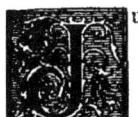usqu'au XIII· siècle, ce furent les moines qui s'occupèrent des beaux-arts.

« Pendant les premiers siècles du moyen âge, dit M. Dussieux, les *beaux-arts furent exercés presque exclusivement par les moines*. La règle de Saint-Benoît en avait autorisé la pratique dans les monastères ; aussi les grandes abbayes (Saint-Gall, le Mont-Cassin, Cluny, Saint-Denis) sont célèbres par le zèle qu'on y déployait pour la culture des arts. Les moines étaient architectes ; ils construisirent eux-mêmes un grand nombre d'églises ou dirigèrent les immenses réunions de fidèles, qui, travailleurs bénévoles, s'organisaient sur l'influence de la religion pour élever les édifices religieux. Ils pratiquèrent en grand la peinture des miniatures ; *l'ordre de Cluny* se livrait surtout à *l'ornementation des manuscrits* ; ils exécutèrent un grand nombre de peintures murales (1) et firent des vitraux peints, ou du moins ce furent eux qui donnèrent à la peinture sur verre ses premiers développements. Les moines étaient aussi sculpteurs, orfèvres, ciseleurs, fondeurs, musiciens. « On connaît peu de noms de moines artistes : la règle exigeait l'humilité, et les auteurs d'admirables œuvres d'art ne se faisaient pas connaître. »

(1) Les plus belles et les plus curieuses peintures du moyen âge que nous possédons sont les fresques de l'abside de Saint-Saturnin de Toulouse, les peintures de la chapelle de l'hospice de Marcia, celles du dortoir de Saint-Martin des Vignes, à Soissons, et celle de la cathédrale de Clermont, toutes peintes par des moines.

## L'ART CIVIL AU MOYEN AGE

Après l'art religieux du moyen âge devait succéder *l'art civil*. Le pape Grégoire VII, ayant entrepris de réformer l'Eglise, fit la guerre au luxe et arrêta beaucoup le développement des arts dans les cloîtres. Saint Bernard éleva la voix contre les décorations luxueuses des églises. L'art, après s'être arrêté un instant, changea de direction, devint un art nouveau, il se sécularisa. Au lieu des moines peintres, sculpteurs et architectes, il y eut des laïques qui se firent peintres, sculpteurs et architectes.

Aux œuvres pieuses, dogmatiques, des moines-artistes du moyen âge, où la beauté de la forme était pour peu de chose, devaient succéder les *œuvres des francs-maçons*, laïques, œuvres émancipées, libres. Ce fut un grand pas de fait, car les artistes laïques, bien que soumis par leur piété et leurs croyances à la même direction, purent plus facilement étudier de près la nature, l'imiter même et devenir supérieurs à leurs devanciers. Et de même que la *cathédrale* avait été le type le plus beau de l'art religieux du moyen âge, ce sera *l'hôtel de ville* qui sera le type de *l'art laïque du moyen âge*.

Comment est né cet hôtel de ville ?

« Au XI° siècle, dit M. de Ménorval, toute liberté est morte dans la cité, ou plutôt il n'y a plus de cité !

« Les habitants travaillent et prient par ordre. Dans la ville, deux maîtres également durs : le comte, l'évêque ! Pour signe de leur pouvoir, d'un côté l'église crénelée avec sa justice, sa prison ; de l'autre, le château-fort, les remparts et les portes, gardés par les hommes d'armes du seigneur.

Et alors, ces artisans, ces marchands, commencèrent à se parler bas, à se concerter ; ils entamèrent cette lutte gigantesque où le bon droit finit par triompher de la force ; sans autres armes que leurs bras, ils osèrent attaquer les chevaliers bardés de fer. « Nous voulons, disaient ces audacieux fondateurs de toutes nos franchises, la garde de nos portes, la police de nos rues, de nos halles ; nous voulons que nos marchés soient libres ; nous voulons réglementer nous-mêmes notre travail, jouir des fruits de notre industrie, administrer nos finances, nous réunir, nommer nos magistrats. »

Et ce qu'ils voulaient si fermement, ils l'obtinrent au prix de leur sang ; et pour attester leur victoire, pour que leurs libertés nouvelles aient un asile respecté, ils voulurent, eux aussi, fonder leur palais en face du château et de la cathédrale. Mettant en commun tout ce qu'ils avaient de force, d'énergie, de passion, de richesses, de science, d'art, ils construisirent avec amour ces *hôtels de ville*, chefs-d'œuvre de goût et d'élégance, trésors de notre architecture nationale, qui font encore l'orgueil de nos villes du Nord, et, aussi haut qu'ils purent, ils élevèrent le *Beffroi*, dont le *Campanile* de l'Hôtel-de-Ville de Paris n'est qu'un gracieux diminutif. Dans le beffroi, ils placèrent la *Cloche de ville*, qui en temps de paix fait réunir le *maire* et les *échevins*, les *magistrats municipaux*, et dans le temps de péril appelle le peuple *armé à la défense de ses libertés*. « Alors naquit l'amour du sol natal, de la cité, de ses murs ; alors *naquit et se développa l'idée de Patrie*. »

Comme on le voit, le *beffroi* fut le signe visible de la commune. Quand une ville était affranchie, elle avait le droit d'avoir un hôtel de ville (1) et un beffroi. Si dans les guerres civiles, si nombreuses à cette époque de troubles et de luttes, une ville perdait son droit de commune, il fallait raser le beffroi.

Et, de même qu'on avait mis un grand luxe à bâtir la cathédrale, on mit un grand luxe à la construction du beffroi.

« Les premiers beffrois isolés, dit Viollet-le-Duc, se composaient d'une grosse tour carrée, le plus souvent surmontée d'un comble en charpente recouvert d'ardoises ou de plomb, dans lequel étaient suspendues plusieurs cloches. Une galerie ou étage percé de fenêtres sur les quatre faces servait de postes pour les guetteurs qui, le jour et la nuit, avertissaient les citadins de l'approche des ennemis, découvraient les incendies, réveillaient les habitants au son des cloches ou des trompes. C'était du haut du beffroi qu'on sonnait les heures du travail ou du repos pour les ouvriers, le lever du soleil, le couvre-feu, et que l'on annonçait au bruit des fanfares les principales fêtes de l'année. La tour contenait ordinairement des prisons, une salle pour les échevins et quelques dépendances, telles que dépôt d'archives, magasin des armes que l'on distribuait aux bourgeois dans les temps de troubles ou lorsqu'il fallait défendre la cité. »

Les villes du nord de la France et de la Belgique ont des hôtels de ville très remarquables; on peut citer ceux de Saint-Quentin, de Douai, de Clermont, de Bruxelles, de Gand, d'Ypres. Un des plus beaux est celui de Bruxelles.

« Cet hôtel de ville, dit M. du Pays, présente un quadrilatère irrégulier; la façade, longue d'environ 80 mètres et dominant la grande place, se compose, au rez-de-chaussée, d'un portique de dix-sept arcades ogivales supportant une

---

(1) A Paris, le premier hôtel de ville s'appelait le *Parlouer aux Bourgeois*; il était placé près du grand Châtelet. Etienne Marcel acheta ensuite une maison pour servir d'hôtel de ville sur le quai de la Grève. On l'appelait *Maison aux Piliers*.

plate-forme au-dessus de laquelle s'élèvent deux étages de fenêtres rectangulaires, surmontés eux-mêmes d'un toit très élevé, percé de quatre rangs de lucarnes. A la naissance du toit règne une balustrade crénelée. Les angles de la façade sont flanqués d'une tourelle octogone terminée par une aiguille en pointe. La grande porte d'entrée est entre la onzième et douzième arcade du portique. C'est au-dessus de cette porte que s'élance la tour à une hauteur de 91 mètres 63 centimètres. Rien de plus hardi, de plus svelte et de plus gracieux que cette tour, carrée jusqu'au sommet des toits; elle devient polygonale à partir de la plate-forme. Un système de contre-forts, parfaitement dissimulés sous l'apparence de tourelles et de clochetons, se succède d'étage en étage en se rapprochant du corps de la tour à mesure qu'il s'élève. Elle offre trois étages percés à jour de fenêtres ogivales. A chaque étage règne une plate-forme décorée d'une balustrade en pierre. C'est du troisième étage que part la flèche, découpée comme une dentelle pyramidale. On considère cette tour comme la plus belle de la Belgique, sans en excepter même celle d'Anvers. »

Quant au point de vue défensif, on peut citer l'hôtel de ville de Clermont (Oise), qui était admirablement bien disposé pour servir de quartier général à la défense en cas de guerre ou d'émeute. Il a été construit sous le règne de Charles IV le Bel, de 1320 à 1329; il est adossé à l'une des grosses tours de l'enceinte de la ville.

A propos de l'architecture civile, on peut parler aussi des ponts, des maisons, des boutiques, halles, etc.

Les ponts étaient étroits (1) et organisés comme les autres monuments pour la défense. Certains ponts étaient même accompagnés de grosses tours portant sur le pilier des arches.

(1) Il y en avait même sur lesquels les chariots ne pouvaient pas passer.

Les halles étaient de grands bâtiments d'une forme rectangulaire recouverts par un toit très élevé. Il y avait à l'intérieur trois nefs séparées par des poteaux de bois. Comme c'étaient la crainte et la peur qui régnaient en maîtres au moyen âge, tout semble fait dans un but de défense. Les maisons ont été évidemment construites dans un même but. La façade était peu élevée et percée de fenêtres petites et toujours cintrées. Parfois même, il y avait des créneaux.

Les étages étaient placés en encorbellement les uns sur les autres il s'en suivait que la rue étant plus étroite par le haut que par le bas, les maisons se trouvaient très rapprochées par leurs étages supérieurs. Cela pouvait servir à deux fins : d'abord les piétons qui circulaient le long des boutiques se trouvaient à couvert, et, ensuite, c'était très utile pour la défense, car des étages du haut on pouvait facilement lancer des projectiles sur les assaillants.

Les escaliers étaient très étroits et d'un accès peu facile, autre avantage pour la défense. L'escalier était ordinairement placé dans une tourelle à l'intérieur de la maison.

Les boutiques, au moyen âge, étaient au rez-de-chaussée des maisons ; elles étaient très petites et ne comprenaient que deux pièces : une salle sur la rue où étaient déposées les marchandises, et une deuxième pièce où devaient travailler les ouvriers.

Le vitrage était presque toujours absent. La boutique se fermait au moyen de volets supérieurs et inférieurs : la partie inférieure se dressait pour fermer une tablette propre à l'étalage, et la partie supérieure se relevait comme des tabatières.

Les acheteurs se tenaient au dehors de la boutique, dans laquelle ils n'entraient pas, l'étalage s'avançant sur la rue.

Il y avait des grillages en fer forgé pour défier les audacieuses tentatives des voleurs.

Comme il n'y avait pas d'annonces pour avertir les chalands, on attachait, à une potence en fer, une enseigne souvent aux couleurs voyantes.

Souvent, cela ne suffisant pas pour attirer les pratiques, on envoyait des crieurs à travers la ville annoncer les denrées que l'on devait vendre.

# LA RENAISSANCE

**PHILOSOPHIE DE L'ART DE LA RENAISSANCE**

La *Renaissance* a occupé une place exceptionnelle dans les annales de l'histoire des arts. Elle a eu des conséquences immenses, multiples et lointaines. Elle a transformé et régénéré l'Europe, rompu avec la barbarie et les ténèbres du moyen âge et inauguré les temps modernes. La Renaissance a eu pour cause un réveil de l'antiquité, elle a été un violent appel à la beauté matérielle et agissante, elle a été une véritable explosion de vie. Car, tout à coup s'est éveillée une agitation vraiment fébrile, une ardeur mondaine pour les arts, pour les industries, pour les grands travaux; c'était l'amour de la vie si cruellement condamnée au moyen âge par l'ascétisme chrétien qui reparaissait tout à coup.

Quand l'homme se prépare à un progrès élevé, il aime surtout à se retourner en arrière et à regarder le chemin qu'il a parcouru : c'est ce qui est arrivé à la fin du XV$^e$ siècle.

Le XVI$^e$ siècle a levé le drapeau du libre examen, donné à la science la direction, la conduite souveraine de la nouvelle civilisation.

Quand, au milieu du XV$^e$ siècle, Constantinople fut tombée au pouvoir des Musulmans, et que Mahomet II eut fait la conquête de toute la Grèce, les érudits, les philosophes, les littérateurs de l'empire qui venait de tomber se sauvèrent en masse en Europe, et vinrent chercher un refuge en Italie. Ils y apportèrent avec eux les plus belles richesses de la Grèce savante, de nombreux manuscrits et une connaissance intime de la belle antiquité. De plus, le terrain se trouvait déjà tout préparé à recevoir avec amour ces beaux legs de l'antiquité, et déjà, au milieu du XIVe siècle, deux grands poètes *Dante* et *Pétrarque*, admirateurs et imitateurs passionnés, avaient préparé la voie. Du reste, l'antiquité n'était pas morte en Italie, elle n'avait fait qu'un sommeil.

La vieille terre d'Italie, dit M. Renan, recélait tant de trésors, que les restes de l'art ancien s'y trouvaient presque à fleur du sol. De très beaux monuments d'architecture existaient encore presque intacts. A peine la belle antiquité fut-elle ressuscitée et se montra-t-elle dans sa sobre élégance et sa sévère beauté, que tous furent fascinés.

Les esprits sérieux et éclairés, admirateurs du beau, s'éprirent de l'antiquité et communiquèrent de proche en proche leur admiration à toute la foule. Il en résulta une véritable fièvre d'étude, d'imitation, d'émulation. Cette résurrection de l'antique s'alliant avec les croyances religieuses, la civilisation du moyen âge devait enfanter des chefs-d'œuvre.

L'Italien a un tempérament d'artiste; à cette époque, par suite de circonstances favorables, il fut très développé. Tout le monde aimait alors les lettres et les arts, et protégeait les savants et les artistes.

Les gens d'argent sont les premiers protecteurs. Les Médicis, banquiers et premiers magistrats de Florence, sont à la tête.

*Cosme* (1), surnommé *Père de la Patrie*, au milieu du XVe siècle, s'occupe de faire embellir la ville ; il élève de somptueux palais qu'il orne de tous les chefs-d'œuvre de sculpture antique qu'il avait pu retrouver.

*Laurent de Médicis*, surnommé *le Magnifique*, fut le Mécène

(1) Il remplit aussi la ville de superbes églises et de splendides monuments. Il ouvrit une Académie platonique dont il était membre.

de presque tous les artistes. Il a été d'abord le premier poète de l'Italie; il a écrit de beaux sonnets.

Il rassembla en grand nombre les statues, les bas-reliefs antiques, les tableaux des meilleurs artistes ; il en décora ses magnifiques jardins, où venaient se réunir les plus grands savants et artistes de son temps : le dominicain Savonarole, Pic de la Mirandole, Squarcialupi. Ce fut Laurent de Médicis qui eut l'honneur de faire élever et instruire le jeune Michel-Ange.

Les *Médicis* ont d'ailleurs donné leurs noms à ce siècle.

Les papes, eux aussi, étaient de grands protecteurs pour les lettres et les arts.

*Jules II* avait fait une rente à un jeune paysan qui avait découvert le Lacoon.

*Léon X* avait donné 500 ducats au poète Tibaldeo, qui lui avait envoyé quelques vers agréables.

Un pape, un roi et un duc se disputaient le savant Filelfo, qui traduisait si bien le grec.

*Nicolas V* donnait sa bénédiction et 1.000 écus d'or à un humaniste qui lui avait envoyé un manuscrit antique qu'il avait retrouvé.

*Sixte IV* fit construire la chapelle Sixtine, dont la décoration fut continuée par Paul III.

*Clément VII*, l'adversaire de Charles-Quint, protégeait Benvenuto Cellini et lui pardonnait souvent ses crimes à cause des œuvres d'art qu'il faisait (1).

Les bandits adoraient aussi les arts et les artistes. Des condottieri, des bandits de la pire espèce, les *Malatesta de Rimini* entre autres, avaient des cours charmantes où se donnaient rendez-vous les grands artistes, les savants et les poètes.

(1) « Alphonse le Magnifique ne demandait à Laurent le Magnifique, pour se réconcilier avec lui, qu'un manuscrit de Tive-Live. » (V. Duruy.)

Le peuple, lui aussi, aimait les lettres et les arts. A Florence, on portait en triomphe une madone de *Cimabue* de l'atelier de l'artiste à l'église où elle devait être déposée, et il appelait le Bourg de l'Allégresse (1) l'endroit de la ville où avait eu lieu ce qu'il appelait une grande joie, une grande fête.

A Rome, le peuple fermait boutique pour aller entendre le poète Bernardo Accolti, et les cardinaux eux-mêmes, accompagnés de la garde suisse, se mêlaient au peuple pour l'écouter (2).

Les hommes, les savants, les artistes de ce temps-là étaient universels. *Benvenuto Cellini* était à la fois joaillier, écrivain, sculpteur, musicien.

Léonard de Vinci était non seulement peintre, sculpteur et architecte, mais aussi écrivain, géomètre, ingénieur.

Michel-Ange, peintre, sculpteur et architecte, faisait de bien beaux vers. Quelqu'un ayant écrit un quatrain au-dessous de la statue de la Nuit qu'il venait de faire, il traça du bout de son style une réponse de grand patriote. Lui qui était républicain et qui avait défendu la République de Florence contre les Médicis, pensant à sa chère patrie opprimée, il fait répondre à sa statue : « Il m'est bien doux de dormir et d'être de bronze ; tant que dureront le malheur et la honte, ne pas voir, ne pas sentir sont pour moi un vrai bonheur. »

Ce jour-là, un reflet de la poésie vengeresse du Dante était venu se déposer dans l'âme du sublime artiste.

Les villes italiennes, qui s'étaient depuis longtemps soustraites au régime féodal, formaient de petites républiques

(1) Borgo Allegro.

(2) « Lorsque le pape Léon X vint, en 1515, visiter Florence, sa patrie, la cité convoqua tous les artistes pour le recevoir magnifiquement. » (Taine. — La peinture de la Renaissance en Italie.)

où, aidés par le souffle de la liberté (1), renaissaient les arts et les lettres. Chaque ville voulait s'embellir d'une cathédrale, d'un hôtel de ville, d'une tour communale, d'un baptistère.

Comme on le voit, tout conspirait pour la gloire des arts, pour le culte de la beauté physique. Les papes, les lettrés, les savants, les banquiers, les bandits, les corporations, les cités, tous venaient en aide à ce mouvement enthousiaste.

Il y eut là un grand concours de circonstances très favorables au développement des arts ; aussi n'est-il pas étonnant qu'ils aient atteint à cette époque privilégiée un si grand développement (2).

## LES PRÉCURSEURS

Les artistes italiens qui par leurs sujets et leurs tendances appartenaient encore au moyen âge, mais qui (prenant peu à peu possession des moyens matériels de la peinture et de la sculpture) appartiennent aussi un peu à la Renaissance, à laquelle ils apportaient leur contingent de savoir, ont reçu le nom de *Précurseurs*.

(1) « La Renaissance, a dit M. Beulé, s'est faite dans les républiques de Pise, de Florence, de Sienne, de Venise, de Gênes. Là fut le berceau de la Renaissance. Si Léon X a su s'emparer de Raphaël, de Michel-Ange, de Bramante, qui sont les derniers coryphées de la Renaissance, ç'a été une appropriation faite au profit de Rome qui, étant la capitale de la chrétienté, méritait d'être la capitale des arts ; mais la vraie origine de la Renaissance doit être recherchée dans les républiques de la haute Italie. Là seulement il y eut création féconde, et de là tous les artistes sont partis pour aller décorer Rome. »

(2) « L'art de la Renaissance, moins pur dans sa forme et moins absolument beau que l'art grec, est bien autrement passionné. Il est l'expression vivante d'une époque de transition et de lutte. Aussi quelle variété dans les productions de cette époque. » (L. et R. Ménard. — Tableau des Beaux-Arts )

*Nicolas de Pise* (en 1213) fut le premier qui imita l'antiquité en étudiant un sarcophage antique, la châsse d'Hippolyte, qui décorait la façade de la cathédrale de Pise. Il l'imita dans son bas-relief de l'adoration des mages. On lui doit aussi la chaire en marbre du baptistère de Pise. Un de ses descendants, *Andrea de Pise*, passa vingt deux années de sa vie à décorer une porte de bronze, sur laquelle il sculpta la vie de saint Jean-Baptiste. Cette porte de bronze était destinée au baptistère de Florence (1). Deux autres portes furent faites par *Lorenzo Ghiberti*, qui les commença à l'âge de vingt ans et qui mit vingt années de travail à chacune d'elles. Elles représentent vingt sujets du Nouveau Testament et vingt de l'Ancien Testament. Michel-Ange, en les voyant plus tard, disait qu'elles étaient dignes d'être les portes du Paradis (2).

On peut encore citer parmi les sculpteurs *Donatello*, qui a rempli de bas-reliefs les églises de l'Italie, Fuccio, l'auteur du tombeau de la reine de Chypre, à Florence, *Benedetto de Majano*, qui exécuta la suberbe chaire de l'église Santa-Croce à Florence; *Mino da Fiésole*, qui a sculpté de si ravissantes madones.

*Cimabue* fut le premier peintre qui affranchit l'art de l'imitation sénile des types de l'École grecque et qui consulta la nature. *Giotto* (1276-1336) (3), son élève, qui avait commencé par être peintre, remplit l'Italie de ses images. Il fut le premier qui mit des ciels et des paysages dans ses tableaux. « Gioto, dit Vasari, ne tarda pas à surpasser son maître, et à abandonner la vieille et informe manière grec-

(1) On peut voir des copies de ces portes au Musée de l'École des Beaux-Arts, à Paris.

(2) A sa mort les habitants de Florence, firent placer son buste au-dessus des portes avec cette inscription :
« Ces portes ont été faites par l'art admirable de Laurent, fils de Cion Ghiberti. »

(3) « Giotto avait amené l'art à la nature. » (L. et R. Ménard).

que pour le beau style moderne. Imitateur de la nature, il ressuscita l'art de peindre le portrait, qui depuis plusieurs siècles n'avait pas été mis en pratique. » *Oracgna* a laissé des peintures d'un caractère saisissant toutes empreintes de la mélancolie triste et lugubre ou terrible du moyen âge. Il a fait au *campo-santo de Pise* le triomphe de la mort, qui le montre dans tout l'éclat de son talent. *Simone Memmi* (1276-1344) est remarquable par ses tableaux de sainteté.

Fra Giovanni (1387-1455), surnommé *Beato Angelico* (1) et le « peintre des anges », avait pris l'habit des dominicains. Il a fait des tableaux religieux et des peintures murales au cloître Saint-Marc, au Vatican, et au dôme d'Orvietto. Son influence fut très grande sur la peinture religieuse et liturgique. Son élève, *Benozzo Gozzoli*, répandit sa doctrine dans toute l'Italie.

*Paolo Ucello* découvrit la perspective et fut le premier qui en fit usage dans ses tableaux.

*Antonio de Messine* introduisit l'emploi de l'huile dans la peinture, procédé qu'il avait obtenu de l'amitié de Jean de Bruges, peintre flamand.

## ÉCOLES ITALIENNES

Les grands artistes de la Renaissance italienne peuvent être classés en quatre groupes ou Écoles :

1° L'École florentine, dont les représentants les plus autorisés sont Léonard de Vinci et Michel-Ange ; 2° l'École romaine, qui a pour chef Raphaël Sanzio ; 3° et 4° l'École vénitienne et l'École lombarde qui ont à leur tête la première le Titien, la seconde le Corrège.

(1) « Chez Beato Angelico, la sensation dominante c'est la vision de l'illumination surnaturelle à la conception mystique du bonheur céleste. » (Taine. — De l'Idéal dans l'art.)

# ÉCOLE FLORENTINE

Les grands artistes de l'Ecole florentine se sont presque tous formés dans *les ateliers des orfèvres,* car tous les orfèvres étaient en même temps sculpteurs (1).

Parmi les premiers artistes de cette école on peut citer :
Masaccio (1401-1443), célèbre par ses fresques du Carmine, qu'étudièrent Michel-Ange, Raphaël, Léonard de Vinci; c'est lui qui a réellement mis en honneur le modelé; son nom véritable est *Thomas Guidi di san Giovanni,* et on peut dire que si dans l'histoire de l'art, Masaccio occupe une place importante, c'est parce qu'il a su ennoblir les formes et l'expression de ses modèles.

*Domenico Ghirlandajo* (1449-1493), qui avait été orfèvre et mosaïste avant d'être peintre et qui eut l'honneur d'être le maître de Michel-Ange; ses principales œuvres sont à *Santa Maria Novella,* à Florence. Il imita le premier au moyen de la couleur les ornements qu'on avait l'habitude de dorer. Dans tous ses tableaux il a placé des portraits : *Filippino Lippi* (1460-1505) acheva la décoration de la chapelle du Carmine. Son père, *Filippo Lippi* (1412-1469), avait fait un grand nombre de tableaux religieux.

## LÉONARD DE VINCI

Léonard de Vinci est le premier grand peintre de génie de la Renaissance ; il a réuni dans ses mains toutes les branches de l'art.

(1) *Andrea Verocchio* (1432-1488), élève de Donatello, était à la fois peintre et orfèvre.

Il est né au château de Vinci près de Florence en 1455. Instruit à fond sur les expressions diverses que les passions excitent, il les a rendues avec force et vérité. Une grâce particulière et une grande noblesse règnent dans ses compositions.

C'était un grand dessinateur, luttant avec Michel-Ange pour les cartons de la guerre de Pise ; le sénat florentin n'osa se prononcer, tant les dessins de ces deux artistes étaient beaux.

Une de ses plus belles œuvres, c'est la *Joconde*, une des perles du musée du Louvre ; pour donner à *Monna Lisa* ce « sourire mystérieux », à la fois sourire de joie, de scepticisme et de tristesse, on dit que Léonard, pendant qu'elle posait, faisait jouer un grand nombre de musiciens afin que sur le visage de son modèle la musique fit refléter les expressions diverses qu'elle faisait naître dans son âme (1).

Un autre de ses chefs-d'œuvre, c'est la *scène* peinte pour le réfectoire du couvent des dominicains de Milan ; il est malheureusement perdu aujourd'hui ; le Louvre en possède une copie faite par un de ses élèves.

Il a dessiné beaucoup de caricatures pour apprendre à fixer les expressions.

Léonard de Vinci est mort en 1520.

## MICHEL-ANGE BUONAROTTI

### (1475-1563).

Michel-Ange, né près d'Arezzo en 1475, est sans contredit la figure la plus belle, la plus pure de la Renaissance.

Sa vie est toute entière consacrée au travail ; l'amour de la patrie et l'amour de son art sont les seules affections de son grand cœur.

---

(1) « Vinci, dit M. Taine, donne à ses figures une expression pensive, délicate et profonde. »

Certes, si un homme a pu atteindre à la plus haute âme de la gloire, à l'immortalité, c'est celui-là; à la fois peintre, sculpteur, architecte, il a fait des chefs-d'œuvre dans chacune de ces branches de l'art.

Enfant, il n'a pas connu les plaisirs turbulents de son âge: le travail, l'étude, voilà ses seuls plaisirs, ses seules passions. A 80 ans, rencontré par un de ses amis qui lui demande où il va, il lui répond ces admirables paroles dans la bouche d'un tel maître : « Je vais apprendre »; il allait en effet étudier l'anatomie chez un professeur célèbre.

Dans les jardins de Laurent de Médicis, surnommé Laurent le Magnifique, son protecteur, Michel Ange copie à 15 ans une tête mutilée de vieux faune, de vieux satyre, et supplée à ce qui manquait à l'original. Laurent, étonné ayant examiné ce travail, lui dit en riant : « Ne sais-tu pas qu'il manque des dents aux vieillards »? Michel-Ange, prenant aussitôt son ciseau, cassa une dent à son satyre et imita jusqu'au vide de la gencive.

Après sa sortie de chez Laurent, retiré chez le prieur de l'église du Saint-Esprit, il étudia l'anatomie sur des cadavres que lui fournissait le prieur, et, pour le payer, il couvrit l'église de sculptures.

Le cardinal de Saint-Georges, à la vue de son *Cupidon*, l'emmena à Rome où il exécuta *Notre-Dame-de-Piété*, qui est à l'église Saint-Pierre.

Revenu à Florence, Michel-Ange lutte de rivalité avec Léonard de Vinci dans les *Cartons de la guerre de Pise*, où il représentait des soldats se baignant surpris par l'ennemi.

Sur un refus de Léonard de Vinci, il fait d'un informe bloc de marbre sa statue de *David*, qui est sur la place du Palazzo-Vecchio.

Jules II, voulant se faire construire un superbe mausolée, songea à Michel-Ange; c'est alors que l'on commença à construire Saint-Pierre-de-Rome, destiné à le contenir.

Pendant que Michel-Ange était occupé à ce travail, il se fâcha avec le pape parce que ce dernier ne l'avait pas reçu et s'en fut à Florence.

Le pape lui envoya coup sur coup cinq courriers, puis il adressa trois brefs pleins de menaces à la seigneurie de Florence pour obtenir qu'on lui remît son sculpteur; il fallut les instances du gonfalonier Soderini pour l'obliger à se rapprocher du pape et se réconcilier avec lui.

C'est pour ce mausolée que Michel-Ange a fait les deux *Prisonniers* (1) *ou esclaves* qui sont au Louvre et la statue de Moïse (2) si pleine de grandeur et de majesté et qui représente si bien le législateur terrible et sévère des Hébreux.

Une intrigue du jaloux Bramante, qui voulait perdre le Florentin dans l'esprit du pape, fut cause que Jules II chargea aussi Michel-Ange de décorer la chapelle Sixtine. Ce qui devait dans l'esprit de l'architecte de Saint-Pierre perdre Michel-Ange occasionna au contraire un de ses plus grands titres de gloire: les fresques de la chapelle sont admirables; les sujets sont pris dans l'Ancien Testament. « *Michel-Ange*, a dit Madame de Staël, est le peintre de la Bible comme Raphaël est le peintre de l'Evangile. » Les sybilles, les prophètes sont des figures symboliques grandioses; on peut en voir d'excellentes copies à l'Ecole des Beaux-Arts.

Au fond de la chapelle Sixtine, sous le pontificat de Paul III, Michel-Ange peignit le *Jugement dernier*, fresque immense empreinte d'une grande mélancolie; Michel-Ange y représente le Christ, non comme un Dieu de pardon, de clémence, de bonté, mais bien comme un juge inexorable,

(1) Michel-Ange, ordinairement, *faisait plus grand que nature*, et grossissant les muscles, tordant les reins, dépassant la réalité, il créait, selon son grand cœur de Florentin, des géants terribles de douleur et de force.

(2) On peut en voir une copie au musée de l'École des Beaux-Arts, à Paris.

chargé du châtier les méchants; les damnés, nus, sont entraînés par Caron dans l'enfer, tandis que les élus montent au ciel.

L'Ecole des Beaux-Arts possède dans sa galerie de la Renaissance une copie magnifique de cette belle fresque faite par le peintre Sigalon.

Une autre œuvre magnifique de Michel-Ange, pleine de poésie, c'est « le tombeau des Médicis, dans la chapelle de l'église San Lorenzo à Florence; c'est là que se trouvent les fameuses statues de Laurent et de Julien de Médicis, dont l'une, celle de Julien, est si connue sous le nom de *Penseroso*, le *Penseur*. Les mausolées sont accompagnés de quatre figures allégoriques, le *Crépuscule*, l'*Aurore*, le *Jour* et la *Nuit*.

On ne peut raconter la vie de Michel-Ange sans parler de ce trait admirable qui se rapporte à son domestique.

Michel-Ange, ce grand maître devant lequel s'inclinaient tant de grands hommes, devant lequel s'abaissait le pape lui-même, soignait *Urbino*, son vieux domestique, qui était malade, avec le dévouement d'un père pour son enfant. On possède de lui une lettre bien touchante qu'il écrivait à un ami pour déplorer la perte cruelle de son vieux serviteur. Certes, pour un homme d'un tel génie, voilà un bien beau trait, un vrai titre de gloire, qui montre bien un des beaux côtés de la belle âme de ce grand homme.

Michel-Ange mourut à Rome en 1563 (le 17 février), à l'âge de 89 ans. Le pape s'étant opposé à ce que son corps ne sortît de Rome, les Florentins le cachèrent dans un ballot de laine et l'emmenèrent à Florence où on lui fit de magnifiques funérailles. Vasari, son élève et son ami, a dessiné son monument funéraire dans l'église de Santa Croce.

## ANDRÉA DEL SARTE

Un autre peintre remarquable de l'Ecole florentine, c'est *Andrea Vannuchi* (1488-1530), surnommé *Del Sarte*, parce que son père exerçait le métier de tailleur; il avait commencé par exercer le métier d'orfèvre; ses œuvres principales sont la fameuse madone du cloître de l'Annonciade et la Charité, du Louvre, son chef-d'œuvre. Il avait un style exquis. Il vint en France appelé par François 1er. Il mourut de la peste en 1530.

## ÉCOLE LOMBARDE

Le chef de l'Ecole est le *Corrège (Antonio di Allegri,* dit le*) (*1493-1534), le peintre de la grâce, de la tendresse et de l'élégance des figures.

Tout enchante dans ses peintures; quelle fraîcheur, quelle suavité! tout est tendre dans son coloris; ses ombres sont d'une douceur incroyable (1).

Ses dessins sont fort rares. Il a fait un bon usage du clair-obscur. Il a laissé des fresques admirables à la cathédrale de Parme où il a représenté l'Ascension du Christ.

*Mazzuoli,* surnommé le *Parmesan* (1503-1540), autre maître de l'Ecole lombarde, est un peintre charmant de la mythologie.

Le premier en Italie il grava à l'eau forte; il fut d'ailleurs un des premiers graveurs de son temps.

## ÉCOLE ROMAINE

Le fondateur de l'Ecole romaine, c'est le *Pérugin (Pietro Vanucci)* (1446-1524); il eut l'honneur d'être le maître de Raphaël.

(1) « Un tableau du Corrège est une sorte de jardin enchanté d'Alcine, où la séduction de la lumière, la grâce capricieuse et caressante des lignes ondoyantes, la blancheur éblouissante et les rondeurs molles des corps féminins s'unissent pour former un rêve de félicité délicieuse et délicate. » (Taine.— De l'Idéal dans l'art).

Le chef de l'Ecole romaine, *Raphaël Sanzio* (1), est né à Urbin, le 28 mars 1483. Après avoir fait plusieurs tableaux à Pérouse, à Sienne (où il fit les trois Grâces), à Florence, son parent *Bramante*, célèbre architecte (qui construisit la Cancelleria et commença à élever l'église de Saint-Pierre en 1450), l'ayant appelé à Rome, Raphaël se fixa dans la ville éternelle.

Jules II, sur la présentation de Bramante, se l'attacha et lui fit décorer les chambres du Vatican. Ce fut par ces décorations que Raphaël exécuta la *Dispute du Saint-Sacrement* (symbole de la science chrétienne et moderne), l'*Ecole* (2), *d'Athènes* (3) (symbole de la science païenne et antique), où il s'est représenté à côté de Pérugin son maître (il faut aller voir à l'École des Beaux-Arts les deux belles copies), la *Poésie*, la *Jurisprudence*, l'*Héliodore*, plein de mouvement ; la *Messe de Balzène*, qui rend le miracle croyable tellement Raphaël y a mis de vérité ; l'*Attila*, l'*Incendie du Bourg*, la *Délivrance de Saint-Pierre*. (Voir au Panthéon les copies de ces dernières ébauches.) Dans les *loges* du Vatican, c'est l'histoire de la Bible que Raphaël a exécutée en 48 sujets différents.

Dans la cour de l'École des Beaux-Arts, on peut voir une copie de la fameuse fresque de Raphaël le *Triomphe de Galathée*, qu'il avait exécuté à la charmante résidence de la *Farnésine* pour le célèbre banquier Augustin Chigi, amateur

(1) Il était fils de Giovanni Santi, peintre d'Urbin, qui lui enseigna les premiers éléments de son art.

(2) « Le souvenir des Anciens se manifeste dans tout l'œuvre de Raphaël. Il est chrétien sans cesser d'être le disciple des Grecs. » (L. et R. Ménard. — Tableau historique des Beaux-Arts.)

(3) « Qui nous donnera jamais une œuvre comparable à l'Ecole d'Athènes pour l'élévation des idées, le choix élégant des formes l'harmonieuse disposition des groupes, le degré général de perfection qu'a su atteindre Raphael. » (Georges DUFOUR, *Le Grand Art et le Petit Art.*)

passionné des arts, qu'il a protégés avec une grande magnificence.

On peut dire du divin Raphaël qu'« il est le peintre de la Vierge ». Dans ses suaves madones (1), il a su mettre tant de grâce, tant de poésie, tant d'amour maternel, tant de chasteté, qu'on ne saurait trop les admirer. C'est bien là la Reine du Ciel, la Vierge et la Mère telles que la comprend la religion chrétienne.

Les dessins de Raphaël, si nombreux au musée du Louvre, sont admirables par la hardiesse de la main, le goût élégant et la gracieuseté. Malheureusement, à la suite d'excès, Raphaël est mort le 6 avril 1520, fort jeune, comme on le voit.

Les élèves de Raphaël furent : *Jules Romain* (1492-1546), qui aida Raphaël dans ses travaux ; il fut aussi architecte ; malheureusement il finit par tomber dans le trivial : sa couleur devint dure. Il a laissé beaucoup de fresques mythologiques. *Le Primatice* (1504-1570), qui vint à Fontainebleau décorer le palais sur la demande du roi de France, était à la fois peintre, sculpteur et architecte. Il est mort à Paris. *Perino del Vaga*, qui alla travailler à Gênes.

## ÉCOLE VÉNITIENNE

Il y a une grande différence entre l'art vénitien et l'art florentin.

Si Florence a été en peinture la première pour l'expression murale et le dessin, Venise sera la première pour la beauté et la richesse du coloris.

(1) « Devant les madones de Raphaël, il n'y a pas seulement des gens qui regardent, il y en a qui prient..... Les douleurs de la Passion sont encore loin ; c'est l'impression heureuse qui domine dans les toiles du peintre d'Urbin. Dans ses tableaux de vierges, se trouvent réunies ces idées d'innocence, de pureté virginale, de grâce et de noblesse, dont Raphaël a épuisé toutes les expressions. » (Georges Dufour, *L'Image de la Vierge*.)

Florence est une ville populaire, remplie de luttes continuelles, d'espérances, de haines, de discordes ; la peinture de son Ecole reflétera avec énergie toutes ces passions diverses. La belle Venise, au contraire, est la ville aristocratique par excellence, la ville du luxe, de la joie et du plaisir. Tout sera fait ici pour le plaisir des yeux, pour les plaisirs aristocratiques et luxueux (1). Chez les artistes vénitiens, leur unique plaisir c'est la couleur, leur unque désir c'est de bien peindre. Ici, rien pour le sentiment : Titien, dans un tableau de sainteté mettra, un chien et un chat qui se disputent les restes d'un repas, ne tenant ainsi nul compte des convenances.

A Venise, l'on a commencé par la mosaïque ; les peintures étaient exécutées en mosaïque par des artistes byzantins. Ce ne fut que lorsque la peinture à l'huile eut été découverte que l'art prit un grand essor à Venise.

Nous citerons parmi les artistes les plus célèbres de cette École :

*Jean Bellini* (1426-1516), qui avait mis douze années à décorer le *palais ducal*. Malheureusement les peintures furent détruites par un incendie en 1577 ; une de ses œuvres les plus remarquables, c'est la fameuse madone de l'église Ste-Zacharie. Il fut le maître de Giorgiono et de Titien. Son influence fut très grande.

*Le Giorgione* (Giorgio Barbarelli) (1477-1511) a exécuté un grand nombre de peintures au palais ducal ; ses œuvres sont pleines de lumière.

*Le Titien* (*Tiziano-Vecellio* 1477-1536) est le véritable chef de l'École vénitienne, c'est le peintre de la chair voluptueuse, de la couleur dans tout son éclat et sa magnificence.

(1) « On voit chez les peintres vénitiens l'ample et riche lumière, la consonance joyeuse et saine des tons reliés ou opposés, le lustre sensuel de la couleur s'accorder avec la splendeur de la décoration avec la liberté et la magnificence de la vie, avec l'épanouissement universel du bonheur.» Taine. — Philosophie de l'Art.)

Il est le plus grand maître du portrait. Les grands hommes du XVIe siècle ont posé devant lui. Parmi les portraits principaux on peut citer : le portrait du Titien lui-même, de l'Arétin, du cardinal Bembo, de Lucrèce Borgia, de Charles-Quint, de Philippe III, du pape Paul III, qui était venu à Ferrare en 1543 (1).

Ce sont de véritables toiles historiques. Quoique les scènes mythologiques fussent ses sujets de prédilection, il a fait un grand nombre de tableaux religieux; citons la « Présentation au Temple » et « l'Assomption de la Vierge », à l'Académie des Beaux-Arts de Venise, « le martyre de Saint-Pierre », dominicain, son « Christ mis au tombeau », du Louvre.

Parmi ses représentations païennes, où il a mis tant de couleur, tant de beauté corporelle, où il a su si bien peindre la chair voluptueuse, on peut nommer « Vénus et Adonis » à Londres, une Vénus à Munich, « la Vénus au miroir » du palais Barbarigo, les deux Vénus de la tribune de Florence.

Charles-Quint, qui se flattait d'être son ami et qui ramassait son pinceau, l'avait fait comte Palatin; il a été l'ami des plus grands hommes de son temps. Sa longue carrière fut une suite de triomphes.

Titien mourut de la peste en 1576, à l'âge de 99 ans.

*Paul Véronèse* (dit Paolo Caliari) (1528-1588), appelé ainsi à cause de sa ville natale Vérone, était fils d'un sculpteur et neveu du peintre Badille.

C'est un peintre décorateur par excellence; avec lui, nul souci de l'expression et encore moins de la vérité historique; on peut d'ailleurs s'en rendre compte dans les *Noces de Cana* du musée du Louvre. Ce tableau pourrait tout aussi bien donner la représentation d'un festin chez un patricien de Venise; nul sentiment religieux, tout pour la pompe et le

---

(1) « Le Titien peint la force et la santé, la beauté calme et sereine. » (Georges Dufour).

décor. Quel luxe dans les habits des convives ; les têtes des convives sont même des portraits ; Paul Véronèse lui-même et son frère y sont représentés jouant de la musique.

Si l'on s'occupe seulement de l'art décoratif, on ne peut nier que Paul Véronèse est admirable ; sa couleur est d'un éclat magnifique, sa perspective est bien réelle et surtout (dans ses grandes toiles), nulle confusion, nul désordre dans ses nombreux personnages ; de plus, quelle belle architecture ; tout est en pleine lumière, il est véritablement aux antipodes de Rembrandt, le peintre hollandais, qui affectionne le clair-obscur.

Un autre maître de l'Ecole, *le Tintoret (Jacopo Robusti)* (1512-1594), a été ainsi surnommé parce que son père était teinturier. Il a une grande fécondité.

C'est le peintre du mouvement ; il est plein de fougue, de feu, de hardiesse ; il avait été élève de Titien.

Il possédait une prodigieuse facilité ; aussi ses œuvres sont-elles fort nombreuses et d'une grande dimension.

*Sansovino* (1469-1570) a été à la fois sculpteur et architecte ; c'est lui qui a construit la belle *bibliothèque de Saint-Marc* ; les balustrades de Saint-Marc, les portes de bronze de la sacristie, la statue de Saint-Jacques dans l'église de Santa Maria del Fiore, magnifiques sculptures, de la plus superbe élégance, sont dues à son ciseau. Comme architecte on lui doit la Monnaie et le Palais Cornaro, à Venise.

Le peintre amoureux des vues de Venise, des canaux, des palais féeriques, c'est *Canaletti (*Antonio da Canale, 1697-1768); il connaissait admirablement bien la perspective. Il avait commencé par peindre des décorations de théâtre.

*Carpaccio* (1450-1526) a laissé à Venise de superbes décorations dans la *salle du grand conseil.*

## LA CÉRAMIQUE
## EN ITALIE PENDANT LA RENAISSANCE

A partir du XV<sup>e</sup> siècle, la céramique brilla d'un vif éclat en Italie. Un sculpteur florentin, *Luca della Robbia* (1), élève de Lorenzo Ghiberti, découvrit d'abord le moyen d'émailler ses bas-reliefs d'argile cuite, d'abord en blanc, puis ensuite en d'autres couleurs ; ensuite il trouva aussi le moyen de peindre des sujets sur des surfaces pleines, sur de la vaisselle, etc. On peut donc le considérer comme le père de la céramique italienne. Ces découvertes successives étaient arrivées à Luca della Robbia en cherchant à donner plus de solidité à ses figures de terre en les vernissant.

C'était un grand artiste, d'un labeur infatigable. Il passait sa journée à sculpter, et afin de ne pas être forcé de quitter son travail à cause du froid, il se réchauffait les pieds dans un panier plein de copeaux : touchant exemple à rapprocher de celui de Bernard de Palissy, le grand artiste français, le vaillant lutteur qui brûlait jusqu'à ses meubles pour doter la France d'un art national. Dans les poteries de Della Robbia, beaux éléments décoratifs, on remarque comme dominant des couleurs blanches, jaunes, vertes et bleues.

Luca della Robbia, n'ayant pas d'enfants, travaillait avec ses neveux ; ce fut donc sa famille qui continua les traditions de son école. (Un de ses descendants, *Girolamo della Robbia*, fut appelé en France par le roi François 1<sup>er</sup> pour travailler à son château de Madrid au bois de Boulogne). Son neveu et collaborateur, *Andréa*, eut sept enfants, dont cinq continuèrent à cultiver l'art de la céramique. Ce furent *Luca, Girolamo, Paolo, Giovani* et *Marco*. Tous les monuments de Florence renferment des échantillons de leur valeur.

D'ailleurs, en Italie aussi, les grands seigneurs étaient

(1) Né en 1399, mort à l'âge de 82 ans.

heureux de faire décorer leurs splendides demeures au moyen des terres cuites émaillées et des majoliques et faïences dont ils garnissaient leurs superbes dressoirs.

Les ducs d'Urbino surtout étaient des amateurs enthousiastes. « Les noms de *Georges Andreoli*, de *Francesco Xanto*, de *Guido* et *Crazio Fontana*, oubliés pendant trois siècles et aujourd'hui entourés justement des louanges et de la réputation qu'ils méritent, marquent le moment glorieux de cet art qui trouva son assise préférée dans les fabriques renommées de *Faenza, Urbino, Gubbio, Castel Durante* et *Pesaro* (Campini). » A Pesaro, la majolique était dorée et rehaussée d'ornements en relief. A Forli, les couleurs étaient brillantes et le dessin d'une grande pureté. La fabrique d'Urbino eut de grands artistes, les Fontana, Xanto, Fanco, qui surent couvrir les vases, les plats, d'un émail brillant et de magnifiques peintures.

Un grand artiste de Pavie, *Andreolo (Georges)*, créa la *majolique de Gubbio* remarquée par ses reflets métalliques ajustés aux couleurs. Les majoliques de *Castel Durante* étaient renommées à l'étranger ; l'Espagne s'en servait pour la décoration de ses édifices ; suivant la légende, ce serait à *Faenza*, petite ville, d'où vint le nom de faïence, qu'auraient été fabriquées les premières faïences. La beauté du dessin dans les formes des vases, les blancheurs et la netteté des produits faisaient estimer les objets provenant de Faenza.

# L'ART DES PAYS-BAS

## PHILOSOPHIE DE L'ART DANS LES PAYS-BAS

L est très facile de retracer à grands traits le portrait de l'habitant des Pays-Bas. D'humeur gaie et joviale, il aime la bombance, la bonne chère, la vie large et facile ; le confortable de l'existence. Très industrieux, il a su mettre à profit les richesses du sol, et les obstacles eux-mêmes sont devenus pour lui des auxiliaires. Il a multiplié les moulins, les canaux, les chemins de fer ; nulle part, les voies de communication ne sont si nombreuses. Tout ce qui le gênait, il en a fait au contraire quelque chose d'utile. Les lacs gelant l'hiver, il a appris à patiner ; le sol étant plat et le vent y soufflant, il a fait des moulins à vent. — La propreté est proverbiale dans les Pays-Bas, et si un artiste voulait symboliser la Hollande, il pourrait la représenter sous les traits d'une servante balayant et lavant dès l'aube sa cuisine où reluisent les carreaux et les cuivres flamboyants.

On peut se demander comment il se fait que les artistes des Pays-Bas sont devenus de si grands artistes, tandis que ceux des autres peuples du Nord n'étaient pour la plus grande partie que des artistes secondaires. Il est très facile de s'en rendre compte. Les Anglais, eux, trop occupés des affaires matérielles de la vie et de la question du gain, n'avaient pas le temps de favoriser les beaux-arts et de s'en occuper. Quant aux Allemands, leurs peintres ont trop cherché à imprimer à leurs œuvres un caractère mystique ou métaphysique. La forme chez eux est trop souvent négligée, au profit de l'idée philosophique dont l'artiste s'est inspirée. Les Hollandais, eux, lorsqu'ils faisaient des œuvres d'art, n'avaient nulle intention métaphysique, nulle pensée philosophique ·

ils se contentaient de peindre ce qu'ils voyaient, les objets ou les personnages qui les entouraient. Tandis qu'autrefois les Grecs, désireux de représenter avec la plus grande perfection possible la nature qu'ils idéalisaient, les artistes hollandais et flamands copiaient avec la plus grande perfection les scènes, les personnages, les paysages qu'ils voyaient ; ils ont fait de la peinture réaliste, mais comme ils sympathisaient avec la nature, ils l'ont rendue fort belle.

La qualité maîtresse du génie des artistes des Pays-Bas, c'est la richesse et la délicatesse de leurs coloris. On peut, sous ce rapport, les comparer aux Vénitiens ; ce rapprochement semble d'autant plus naturel que le climat des Pays-Bas ressemble beaucoup à celui de Venise. Du reste, le climat a une influence considérable sur la nature des coloris. Dans les contrées du Midi, on n'a souvent besoin que de lignes pour rendre la physionomie d'un site quelconque, d'un monument, d'un profil, tandis que dans le Nord, pour traduire les aspects mobiles et changeants que produit l'air humide et brumeux, on ne peut les rendre qu'au moyen de taches, et le coloris seul peut exprimer des taches. Dans le Midi, le contour suffit ; dans le Nord, il faut y ajouter le coloris.

Il faut cependant noter une différence entre le coloris des artistes des Pays-Bas et le coloris des Vénitiens ; chez les premiers, le coloris est toujours éclatant et chaud, avec des tons roux et dorés ; chez les seconds, il y a deux sortes de coloris.

Tantôt, comme dans les tableaux de Rubens, par exemple, les teintes dominantes sont vives et crues, tantôt elles sont ternes et blafardes ; ce sont des ombres dans des ombres, sauf un point violemment éclairé comme dans les tableaux de Rembrandt, au moyen d'un rayon de lumière sur un fond obscur ; les maîtres hollandais et flamands savent imprimer à leurs toiles un cachet de poésie intense, et leurs œuvres, à l'inverse des œuvres des peintres italiens qui trop souvent ne s'adressent qu'aux sens, aux yeux, « savent émouvoir profondément et trouver sûrement le chemin du cœur. »

## L'ART DANS LES PAYS-BAS

Lorsqu'on parcourt les longues galeries de tableaux du Louvre qui font suite à la galerie d'Apollon et que l'on arrive vers l'extrémité, on est tout à coup profondément surpris.

Après avoir passé en revue les chefs-d'œuvre de l'Ecole Italienne, après avoir vu les gracieuses vierges et les divins « Bambinos » de Raphaël, ses « Sainte Famille », les « Noces de Cana » si pompeuses de Paul Véronèse, la « Joconde » de Léonard de Vinci, la « Descente de croix » du Titien, la « Charité »de Del Sarte; après avoir admiré toutes ces toiles aux beaux sujets religieux, mythologiques, graves, austères ou enjoués, mais toujours pompeux ou jolis, presque toujours d'un caractère vraiment aristocratique de l'Ecole italienne, voici que tout à coup le spectacle change complètement. Nous sommes maintenant en présence de tableaux au caractère vraiment bourgeois, représentant des scènes (1) de la vie civile, des intérieurs bourgeois; ce sont des portraits de magistrats, des familles entières; parfois des scènes de cabarets, des ivrognes, la représentation d'une vie débauchée, puis des fêtes villageoises où la joie grossière, l'amour des plaisirs rustiques, débordent de toutes parts.

Ce sont les tableaux de l'Ecole des Pays-Bas. Comme on le voit, nous sommes en présence d'un art tout nouveau, tout différent de l'art italien.

(1) « Tandis que les Grecs cherchaient à idéaliser jusqu'à leurs portraits, les premiers flamands au contraire, traduisirent en portraits, les personnifications idéales de la vierge, des apôtres, des martyrs, et s'efforcèrent de représenter d'une manière exacte les petits détails de la nature. Les flamands créèrent une école réaliste, une école de paysage. » (Waagen. — Manuel de l'histoire de la peinture. »

Nous allons tâcher de nous rendre compte du développement de cet art et des causes de cette différence profonde.

L'Italie était monarchique et catholique, tandis que la Hollande était protestante et républicaine.

N'ayant plus de saints et de saintes à représenter, ils représentèrent l'homme (1).

Etant protestants, ils n'eurent plus d'églises à décorer ; ils élevèrent à la place des hôtels de ville, des Bourses, des marchés.

Puis, voulant décorer leurs appartements, ils firent des paysages.

Comme il n'y avait plus de grands seigneurs ayant de de grands palais à décorer, les artistes ne firent pas de fresques, ils remplacèrent cela par des « tableaux de chevalet » appelés tableaux de genre.

Ainsi, voici les trois principales divisions de l'art dans les Pays-Bas : Le *portrait*, le *paysage*, le *genre*. Ce seront les portraits de la famille, les scènes d'intérieur, les joies bourgeoises ou rustiques de la vie journalière, les petits côtés de la vie intime que représenteront les peintres de cette Ecole.

Parmi les peintres principaux qui ont honoré l'art des Pays-Bas, nous pouvons citer :

*Rembrandt* (né à Leyde en 1609, mort en 1669), qui a donné à ces toiles ce qu'on appelle la magie du *clair-obscur*, la lumière donne sur une partie du tableau seulement, tout le reste est dans l'ombre (2) ; chez lui l'ombre se joue dans la lumière. Ses œuvres ont un caractère à la fois poétique et fantastique ; son style, tout en étant vulgaire, frappe par sa

(1) Lorsqu'ils représentent par hasard la Vierge, les apôtres, ils les personnifient et les *traduisent en portraits*, en représentant d'une façon exacte les plus petits détails et en ne cherchant pas à embellir le modèle.

(2) « Rembrandt lance dans l'air humide et jaunâtre une flambée de soleil ou fait filtrer un rayon perdu. » (Taine, De l'Idéal dans l'art.)

puissante originalité. Il a terminé ses jours dans la misère. Ce fut sa passion pour les œuvres d'art qui causa sa ruine.

M. Bonnat a reproduit de nos jours la manière de Rembrandt dans ses portraits de Thiers, de Grévy, de Puvis de Chavannes.

*Van Dyck* (1599-1641) est un idéaliste; il est par excellence le peintre de portraits le plus élégant; il sait donner à ses personnages un grand « cachet de noblesse et de distinction ». Son portrait au musée de Louvre est un chef-d'œuvre du genre. Ses toiles sont de véritables documents historiques. Il a gravé à l'eau forte un grand nombre de portraits d'une manière bien pittoresque.

*Rubens* (*Peter-Paul*, né à Cologne en juin 1577, mort en 1640), est le peintre de la joie robuste, des fêtes villageoises, des plaisirs sensuels de l'art hollandais pompeux et décoratif. A l'inverse de Rembrandt, il met ses personnages en pleine lumière; ses tons sont frais; chez lui rien de triste ni de lugubre. On sent qu'il a étudié les maîtres italiens (1) et on peut dire que Rubens est le Titien de l'art dans les Pays-Bas. Il a une grande fougue de composition et une véritable fécondité, et sa couleur est véritablement éblouissante.

*Ruysdaël* (1630-1681) et *Hobbema* (1643-1687) sont les plus grands peintres de paysage; ils savent donner à la peinture des champs, à la nature sauvage un vrai cachet de poésie; ils sont puissants et poétiques.

*Paul Potter* (1625-1654) est le véritable roi de la peinture des animaux; nul mieux que lui n'a su rendre un bœuf, une vache, un taureau avec tant de vérité.

*Van Huysum* (1622-1689) est le peintre de fleurs le plus gracieux et le plus élégant.

---

(1) Il avait fait un séjour en Italie en 1600 et avait étudié Titien et Véronèse.

*Adrien Brouwer*, *Van Ostade*, sont les peintres de cabarets par excellence.

*David Téniers*, qui avait été l'élève de Rubens, est inimitable quand il s'agit de nous retracer des scènes triviales, des intérieurs de cuisines, d'alchimistes, de laboratoires, de cabarets ; ses personnages sont pétillants de malice.

*Quentin Matsys* (1450-1519) a été un des premiers peintres flamands ; c'était un ancien forgeron.

Nul n'a jamais mieux peint en Hollande que *Terburg* (1608-1681) les intérieurs aristocratiques, les grandes dames, les grands seigneurs et les laquais.

*Jean Steen* (1636-1689) est remarquable pour ses intérieurs de cabarets toujours fort gais ; il était d'ailleurs le fils d'un brasseur.

*Gérard Dow* (1613-1680), le maître des peintres de la bourgeoisie, avait une grande adresse de pinceau.

*Otto Vénius* est remarquable pour ses nombreux portraits. Il était né à Leyde en 1556 et mourut à Bruxelles en 1634. Il était aussi poète, mathématicien et historien.

# L'ART ESPAGNOL

Qui ne connaît ces paroles du Dante au seuil de l'enfer : « Celui qui entre ici dépouille toute espérance. » On dirait que les peintres espagnols ont tenu à honneur de mettre dans leurs toiles le sentiment de ces amères paroles du grand poète, car les sujets qu'ils ont exprimés dans leurs peintures sont tristes, lugubres, violentes, poignants, et la douce espérance, cette consolatrice de l'âme, en est complètement absente.

Pourtant le ciel de l'Espagne est si beau, les paysages sont superbes, la végétation est luxuriante, les hommes et les femmes sont d'une bien grande beauté, les monuments laissés par les Maures sont superbes ; mais rien de tout cela n'a touché le cœur des artistes espagnols. Ah! c'est que c'est dans la triste histoire de la monarchie espagnole, dans les mœurs violentes de ce peuples de guerriers, d'aventuriers, de mendiants, de moines, de fanatiques, de croyants, qu'il faut rechercher les origines de l'École espagnole.

Qui ne se rappelle les tristes exploits du « Saint-office », de « l'Inquisition », cette institution funeste, de néfaste mémoire, qui a couvert de sang tous les pays appartenant à la monarchie espagnole et qui a laissé une empreinte horrible de ses *auto-da-fé* (acte de foi) où tant de milliers de citoyens ont laissé leur vie ?

L'Inquisition (mettant de côté les douces paroles de pardon et de miséricorde que l'Évangile avait laissées comme un bien glorieux héritage à la religion chrétienne) a bien servi ces rois d'Espagne, ces despotes sanguinaires qui rêvaient, sous prétexte de foi, la domination monastique du monde et qui ont réalisé une partie de leurs rêves dans un déluge de sang, à travers les larmes et les sanglots de tant de martyrs de la liberté.

Les artistes, les écrivains, sont des gens du peuple qui pensent comme leurs concitoyens, qui souffrent comme eux, et qui voient peut-être mieux qu'eux les scènes qui les entourent.

*Lope de Vega*, le grand écrivain, pensant au sacrifice du Christ, se trouvait mal en disant la messe.

*Joanes*, un des premiers maîtres de la peinture espagnole, ne peignait jamais une tête de Christ sans avoir jeûné et communié, et, en travaillant, son visage se couvrait de larmes.

Que pouvaient représenter des hommes pareils, pensant et croyant de la sorte, si ce n'est les scènes terribles de l'Inquisition, les légendes des saints, les rêves ascétiques des moines aux visages et aux mains de cire? Ce sont là les sujets de prédilection des peintres espagnols. L'homme y est bien souvent représenté comme martyr.

Bien rares seront ceux qui feront exception; il n'y aura guère que *Murillo* et *Velasquez*; encore Velasquez, dans ses portraits, représente-t-il des personnages aux regards tristes, vagues et ennuyés, comme la cour de Madrid où ils vivaient.

Murillo, véritable exception, est le peintre espagnol des madones; il est exquis pour la couleur.

Au commencement de ce siècle, *Goya* continue un peu la vieille tradition par son talent fantastique et étrange.

Les principaux artistes de cette École furent :

*Luis de Vargas* (1502-1569);

*Joanes* (Juan de) (1523-1581);

*Moralès*, surnommé le Divin (1509-1586);

*Zurbaran* (1588-1662) qui a dans sa peinture de violentes oppositions de lumières et d'ombres et qui ne peint guère que des moines et des intérieurs de monastères;

*Vélasquez* (1599-1660)(1) qui excelle dans le portrait et sait mettre beaucoup de style dans ses compositions ; il est l'auteur de la fameuse toile la « Reddition de Breda », connue sous le nom de « Tableau des Lances » ;

*Murillo* (Bartholomeo Estubar) (1618-1680), d'un sentiment exquis ;

*Goya*, qui n'a point laissé d'imitateurs.

---

(1) « Vélasquez à élevé la peinture de genre à la hauteur de la peinture d'histoire. » (Paul Lefort.)

# L'ART EN ALLEMAGNE

Nous avons vu à propos de l'art français comment l'Allemagne s'était *faussement attribuée l'origine de l'architecture gothique*. (C'est assez leur habitude, aux Allemands, de s'approprier les découvertes et les inventions des autres peuples et de les faire passer pour les leurs. Dans les arts, dans les lettres, dans les sciences, en médecine, nombreuses sont les supercheries ou plutôt les vols intellectuels des Allemands; n'ont-ils pas été jusqu'à dire que les chansons de gestes, qui sont une des gloires nationales de la France, étaient d'origine allemande.) L'architecture, qui a duré en Allemagne et dans les pays du Nord même après la fin du douzième siècle, est l'architecture romaine dégénérée, le *style roman*.

C'est cette architecture à laquelle on aurait dû donner le nom d' « architecture gothique », car c'est celle-là, qui n'est guère qu'une copie dégénérée, qui est bien d'origine allemande.

L'École allemande, à part d'assez nombreux sculpteurs et graveurs, n'a guère eu de grands artistes; aujourd'hui même elle en a bien peu, si toutefois on peut oser dire qu'elle en a.

Les idées et les discussions philosophiques, métaphysiques, politiques, absorbent trop les facultés des Allemands pour qu'ils puissent aimer à idéaliser les œuvres de la nature.

Dans les fresques des maîtres contemporains, il arrive même que ce sont des sujets philosophiques, des conceptions métaphysiques qui y sont traités, et on y voit souvent les personnages de la mythologie coudoyer les personnages contemporains (1).

L'Allemagne a des savants, des chercheurs qui vont jusqu'au fond des choses, mais elle n'a pas d'artistes, parce que le tempérament et l'éducation sociale s'y opposent.

Les artistes allemands ont dans leurs œuvres un cachet tout particulier.

C'est ainsi que le génie de l'italien est toujours classique; en quelques lignes et en quelques contours, l'artiste italien a fixé une figure, un type, un portrait, un paysage; *Hans Holbein, Albert Durer*, au contraire, fouillent la nature jusque dans ses plus petits recoins; ils sont plus naturalistes; les moindres lignes, les plus petites rides d'un visage, par exemple, les moindres signes sont rendus avec une fidélité par trop scrupuleuse.

L'artiste italien recherche surtout l'ensemble, tandis que l'artiste allemand est amoureux du détail, il l'aime de trop même, cela nuit à l'idéal; on dirait qu'il se sert d'une loupe pour voir la nature.

Les œuvres des Allemands sont souvent des chefs-d'œuvre de patience, d'acharnement, mais cela est fait au détriment de l'idéal, de la poésie.

Le détail tue l'œuvre.

Au XIIe, XIIIe et XIVe siècle, on sculptait beaucoup sur bois en Allemagne, et on employait l'or et les couleurs pour rehausser l'effet des statues.

Tournay possédait une école de sculpteurs qui travaillait surtout à produire des monuments funèbres et des bas-reliefs remarquables précisément par l'exécution minutieuse des détails.

(1) « En Allemagne, la domination trop forte de pures idées n'a pas laissé de place à la sensualité de l'œil. La première Ecole, celle de Cologne, a peint, non des corps, mais des âmes mystiques, pieuses et tendres. » (Taine. — La Peinture dans les Pays-Bas.)

La gravure a été aussi très développée, surtout dans les couvents, où elle était la principale occupation des moines.

Parmi les principaux artistes de l'École allemande, nous pouvons citer :

*Jean Van Eyck* (1390-1441), l'inventeur de la peinture à l'huile suivant quelques historiens ; ses tableaux sont de véritables miniatures ;

*Hans Memling* (1420-1484) est pour l'Allemagne ce que Fra Angélico était pour l'Italie, le représentant le plus accompli de la peinture religieuse allemande : ses tableaux sont pleins de poésie mystique, ses madones sont chastes et pleines de finesse (1);

*Albert Dürer* (1471-1528) à la fois peintre, graveur, sculpteur, écrivain ; il voyagea en Italie et se lia d'amitié avec Raphaël, qui possédait son portrait et le chérissait beaucoup.

Il fit faire un grand pas à la gravure, dont il fut un des maîtres les plus accomplis. (Ses gravures sont très recherchées aujourd'hui.) Ce qui le caractérise et le distingue surtout, c'est l'abondance de détails dans ses œuvres ; il n'oublie pas le moindre ride, le moindre pli de la peau dans la figure ou dans les mains de ses personnages.

Il était tout l'opposé des maîtres italiens, qui recherchent surtout l'ensemble, tandis que lui, au contraire, recherche et affectionne les détails. Il a écrit plusieurs importants ouvrages sur l'anatomie, la géométrie, les sciences (1).

*Hans Holbein* (1498-1554) est surtout peintre de portraits ; il est l'auteur de la danse des morts si populaire, œuvre vraiment saisissante ; ses principales œuvres sont au musée de Bâle, sa ville natale. Il était l'ami d'Erasme. Il est mort de la peste à Londres.

*Lucas Cranach*, (1472-1553), grand ami de Luther, est un peintre allégorique surtout. Il était aussi graveur ; il a produit beaucoup et sait plaire par sa naïveté.

(1) « Quelle foi naïve, ardente et profonde ! Quelle tendre mélancolie dans ces pieuse figures ! Memling idéalise ses figures en *simplifiant* son coloris. » (Ch. Blanc.)

(1) « La fantaisie étrange, le profond sentiment religieux, les vagues divinations philosophiques qui percent dans ses œuvres, montrent un esprit chercheur à qui la forme ne suffit pas. » (Taine).

# L'ART ARABE

## ARCHITECTURE, SCULPTURE ET PEINTURE ARABES

Chez les Arabes, l'art s'était principalement concentré dans l'architecture, qui extérieurement n'offrait souvent que des surfaces nues.

A l'intérieur, en revanche, l'architecture était d'un luxe inoui.

« Ce n'était partout, dit M. Georges Dufour (1) que losanges, triangles, enlacements de rubans, d'arcades, galeries de colonnettes à trèfle, plaques en mosaïques, enchevêtrements d'arabesques, de lacs, d'entrelacs, combinaisons féeriques de couleurs éclatantes. »

Quelle profusion incroyable de fantaisies délicates, de dentelles de pierre ou de marbre, d'ornements précieux imitant jusqu'aux étoffes et aux châles des Indes, ne retrouve-t-on pas dans leurs mosquées, dans leurs palais, dans leurs citadelles mêmes !

Le type spécial de l'architecture arabe était la *tente*, les colonnes remplaçant les mâts et les ornements dorés ou coloriés figurant les étoffes de soie ou les tapis.

Dans cette architecture, les arcs se croisent, se mêlent de mille manières différentes ; les coupoles se divisent en niches nombreuses montant en encorbellement les unes sur les autres.

On retrouve dans l'architecture arabe beaucoup d'ogives, ce qui a fait attribuer à tort aux arabes l'invention de l'architecture ogivale, l'ogive se retrouvant dans l'art bysantin, dans l'art pélasgique, et même dans les arts des peuples primitifs de l'Amérique.

(1) *Des Beaux-Arts dans la politique.*

Le premier monument arabe qui a servi de modèle aux autres, fut la *Kaaba* ou *Maison sacrée de la Mecque*, monument de forme cubique entouré d'une petite tour de forme circulaire.

Parmi les monuments arabes les plus remarquables, citons : La *Mosquée de Cordoue* (1) avec ses mille colonnes de marbre;

La *Giralda*, reste d'une mosquée de Séville; c'est un minaret de 260 pieds de haut;

L'*Alhambra*, véritable joyau d'architecture, construite au XIII° siècle, dans laquelle on remarque la *Cour des lions*, celle des ambassadeurs ;

La *Mosquée d'Aman* et le temple d'*El Aram*, en Syrie ;

La *Mosquée de Damas*, qui fut longtemps la résidence favorite des califes.

Ce qui caractérise la *sculpture arabe,* ce sont les *arabesques*. La religion (2) des Arabes leur interdisant la représentation de la figure et de la forme humaines, et même la représentation animale (3), c'était par les arabesques qu'ils y suppléaient.

Les jambages des lettres de l'alphabet arabe se prêtent merveilleusement bien à former des combinaisons, des entrelacements, des dessins d'une richesse merveilleuse. Ne pouvant représenter ni des animaux, ni la forme et ni la figure humaines, les artistes arabes mirent sur les monuments des inscriptions en caractères arabes (1); puis, de ces inscrip-

(1) Elle avait été commencée en 785 par Abdel-Rhaman et terminée par son fils Hescham.

(2) « En interdisant la représentation de la figure humaine et des animaux, a dit Charles Blanc, la religion de Mahomet a condamné l'architecture arabe à une oremnentation purement optique sans signification et sans vie. »

(3) Mahomet avait dit à Alsamir, le sculpteur du veau d'or: « Ta punition sera de dire à tout homme que tu rencontreras: Ne me touche pas! c'est-à-dire que tu seras considéré comme un pestiféré. »

Mahomet même présentait non seulement le jeu, le vin, les liqueurs, mais encore les images, comme des œuvres du diable.

(1) Très souvent ce sont des versets du Coran.

tions, de ces lettres arabes, ils firent peu à peu des dessins très variés, étonnants même dans leurs combinaisons infinies : telle fut l'origine des arabesques.

Comme la sculpture, la *peinture arabe* a été surtout *décorative* ; elle s'est attachée à revêtir spécialement un caractère ornemental. Parmi les peintures arabes les plus curieuses, on peut citer : les peintures qui existent dans la salle du Jugement dernier, à l'Alhambra, celles qui ornent un manuscrit que possède la bibliothèque de l'Escurial et qui date du XII<sup>e</sup> siècle, (ce manuscrit a pour titre : *La Consolation des meaux*) et celles du manuscrit de la Bibliothèque nationale de Paris, qui date du XIII<sup>e</sup> siècle et qui est intitulé : *Les Séances de Hariri*.

## MONNAIES ARABES

Les Arabes ont fabriqué des monnaies en or, en argent, en cuivre et en verre. Les monnaies arabes ont commencé par imiter les monnaies byzantines et les monnaies persanes.

C'est ainsi que l'on retrouve sur des monnaies anciennes les images du Christ, de la sainte Vierge et même des empereurs romains ; les noms y sont souvent inscrits en latin. Par la suite, les légendes ont été inscrites en caractères arabes ou persans, parfois avec des figures et d'autres fois sans figures : ce dernier cas est le plus fréquent.

Sur l'un des revers on lit soit la formule suivante : « Il n'y a de Dieu que Dieu et Mahomet est son prophète », ou bien une légende pieuse tirée du Coran ; sur l'autre revers se trouvent indiqués le lieu, la date de fabrication de la pièce et le nom du prince qui l'a fait frapper. On retrouve des monnaies arabes datant de l'époque des croisades et portant des fleurs de lys ; ces monnaies uniques en ce genre avaient été faites par ordre de Saladin comme témoignage d'estime envers les francs. Quelques monnaies arabes fabriquées en Egypte ont la forme carrée.

## LA CÉRAMIQUE ARABE

C'est surtout à l'époque du moyen âge, que la *céramique arabe* a brillé d'un grand éclat.

Des revêtements céramiques d'une grande richesse de tons recouvraient l'extérieur et les murailles intérieures des monuments arabes.

Les *poteries de Valence* ont eu pendant plusieurs siècles une grande célébrité. Quant à la fabrication de la *poterie dorée*, si charmante dans ses délicats produits, son centre était à Malaga(1). C'est de cette fabrique que vient le célèbre vase dit *Vase de l'Alhambra*.

Les Arabes avaient aussi fait, des Iles Baléares, un grand centre de fabrication; mais dans ces fabriques la décoration était plus simple et les objets étaient faits dans un but plus utile. De nos jours cette industrie est tombée (2).

On peut admirer au Musée de Cluny trois grands bassins creux à reflets métalliques provenant de la fabrique de Malaga, ainsi que plusieurs tasses très ornées provenant de la fabrique de Valence.

## LA MOSAIQUE DANS L'ART ARABE

La *mosaïque d'émail* a été en usage comme moyen de décoration chez les artistes arabes. Dans la mosquée de Cordoue, dans celle d'Aman à Jérusalem, dans les salles des Ambassadeurs, à l'Alcazar de Séville, et à l'Alhambra de Grenade, on retrouve de ces mosaïques appelées *Fesifissa* ou *Foseyfasà*.

Comme pour la sculpture arabe, les motifs de ces mosaïques décoratives ne se composent que d'inscriptions ou d'ornements.

(1) « C'est dans cette dernière ville, écrivait le voyageur arabe Ibn Batoutah, en 1350, qu'on fabrique la belle poterie en porcelaine d'or que l'on exporte dans les contrées les plus éloignées. »

(2) « Aujourd'hui, dit M. du Sommérard, la production est nulle, et les fabriques ne font que de grossiers ustensiles de ménage. »

# LES ARTS CHINOIS

C'est aux Indiens que les Chinois ont emprunté les formes de leur architecture qui est invariablement caractérisé par les courbes concaves.

N'étant point portés aux idées poétiques ou mystiques, les Chinois n'ont guère cherché dans leur architecture que l'agrément et le clinquant, dédaignant la grandeur et l'élévation. La grande originalité de *l'architecture chinoise* est sa *bizarrerie;* c'est toujours la *forme pyramidale* qui domine. Les principaux monuments chinois sont des tours ordinairement octogones qui ont jusqu'à une hauteur de 150 pieds. Chaque tour est ornée d'un mur de couleur éclatante décoré de sonnettes pendantes. Les murs sont ou revêtus de plaques de porcelaine ou peints de différentes couleurs.

Les maisons, comme les temples, paraissent construits sur un plan uniforme, sorte de rectangle ; tout cela a un aspect massif.

Dans la *peinture chinoise*, on ne trouve ni perspective, ni ombres ; les artistes chinois disent que la perspective empêche de voir les objets qui sont éloignés et que l'ombre n'est qu'un accident qui dénature les belles couleurs.

Mais si leur peinture ne sait rendre aucun sentiment délicat, aucune pensée élevée, en revanche, les artistes peintres chinois ont réussi à représenter fidèlement la nature ; ce sont des oiseaux, des insectes, des fleurs exquises d'une ravissante couleur, des paysages enchanteurs qu'ils aiment à représenter.

Les personnages aussi sont bien rendus ; mais à tout cela, il manque une qualité essentielle : la vie. Rien dans leurs eintures ne paraît animé ; la couleur et la minutie sont pour ces artistes les principaux soucis.

C'est dans l'art de la *sculpture* que les Chinois se sont le plus adonnés. Par exemple, les sculpteurs n'ont pas cherché à représenter la beauté plastique, la vie, les sentiments L'expression manque complètement dans leurs œuvres, qui touchent plutôt à la caricature.

Les types de génies qu'ils ont réalisés sont ou d'une laideur repoussante et grimaçante ou d'une beauté ridicule.

Dans cette immense quantité de statues ou statuettes de bois ou d'argile, d'ivoire ou de bronze, dorées ou peintes, où sont représentés les trois Fô, ces divinités empruntées aux Hindous, des démons, on ne trouve que trivialité, laideur surnaturelle, monstruosité, bizarrerie. *Jamais les sculpteurs chinois n'ont entrevu la beauté idéale.* On ne peut que louer le soin minutieux, la patience avec lesquels ils ont accompli ces travaux d'art.

## LA CÉRAMIQUE CHINOISE

Les Chinois ont été et restent *les maîtres dans l'art de la porcelaine* ; ils sont jaloux de leurs produits, auxquels ils savent donner toute la perfection désirable, ils sont à ce sujet très difficiles ; c'est ainsi que les belles pièces ne sont estimées que si elles donnent un son clair ; si l'émail de la couverte laisse le grès à nu, c'est un très grand défaut, et les vases ordinaires ne sont tout au plus bons qu'à orner les appartements des femmes.

L'éclat des porcelaines chinoises est sans rival ; cela se comprend : les teintes des porcelaines étant surtout combinées pour faire valoir la couleur du thé, la gamme des teintes est infinie. Nous pouvons citer parmi ces teintes, en conservant les expressions chinoises, les noms suivants : blanc de lune, fruit vert, vert de pois, bleu de la tête de Boudha, fleur de poirier, couleur de prune, etc... La pâte imite le fendillement de la glace, le chagriné de la peau d'orange, les rides de l'eau, etc...

Suivant les traditions chinoises, l'invention de la poterie remonte à l'empereur *Hwang-Si*, qui régnait en l'an 2697 avant Jésus-Christ. Quand à la fabrication de la porcelaine proprement dite, elle remonte à la dynastie des *Han*, c'est-à-dire, à deux siècles avant Jésus-Christ. C'est à partir du XIV$^e$ siècle que la porcelaine chinoise commença à atteindre un vrai cachet de beauté, mais c'est surtout au XVIII$^e$ siècle, de 1735 à 1791, sous la dynastie de Tsing, que cette industrie prit un grand développement ; treize provinces sur dix-huit possédaient des manufactures. Les porcelaines de Chine sont faites avec des kaolins, et avec les mêmes mélanges que nos porcelaines; la renommée en vient principalement de l'habileté prodigieuse et de la souplesse du talent des artistes chinois, qui savent si bien allier la beauté de la couleur à l'harmonie des formes. La *famille Rose* est celle qui a fourni les plus belles porcelaines.

# L'ART JAPONAIS

L'art japonais a aimé surtout à rendre, en dehors de l'éclat incomparable du coloris, le *mouvement sous toutes ses formes*. On ne trouve jamais, dans une œuvre japonaise quelconque, une figure nue à l'état de repos. Ce sont partout, surtout dans les peintures, des mêlées furieuses, des lutteurs en mouvement, des foules tourbillonnantes.

Dans les œuvres d'art, les artistes ont employé comme type les traits des nobles Japonais et rarement ceux des paysans, qui sont de beaucoup moins beaux.

Les Japonais se sont rarement attachés à l'étude du portrait, se contentant de rendre l'expression du mouvement de la silhouette ; cela s'explique facilement par l'usage des masques et du grimage.

Les *masques japonais* qui sont des œuvres d'art en leur genre, sont remplis de caractère, car les artistes y ont creusé en rudes sillons les masques des vices et des vertus. Ils en ont fait une sorte d'école de caricature populaire à la portée de tous. Les masques sont devenus là, entre les mains des artistes, de véritables symboles.

Les Japonais n'ont pas fait des monnaies et des médailles des objets d'art, et il n'ont pas connu l'usage des bijoux ; ils sont en cela une exception chez les peuples orientaux. En revanche, ils ont cultivé avec passion l'*art de l'émail, l'incrustation* ; ils y ont plus cherché la finesse, la délicatesse que l'éclat du cloris. Ils ont surtout employé le *shibouitshi*, qui est un bronze d'argent, et le *shakoudon*, qui est un bronze d'or.

L'*émail cloisonné* est quelquefois employé à la décoration, mais plus souvent c'est l'*émail transiucide* sur un paillon d'or. Montures d'éventails de guerre ou d'éventails de luxe, boîtes, brûle-parfums, épingles de toilette, cuillers, jouets, petites théières, tout cela est travaillé avec netteté, décision et ampleur.

La *lame du sabre* a toujours été pour le Japonais un sujet d'orgueil, aussi l'a-t-il toujours entourée de grands soins. Certaines lames portaient même des signatures d'artistes célèbres.

Les belles lames sont ornées de gravures en creux exécutées au burin et à froid et damasquinées d'or et d'argent, représentant soit des figures de divinités, telles que celles de Kouanon, Bishamon, de Fondon, ou soit des dragons enlacés, des armoiries, des devises.

Cette profession, de faire et de graver des armes a toujours, été très honorée, et comme cela arriva autrefois en France pour l'art de la verrerie, les gentilshommes japonais, les nobles, n'ont pas craint de s'adonner à ces travaux. La signature la plus estimée est celle de *Sanémori*.

Le *fer* a toujours été, au point de vue de l'art, aux yeux des Japonais, le *métal noble* par excellence. Dès la plus haute antiquité, avant de travailler les autres métaux, les Japonais ciselaient, martelaient, forgeaient le fer avec une grande perfection. On peut voir des pièces superbes des xi$^e$, xii$^e$, xiii$^e$ siècle dans le trésor de Idzonkon-Shrina.

Le grand aigle de fer martelé du musée de Kensington et quelques cuirasses de fer du musée d'artillerie à Paris, œuvres de maîtrise, proviennent de la célèbre maison des *Miotshin*, qui fondée, à *Kamakoura*, a produit de la fin du xi$^e$ siècle au xviii$^e$ une véritable variété de merveilles.

Les Japonais ont su devenir rivaux des Chinois dans *les poteries, les porcelaines*. Ils ont travaillé des terres argileuses, ils les ont décorées par des couleurs spéciales, par des jeux d'émaux; ils en ont fait les jouets de leurs fantaisies ornementales.

Après avoir appris beaucoup des Chinois, ils ont fait une

poterie qui leur était propre. Des Coréens internés à *Satsouma* inaugurèrent au XVIIᵉ siècle (1621) la délicate poterie *dite teintée*. Les grès rugueux d'*Hizen* avec leurs aspérités font aujourd'hui la joie des collectionneurs ; les *figulines rustiques*, en terre cuite, si bien modelées, sont évidemment les produits d'un art véritablement national, *sans aucune imitation avec le style chinois*.

L'industrie du *laque* n'est pas d'origine chinoise, comme on l'a cru fort longtemps, mais bien japonaise ; elle a été appréciée des Japonais dès la plus haute antiquité, et on peut même dire qu'elle a précédé la peinture. De tout temps, les *objets laqués* ont été considérés comme de très riches présents, on les fabriquait dans des ateliers autorisés et subventionnés par le souverain, et aussitôt fabriqués on les entourait précieusement de doubles enveloppes de soie. On agissait à l'égard des boîtes laquées, comme s'il se fût agi de la statue d'un dieu : on les mettait loin des regards des profanes, dans un endroit de la maison choisi tout exprès.

Les Japonais ont toujours été orgueilleux de leurs produits laqués et ils ont fait des chefs-d'œuvre d'art décoratif. C'est surtout aux XVIᵉ, XVIIᵉ et XVIIIᵉ siècles, qu'ils y ont mis le plus d'éclat. Les plus grands peintres, les plus grands artistes japonais, n'ont pas dédaigné de travailler pour les laques et ils ont fait de ravissants modèles pour cette industrie artistique ; souvent même ils s'installaient devant une laque qu'ils gravaient, polissaient avec autant de soins, autant d'orgueil que s'ils eussent travaillé à un grand et beau tableau. Sorties de pareilles mains, ces laques sont vraiment de charmants échantillons, d'un art des plus exquis.

Les signatures les plus estimées, les plus en renom, sont celles des quatre Shiounshio, de Kœtson, de Yoseï, de Kohi, de Koma, de Zeishin (XIXᵉ siècle), de Yoyousaï (XIXᵉ siècle), et par dessus tout celle de Ritsono (XVIIᵉ siècle).

L'art ancien des laques a atteint son apogée sous l'empereur Shioumoun (IX<sup>e</sup> siècle).

Plus tard, l'emploi de la laque s'étendit aux objets domestiques ; on laqua les meubles, les étagères, les plateaux, les portes, les colonnes, les autels des temples, les coffres, les selles, les peignes, les boîtes à parfums (on leur donne le nom d'*Inros*).

Les laques les plus belles sont celles de *Kôrin*. « Kôrin, dit M. Gonse, fit craquer le vieux moule dans lequel se renfermaient les ateliers de Kioto, soumis à l'influence presque exclusive de Tosa ; par ses œuvres de laque, où il se révéla praticien de premier ordre, il força l'admiration de ceux de ses concitoyens qui étaient rebelles aux étrangetés de son style. On dit encore aujourd'hui « l'or de Kôrin », tant le pur de ses laques d'or était particulier. C'est un ton sourd, puissant, égal, un peu mat, d'une chaleur concentrée et pleine de vibrations... Ses œuvres semblent taillées dans un bloc d'or... ».

Rien d'étonnant d'ailleurs dans la beauté, dans l'intensité vibrante, éclatante des objets laqués : le laqueur n'a-t-il pas à sa disposition des laques d'or jaune, d'or rouge, d'or vert, de fer, de plomb, d'argent, de bronze, etc... ? Il peut donner ainsi tout le charme d'une variété de couleurs.

Une des principales et des plus belles branches de l'industrie japonaise est sans contredit le tissage des étoffes de soie. Au commencement, les dessins de ces étoffes eurent un caractère géométrique et régulier ; au XV<sup>e</sup> siècle apparurent, grâce à des influences persanes, les motifs élégants empruntés aux rinceaux à base florale ou aux arabesques. Au XVII<sup>e</sup> siècle, la noblesse vient s'ajouter à l'élégance, et au XVIII<sup>e</sup> siècle, la finesse, la fantaisie des dessins furent portés à l'extrême. On y voit représentés de véritables tableaux, des fleurs, des paysages, des rivières, des poissons, des effets de neige, de pluie ou de soleil, des animaux, etc.

Les tons les plus rares, les plus éclatants, les plus jolis, vinrent nuancer ces délicieuses étoffes. Les carrés d'étoffe brodée qui servent aux Japonais à envelopper des présents ou à donner des missives, et qui ont reçu le nom de *foukousas*, sont de véritables *tableaux en soie*, où l'or se marie aux plus belles couleurs, où les jeux de la lumière sont obtenus par un travail d'aiguille avec la même richesse que s'ils étaient dus à de l'aquarelle. Ces carrés d'étoffe sont obtenus point par point, par dessus une esquisse peinte, et les peintres japonais les plus célèbres, les grands maîtres, n'ont pas dédaigné de tracer au pinceau et de signer sur la soie même, des esquisses peintes de beaux foukousas, chefs-d'œuvre d'art, où la couleur joue un si merveilleux et si grand rôle.

D'autres chefs-d'œuvres de l'art japonais, chefs-d'œuvre de coloris, gracieux et volupteux, sont les *sour'monos*, ou petites feuilles dessinées ou gravées par des sociétés de buveurs de thé, d'artistes, d'écrivains, de poètes, qui s'envoyaient ces petites feuilles comme présents à l'époque de la nouvelle année. On voit sur ces merveilleuses gravures une grande fantaisie, un éclat incomparable donné par des tons d'or, d'argent, de bronze, d'étain, des gaufrures d'une finesse délicieuse. Le coloris n'en est jamais brutal ; il est toujours, au contraire, d'une très grande harmonie.

# L'ART ANGLAIS

**PEINTURE ET SCULPTURE ANGLAISE**

Ce furent des peintres étrangers qui donnèrent en Angleterre le goût de la peinture. On peut nommer parmi eux Hans Holbein et Antonio Moro sous Henri VIII, Rubens et Van Dyck sous Charles I$^{er}$. Van Dyck forma le peintre *Dobson*, le premier véritable artiste anglais connu, qui s'était adonné à l'étude du portrait et était devenu peintre du roi.

Mais ce n'est réellement que vers le milieu du XVIII$^e$ siècle que commencèrent à paraître quelques peintres véritables, tels que Hogarth, sir Joshua Reynolds, Thomas Gainsborough, sir Thomas Lawrence ; puis vinrent Constable, William Burner, David Wilkie et John Flaxmann sculpteurs, sir Charles Eastlake, Edvin Landseer, Millais, etc...

*Hogarth* (né en 1698 et mort en 1769) dessinait fort mal, ce qui ne l'empêcha pas d'être un peintre de genre humoristique remarquable. Ce qu'il aimait surtout à représenter, c'étaient les scènes populaires, dont il poussait les types jusqu'à la caricature. On peut citer parmi ses œuvres : « la vie de libertin », « le Ménage à la mode », les « Buveurs de punch », etc... Il a laissé aussi un livre sur l'*Analyse de la beauté*. Il a été aussi graveur sur métaux.

*Sir Joshna Reynolds* (né en 1723, mort en 1791) fut le fondateur de l'Académie royale des Beaux-Arts de Londres. Il était l'opposé d'Hogarth, aimant par dessus tout l'idéal, et donnait un grand cachet de distinction à ses types :

« L'aristocratie anglaise, a dit William Bürger, est unique au monde. Reynolds fut le représentant de celle de son époque, comme Van Dyck l'avait été pour la cour de Charles I$^{er}$ et Lely pour la cour de Charles II. Au temps de Reynolds, la vie de château, le calme et la dignité dans la famille, ont remplacé les mœurs chevaleresques et galantes.

« Une simplicité souverainement élégante où perce la hauteur aristocratique, la beauté sereine et nonchalante d'une grande race inoccupée, une majesté toute aimable, voilà ce que Reynolds a exprimé dans la perfection en peignant ses ladies, qui ont l'air de déesses terrestres. »

Le chef-d'œuvre le plus célèbre de ce peintre est le tableau représentant Ugolin et ses enfants.

*Thomas Gainsborough* (né en 1727, mort en 1781) fut le restaurateur du paysage anglais. Il avait débuté par faire des portraits.

*Sir Thomas Lawrence* (né en 1791, mort en 1830) était un portraitiste remarquable ; comme Reynolds, il a su mettre la grâce aristocratique et la noblesse dans ses portraits ; il a été le peintre de la cour. Il a laissé les portraits de Georges IV, de Kemble, de West.

*Constable* (né en 1776, mort en 1831) a été l'un des plus grands paysagistes de l'Angleterre ; il n'a guère été surpassé que par *William Turner* (né en 1775, mort en 1851) ; le premier a reproduit sincèrement le véritable paysage anglais ; le second a été surnommé *le peintre de la lumière* à cause de la fougue de son coloris.

*Bonington* (né en 1801, mort en 1828), qu'on appelle le peintre de l'air, était un artiste délicat. Il avait le dessin exquis.

*Wilkie* (David, né en 1785, mort en 1841) s'est beaucoup rapproché d'Hogarth. Il a été célèbre par ses tableaux populaires, tels que « les Politiques de village », « les Invalides », « Colin-Maillard ».

Le sculpteur *John Flaxmann* (né en 1755, mort en 1826) est l'auteur du Mausolée de lord Mansfied, à Wertminster. Ses autres principaux ouvrages, sont deux bas-reliefs, « le Drame moderne » et « le Drame ancien », au théâtre de Covent-Garden, à Londres, ainsi que les deux statues de la Comédie et de la Tragédie.

Il a été aussi célèbre par ses dessins au trait, dans le genre de ceux que l'on voit sur les vases grecs.

*Edwin Landseer* (né en 1803, mort en 1873) a été le peintre animalier de l'Angleterre. Les scènes écossaises, les chasses, les chiens, les cerfs, ont été ses sujets de prédilection.

Pour l'école de peinture anglaise contemporaine, laissons la parole à M. *Georges Dufour* (1). « Il n'est guère possible, dit-il, d'avoir un penchant plus marqué et souvent même plus heureux pour l'étude sincère du naturalisme. Le tempérament correct et positif de l'Anglais se retrouve dans ses moindres tableaux. Dans leurs tableaux à l'huile, dans leurs aquarelles, les Anglais nous ont montré qu'ils savent mieux que personne comprendre la nature, et que la fidélité de leur traduction n'était qu'un hommage rendu à la perfection du texte primitif. » Malheureusement, si l'observation est riche, le coloris n'est pas de même : c'est par là que pèche la peinture anglaise. Il est vrai que les Anglais se rattrapent dans *l'aquarelle*, où ils excellent.

Parmi les artistes contemporains, nous pouvons citer : MM. Millais, Herkomer, Lewis, Noël Paton, Leslie, etc.

## LA GRAVURE EN ANGLETERRE

Le premier graveur connu, c'est le graveur au burin *William Faithorne*. Cet artiste s'était rendu en France pour se perfectionner sous la direction de Nanteuil et était revenu en Angleterre vers 1650. Le prince palatin Robert avait importé à Londres la *gravure en manière noire* dont il avait appris le procédé à Bruxelles. Au XVIII° siècle, Joshua Reynolds, ayant entrepris de diriger lui-même les travaux de la gravure, les graveurs anglais en manière noire devinrent nombreux et fort habiles ; on peut citer parmi eux : *Car-*

(1) L'art contemporain.

*dell, Earlom, Smith, Dickinson, Green*, qui gravèrent en ce genre les œuvres de Reynolds. Plus tard, *Strange, Ingram, Ryland* vinrent en France suivre les leçons de Tardieu et de Dupuis et s'exercer à faire la gravure de vignettes alors à la mode ; ils publièrent à Paris de nombreuses planches. Mais c'est surtout sous l'influence de Hogarth (William) que la gravure, et surtout la gravure à l'eau forte, prit un grand essor.

## LA TAPISSERIE ANGLAISE

Les broderies anglaises avaient une grande renommée dans toute l'Europe pendant le moyen âge. Les grandes dames, les souveraines elles-mêmes travaillaient à faire de la broderie.

La tapisserie dite de haute lisse s'introduisit en Angleterre au xiv° siècle pendant le règne d'Édouard III (1327-1377) ; c'est ainsi que nous voyons que, lors de l'entrée triomphale du Prince Noir à Londres, les maisons furent tendues de tapisseries représentant des batailles.

Au xvi° siècle, la tapisserie prit en Angleterre une grande importance, au point de vue décoratif; c'est ainsi que nous voyons qu'à l'abbaye d'Ély, lors de la prise de voile de sainte Werbrughe (1513), on orna l'abbaye de tapisseries représentant l'histoire de l'Ancien et du Nouveau Testament, de Samson, du roi Arthur, etc.

Cependant, presque toutes ces tapisseries provenaient de l'étranger il faut arriver à la fin du règne de Henri VIII ; pour voir quelques tentatives sérieuses. C'est ainsi qu'à cette époque, William Sheldon mettait à la disposition du tapissier Robert Hicks son manoir de Burcheston, pour exécuter en tapisseries les cartes des comtés d'Oxford, de Morcester, de Warwick et de Glowcester (1).

(1) On voit encore trois de ces cartes au musée de la Société philosophique d'York.

Mais la plus grande date de l'histoire de la tapisserie en Angleterre, c'est la création de la *manufacture de Mortlake* où l'on joint la beauté à la perfection. Elle est due à l'initiative de Jacques Ier (1603-1625) qui, en 1619, fit venir des Flandres des tapissiers et les installa à Mortlake sous la direction de *Francis Crane* (1). Pendant tout le xviie siècle, la manufacture n'eut guère d'autre concurrence que celle des Gobelins. Rubens et Van-Dyck travaillèrent pour cette manufacture. Rubens fit six esquisses de « l'histoire d'Achille » et Van-Dyck, les cartons des bordures des « Actes des apôtres », bordures qui sont des merveilles d'élégance

Parmi les tapisseries et tentures les plus remarquables fabriquées à la manufacture de Mortlake, nous pouvons citer : les « Actes des Apôtres », au garde-meuble ; « l'Histoire de Vulcain » en huit pièces, également au garde-meuble ; les « Douze Mois », dont un second exemplaire existe au garde-meuble ; « les Quatre-Saisons », « les Pèlerins d'Emmaüs », qui ont appartenu au surintendant Fouquet, etc.

Après l'exécution de Charles Ier, la manufacture tomba en décadence, et elle ne survécut pas à la révolution de 1688.

Parmi les autres fabriques anglaises, citons : la fabrique créée par le graveur *Jacques Christophe le Blon* (1670-1740), où l'on exécutait des imitations ; la fabrique du capucin *Norbert-Parisot*, qui fit le genre Savonerie ; la fabrique de *Soho*, où fut exécutée au xviie siècle, la « Remise des clefs à Saint-Pierre », tapisserie faite d'après les cartons de Raphaël, et conservée au South-Kensington Museum ; l'atelier de de *L. Saudners*, qui exécuta des tapisseries d'après les cartons de Leprince.

(1) « La nouvelle manufacture se développa rapidement, elle atteignit surtout à un haut degré de perfection lorsque le successeur de Jacques Ier, Charles Ier, proposa à ses efforts la traductions des « Actes des Apôtres », de Raphaël, dont il venait d'acquérir les cartons ».
(Eug. Muntz. — *La Tapisserie*.).

# LA PEINTURE AUTRICHIENNE
## CONTEMPORAINE

L'Autriche, qui a été longtemps sans avoir de grands artistes, possède aujourd'hui deux grands peintres d'une incontestable valeur, dont la réputation est devenue européenne; ce sont Hans Mackart et Muncaksy.

*Hans Mackart* (1) a été longtemps considéré comme le plus grand peintre contemporain de l'Autriche. Sa peinture est surtout faite de chic; Mackart est un virtuose de la palette; il a un goût incontestable de la mise en scène joint à une brillante fantaisie. On voit que l'artiste a beaucoup étudié les maîtres anciens et principalement ceux de la Renaissance italienne, car dans ses œuvres il met beaucoup de souvenirs. Son tableau, *Entrée de Charles-Quint à Anvers*, exposé à Paris à l'Exposition universelle de 1878, avait fait sa renommée. Aujourd'hui ce grand coloriste, ce protraitiste doublé d'un peintre de nature morte, voit sa réputation éclipsée par le peintre austro-hongrois Muncaksy.

*Muncaksy* eut des commencements laborieux et difficiles; il a lutté contre la pauvreté et la misère, ces deux fées néfastes des grands génies. Son tableau *Le dernier jour d'un condamné*, avait révélé un peintre plein de sentiments délicats, d'émotion vraie, et avait été le commencement de son succès. Son chef-d'œuvre, qui a rendu sa réputation universelle, est *Milton dictant le Paradis perdu à ses filles*, récompensé à l'Exposition universelle de Paris en 1878.

Cette œuvre montrait un véritable tempérament d'artiste apportant une valeur personnelle, s'appuyant nerveusement sur la nature.

(1) Hans Mackart est mort en 1884.

Son *Christ devant Pilate,* exposé à Paris, a fait une tournée triomphale à travers l'Europe.

Si l'on compare le grand coloriste Mackart à Rubens, on peut comparer Muncaksy à Rembrandt, auquel il ressemble par bien des points.

# L'ART FRANÇAIS
## DANS LES TEMPS MODERNES

## LA RENAISSANCE FRANÇAISE

Charles de Valois ayant épousé Valentine de Milan, voulut revendiquer la possession de ce duché ; il alla faire la guerre en Italie. Si cette campagne ne fut pas très glorieuse pour les armes françaises, elle eut pour contre-coup l'avantage d'être le point de départ du développement de cette période de l'art architectural, que l'on nomme la *Renaissance Française*.

Ce n'est pas le moins du monde la copie de l'architecture et de la sculpture italiennes, c'est tout simplement l'union, ou pour mieux dire *l'application même de la décoration architecturale et sculpturale de l'art italien sur l'architecture française :* c'est un *simple plaquage*. Qu'on s'imagine un monument français auquel on aura mis la sculpture, la décoration superbe de l'art italien, et on aura une idée de l'art français de la Renaissance.

Il s'est passé là identiquement à peu près ce qui était arrivé pour l'architecture grecque. Les Grecs s'étaient appropriés l'architecture égyptienne, mais ils n'en avaient pris que ce qui leur avait semblé bon et y avaient ajouté ce qui leur était personnel, ce qui tenait de leur génie.

Cela s'est fait pour la France de la façon suivante : Les seigneurs qui firent l'expédition d'Italie avec le roi de France furent émerveillés en Italie de la splendeur des arts ; ils rapportèrent avec des meubles, des tableaux, des objets d'art, des tentures, puis ils voulurent bâtir des monuments, des châteaux comme ceux qu'ils avaient vus.

Ils furent forcés de s'adresser à des architectes et ouvriers français qui firent bien sur les plans et les recommandations qu'on leur donna, quelque chose d'analogue comme décoration à ce qu'on leur indiquait, mais ils conservèrent la disposition et le caractère propre de l'architecture française. A l'étranger même, on retrouve bien souvent dans les œuvres d'art *l'influence français*. Non seulement il y eut de grands artistes en France, mais il faut aussi le dire bien haut, il y eut beaucoup d'artistes Français qui portèrent à l'étranger le *cachet de nos arts nationaux*. Beaucoup de Français et en particulier des protestants, forcés de s'expatrier par de graves événements comme la révocation de l'édit de Nantes, *ont porté sur la terre étrangère l'art français, qu'ils ont gardé comme un pieux souvenir de la patrie absente.*

Pendant longtemps on a cru que les monuments de cette époque avaient été faits en France par des étrangers, des Italiens; c'est une erreur profonde. On a d'ailleurs retrouvé mille preuves du contraire dans des archives, des comptes ou des mémoires; ainsi le *Château de Chambord*, qui est un des plus beaux de France, qui de loin, du dehors, ressemble à une forteresse féodale et qui n'était destiné qu'à un séjour de plaisance, un rendez-vous de chasse, mais n'est pas l'œuvre d'un artiste italien, mais a bien été bâti par un Français *Pierre Nepveu dit Trinqueau*.

Parmi les monuments de la France les plus curieux et les plus remarquables de cette époque de la Renaissance française, on peut citer:

L'*église Saint-Maclou* à Pontoise;

L'*église Saint-Symphorien* à Tours;

Le *Château de Pierrefonds*, que se fit construire en 1390 Louis duc d'Orléans, frère du roi Charles VI (1).

(1) *château de Pierrefonds* a été admirablement bien restauré par *Viollet-le-Duc*, le grand architecte, le grand Français en qui le moyen-âge s'était incarné pour ainsi dire et qui a su si bien faire revivre et remettre en honneur notre architecture nationale, notre architecture gothique.

« Le château de Pierrefonds, dit Viollet-le-Duc, était à la fois une forteresse de premier ordre et une résidence renfermant tous les services destinés à pourvoir à l'existence d'un grand seigneur et d'une nombreuse réunion d'hommes d'armes.

Le *Château d'Anet,* le plus beaux des édifices privés, construit par Philibert Delorme ;

Le *Château d'Angerville* ;

Le *Palais de Fontainebleau*;

L'*Hôtel d'Alluys* à Blois ;

Le *Château de Grave* ;

L'*Hôtel de ville* de Saint-Quentin ;

L'*Archevêché de Sens* ;

Le *Château de Jossetin* ;

Le *Château de Blois,* etc.

Les deux plus grands sculpteurs de la Renaissance française sont : *Germain Pilon* (1515) l'auteur des « Trois Grâces », et *Jean Goujon*, né en 1515, assassiné le jour de la St-Barthélemy, en 1572, le 24 août. Ce dernier a fait, avec l'aide du sculpteur Philibert Delorme, le *château d'Anet,* dont on voit la façade à l'école des Beaux-Arts.

## L'ARCHITECTURE FRANÇAISE
## DES TEMPS MODERNES

Sous Louis XIII, les mœurs étaient austères, et l'art s'en ressent : il est sévère.

La Sorbonne et le Palais-Royal, monuments d'un aspect

« Chacune des tours est décorée, sous les mâchicoulis, d'une grande statue d'un preux, posée dans une niche entourée de riches ornements. Les statues existant encore sur les parois de ces tours ou retrouvées à leur base ont permis de restituer leurs noms ; car il était d'usage de donner à chaque tour un nom particulier, précaution fort utile lorsque le seigneur avait des ordres à faire transmettre aux officiers du château.

« Le donjon du château pouvait être complètement isolé des autres défenses.

« Le donjon était l'habitation la plus spécialement réservée au seigneur, et comprenait tous les services nécessaires : caves, cuisines, offices, chambres, garde-robes, salons et salles de réception.

« Sous le vestibule de la grande salle est une tribune qui servait à placer les musiciens lors des banquets et fêtes que donnait le seigneur. »

fort grave, furent édifiés sous ce règne par *Charles Lemercier*.

Sous Louis XIV, l'art architectural n'était pas d'une grande beauté ; on a cherché à imiter l'antiquité afin de faire grand et imposant et on a dépassé le but ; on descendra petit à petit l'échelle caractéristique de l'art français sous Louis XV et Louis XVI et l'on arrivera même, sous Napoléon Ier, à imiter avec une grande platitude l'art antique : cet art n'a plus alors de caractère. Comme exemples, nous pouvons citer : la *colonne Vendôme*, imitation de la colonne Trajane à Rome ; la *Madeleine* qui devait être le temple de la Gloire, copiée sur les ruines du Temple de Thésée.

Les architectes principaux de l'Ecole Française sont :

*Philibert Delorme*, qui commença les Tuileries ;

*Mansart*, qui fit élever le Val-de-Grâce ;

*Lemercier*, l'auteur de l'église de la Sorbonne ;

*Mansart* (Jules-Hardouin) qui construisit la façade du château de Versailles du côté du jardin, et la belle église de l'Hôtel des Invalides son chef-d'œuvre ;

*Claude Perrault* à qui fut confiée la construction de la colonnade du Louvre ;

*Blondel*, l'architecte de la porte Saint-Denis ;

*Soufflot*, qui fit le Panthéon sur un vœu de Louis XV, malade ;

*Servandoni*, l'auteur du portail de Saint-Sulpice ;

*Gabriel*, auquel on doit l'École Militaire ;

*Percier* (Charles), qui fit en collaboration de *Fontaine* l'arc de triomphe du Carrousel, imitation de l'arc romain de Septime Sévère ;

*Brongniart* (1808) qui fit la Bourse ;

*Vignon*, qui fit le temple de la Gloire (aujourd'hui l'église de la Madeleine).

## APPENDICE
(NOTE SUR PHILIBERT DELORME)

*Philibert Delorme*, qui commença les Tuileries, était en même temps qu'un grand architecte un grand patriote. Il souffrait beaucoup de voir le goût de la cour pour l'art italien, pour l'École de Fontainebleau. « *Nous ne sommes pas des italiens, disait-il, ayons donc des principes à nous.* » Dans la construction des *Tuileries* il a cherché à réagir vigoureusement contre le goût italien. Dans un de ses traités sur l'architecture, il dit :

« Les architectes qui entendront bien l'art et en auront une grande expérience pourront, par leurs bons esprits et divers entendements trouver un grand nombre de belles inventions, en n'importe quels lieux et royaumes qu'ils soient, principalement quand ils voudront prendre leur sujet après la nature des lieux comme ont fait nos prédécesseurs ; j'entends par imitation et exemplaires des choses naturelles que Dieu a faites et créées, soit des arbres, plantes, oiseaux, animaux et choses terrestres ou célestes, comme aussi de leur effet et progrès de la nature et différence d'un chacun. »

N'est-ce pas là une bien belle et bien juste définition des caractères de l'art français ; ne sont-ce pas les procédés qu'employaient les architectes de l'art français, dit gothique?

Dans un autre passage, Philibert Delorme montre tout ce qu'il y a de faux dans l'art maniéré et tourmenté des artistes italiens venus en France, et il indique avec de justes raisons ce qui serait plutôt nécessaire :

« Il faudrait trop mieux à l'architecte (1), dit-il, selon mon avis, faillir aux ornements des colonnes, aux mesures et faussades (où tous ceux qui font profession de bâtir s'étudient le plus) qu'en ces belles règles de nature, qui concernent la commodité, l'usage et profit des habitants, et non la décoration, beauté ou enrichissement du logis,

(1) Nous avons conservé le texte primitif avec le style de l'artiste.

faits seulement pour le contentement des yeux, sans apporter aucun fruit à la santé et vie des hommes. Ne voit-on point, je vous prie, qu'à défaut d'avoir bien approprié, tourné et accommodé un logis, il rend les habitants tristes, maladifs, déplaisants, et accompagnés de toutes disgrâces et incommodités desquelles on ne peut le plus souvent rendre raison, à moins de savoir d'où elles viennent? »

## LA SCULPTURE FRANÇAISE

Les principaux sculpteurs français sont:

*Michel Colomb*, le premier sculpteur français dont le nom soit connu, l'admirable auteur du *tombeau des ducs de Bretagne, à Nantes, dans la cathédrale ;*

Le Phidias français, *Jean Goujon*, le sculpteur *du château d'Anet* et des *figures de la fontaine des Innocents ;*

*Germain Pilon*, qui est l'auteur du groupe en bois des quatre vertus au Musée du Louvre ;

*Pierre Sarrazin*, qui a fait les grandes cariatides du pavillon de l'Horloge, au Musée du Louvre ;

*Pierre Puget* (1622-1694), à la fois peintre, sculpteur architecte ; les belles cariatides de l'hôtel de ville de Toulon sont de lui ainsi que les poupes qui décoraient les vaisseaux de Louis XIV ;

*Girardon* a fait comme chef-d'œuvre le tombeau du cardinal de Richelieu, dans l'église de la Sorbonne ;

*Coyzevox*, dont on admire les chevaux ailés du jardin des Tuileries, en face l'Obélisque

*Bouchardon* est l'auteur de la belle fontaine monumentale de la rue de Grenelle.

Nous pouvons encore citer :

*Falconnet*, dont la statue de la Baigneuse a été si souvent reproduite par la porcelaine ;

*Pigalle*, qui a fait le Voltaire tout nu qui se trouve à la bibliothèque de l'Institut,

*Guillaume Coustou* a pour principal titre de gloire les chevaux de Marly à l'entrée des Champs-Elysées.

Le fronton du Panthéon est l'œuvre immortelle du sculpteur *David d'Angers*.

*Rude*, a pour son plus beau titre de gloire le superbe groupe des volontaires de la République à l'Arc de triomphe de l'Etoile.

## LA SCULPTURE FRANÇAISE
### JUSQU'AU XVI$^e$ SIÈCLE AU MUSÉE DU TROCADÉRO

C'est en visitant le *Musée des Moulages du Trocadéro* qu'on pourra se faire surtout une idée de la sculpture française, en constater les divers styles et le développement qu'elle a acquis. Parmi les plus remarquables spécimens de ces moulages, nous pouvons citer les reproductions suivantes :

1º De la porte sur le Narthex, de l'église de la Madeleine, à Vezelay pour le XI$^e$ siècle ;

2º Du tympan de la porte sud du porche de l'église Saint-Pierre, à Moissac (Tarn-et-Garonne), et de la porte centrale de la cathédrale de Chartres, façade occidentale, pour le XII$^e$ siècle ;

3º De la façade occidentale de l'église Notre-Dame, à Senlis, pour le commencement du XIII$^e$ siècle ;

4º Du portail méridional de Notre-Dame de Paris et de la façade méridionale de la cathédrale d'Amiens, pour la seconde moitié du XIII$^e$ siècle ;

5º Des bas-reliefs du portail occidental de la cathédrale de Reims, de la tour septentrionale de la cathédrale d'Amiens pour le XIV$^e$ siècle ;

6º Des stalles du chœur de la cathédrale d'Amiens pour le XV$^e$ siècle ;

7º Des stalles du chœur de l'ancien château de Gaillon (aujourd'hui à l'église Saint-Denis), chef-d'œuvre de l'art décoratif du XVI$^e$ siècle.

# LA PEINTURE FRANÇAISE

## CONSIDÉRATIONS GÉNÉRALES SUR L'ÉCOLE FRANÇAISE DE PEINTURE

L'*esprit de famille* avait toujours régné chez les peintres français, depuis les temps les plus reculés où ils n'étaient alors que de *pauvres et simples imagiers*. (1) L'art de la peinture (de la « *pourtraicture* », comme on disait alors) se conservait dans la famille, les pères le transmettaient à leurs fils qui d'ailleurs, avec les proches parents, étaient souvent les seuls élèves de l'atelier. « Tout artiste, dit M. Paul Lacroix, qui s'était fait un nom par ses œuvres, tenait à honneur de le léguer aux héritiers de son art, et, s'il était possible de son talent. »

Le goût du *portrait* a toujours été en grand honneur en France, et nombreux sont les artistes qui du XIV° siècle à nos jours se sont illustrés dans l'art difficile du portrait.

Il suffit de parcourir les galeries de dessins du Musée du Louvre, pour y voir que les plus *beaux dessins* des premiers restaurateurs de la peinture en France *sont des portraits*.

D'ailleurs, les œuvres des peintres français qui ont travaillé sous Henri IV sont des portraits (2). Et quand les

(1) « Dans la peinture française, a dit Ch. Blanc, l'esprit, le goût la grâce et le sentiment du pittoresque ont trouvé place jusque dans le plus effrayant de tous les spectacles. Il en est de la peinture française au XV° siècle, comme dans les siècles qui suivront ; c'est toujours un art qui est dirigé par le bon sens et châtié par le goût. Ce peut être l'art d'un philosophe ; ce n'est jamais l'art d'un illuminé. »

(2) « Le *portrait* était appelé à rester un genre éminemment national ; il tendait à se débarasser progressivement des influences étrangères. Nos peintres révalisaient avec les graveurs en produisant ces crayons si naïvement vrais et si simplement beaux, qui après Clouet et Corneille jusqu'à l'époque de Simon Vouet et de Claude Mellan les derniers partisans de cette délicate manière, ont fait la réputation de Benjamin Foulon, des Dumoustier, des Francis Quesnel et de tant d'autres. » (Georges Berger — L'Ecole de peinture.)

artistes italiens, qui avaient donné un goût si faux à latr en France, furent disparus avec la régence de Marie de Médicis, ce furent encore des portraits admirables qui sortirent du pinceau des artistes français de notre École nationale, comme une *protestation éloquente* contre les errements funestes que les rois avaient fait subir à l'art français en appelant des artistes étrangers, alors que la patrie renfermait tant de grands et véritables artistes. Les artistes français des règnes de Louis XIII et Louis XIV ont suffisamment prouvé que la France renfermait dans son sein les éléments d'un art puissant, majestueux et élevé.

« L'*École française de peinture*, dit M. Henri Delaborde, procède, au moins dans la forme, par voie d'éclectisme, tout en gardant un fonds de qualités natives, ses franchises et ses conditions de prééminence. Cette supériorité, que le siècle où nous vivons lui assure encore, elle le tient de la raison, du sentiment exact de toutes les convenances, de sa foi en un certain bon sens général sur lequel elle s'appuie pour mettre en relief le vrai plutôt que le réel, l'intention morale plutôt que le fait pittoresque. La peinture en France est aussi peu technique que possible ; elle parle la langue non d'un art spécial, mais la langue commune des idées ; aussi les tableaux appartenant à notre École sont-ils plus directement que les autres à la portée de toutes les intelligences. »

« L'originalité de l'École française, dit aussi Ch. Blanc, est parfaitement saisissable. Tandis que les autres écoles se distinguaient chacune par une manière, notre physionomie, à nous, se révélait dans le *génie de la composition*. Tous les vieux livres attestent qu'à diverses époques on nous a reconnu cet avantage du sentiment dramatique et de l'invention : en d'autres termes, la prééminence de l'Esprit.

## LA PEINTURE EN FRANCE
### AUX XVIᵉ ET XVIIᵉ SIÈCLES

*Jean Fouquet* (1431) et *Jean Cousin* (1501) présidèrent à la renaissance de la peinture française, le premier par ses *admirables miniatures* et le second par ses *superbes vitraux*

La bibliothèque nationale possède les antiquités de Josèphe, que Fouquet a ornées de belles vignettes (2).

L'art pompeux décoratif, digne de faire figure à la cour de Louis XIV, cette cour si pleine de savoir-vivre, de bonnes façons et d'étiquette, est représenté par :

*Claude Lorrain* (Claude Gellée) (1600-1682), peintre de paysages ; les grandes lignes du paysage, la nature pompeuse et superbe, voilà ses thèmes favoris : ses toiles rappellent bien les jardins alignés de Le Nôtre (3) ;

*Simon Vouet* (1582-1649), un des maîtres de l'art décoratif ;

*Lebrun* le peintre de l'apparat, de la grandeur ;

*Pierre Mignard* (1610-1671) correct, joli et coquet, le peintre des femmes de l'entourage du roi, des seigneurs de la cour, qui tous voulaient avoir leur portrait fait de sa main.

*Noël Coypel* (1628-1707) qui a inauguré le genre théâtral et qui commence la série des artistes de la décadence.

Le grand art est représenté au XVIIᵉ siècle par *Nicolas Poussin* (1594-1665), un des plus grands maîtres dont s'ho-

(1) « On découvre dans Jean Fouquet l'étoffe d'un peintre véritable surtout par la composition, l'entente relative de la perspective dont il n'a jamais craint d'affronter les difficultés et la science du clair-obscur. Il a composé des diminutifs véritables en illustrant d'une cinquantaine de sujets le livre d'heures de Maistre Estienne Chevalier, contrôleur des finances sous Charles VII et Louis XI. »
(Georges Berger — l'École Française de peinture).

(2) Jean Cousin a été aussi sculpteur et architecte. Il a laissé un *traité de perspective*. Le musée du Louvre possède de lui une belle statue qui présente l'amiral Chabot et qui est un chef-d'œuvre.

(3) « Tous les tableaux de Lorrain sont inondés de poésie. » (Ch. Blanc).

nore l'Ecole française ; il est à la fois le peintre de la Mythologie, de l'histoire et du paysage. On peut dire qu'il a été en France le créateur du paysage historique; son style est plein de noblesse. Quoiqu'ayant passé la plus grande partie de sa vie à Rome, il est resté Français par la pensée et par la forme.

La peinture religieuse française au xvii$^e$ siècle a pour représentant le plus accompli *Eustache Lesueur* (1617-1655), artiste d'une grande simplicité, sobre dans l'exécution, convaincu. — Les Chartreux lui commandèrent la « Vie de Saint-Bruno », qu'il exécuta en 22 panneaux ; les dessins de ces panneaux sont au Musée du Louvre.

## LA PEINTURE FRANÇAISE AU XVIIIᵉ SIÈCLE

Le règne glorieux, plein d'apparat, de Louis XIV devait avoir un triste lendemain ; à la gloire des armes devaient succéder les revers, à la grandeur de la France devait succéder son abaissement ; la littérature belle et classique par excellence du grand siècle, si remplie de chefs-d'œuvre de Bossuet, de Molière, de Bourdaloue, de Racine, de Fénelon, allait se changer en littérature badine, légère, vraie littérature de ruelles et de boudoirs.

Les mœurs élégantes, polies, pleines d'un cachet de grande distinction, devaient être remplacées par les manières efféminées, grivoises, dissolues des *petits-maîtres*. Madame de Maintenon, Madame de Sévigné devaient avoir pour remplaçante la *marquise de Pompadour*.

L'art devait naturellement suivre la pente fatale qui allait conduire la France à de triste jours ; les enfants payent souvent pour les fautes de leurs pères et le bon et vertueux Louis XVI devait payer de sa tête les crimes du lâche et vicieux Louis XV.

Pendant ces temps de débauches, de corruptions et de vices, où la maîtresse d'un roi, baptisée marquise de Pompadour, devait donner le goût du bon ton, les peintres à la mode seront les peintres des fêtes galantes, des sujets grivois et souvent obscènes ; on fêtera *Watteau* (Antoine) et *Boucher*.

Watteau (1684-1721), le peintre des bergères en satin, avait une touche moelleuse.

Avec *François Boucher* (1704-1770) tout devient faux ; la couleur de ses arbres même n'est pas naturelle ; le bleu tendre, le rose sont les couleurs dominantes.

Sa vie d'ailleurs est débauchée comme son talent, il la passe dans les coulisses de l'Opéra ou chez les courtisanes.

M. Laurent Pichat a dit en parlant de Boucher et de la marquise de Pompadour qu'il avait été le Raphaël de cette madone — triste Raphaël et triste madone.

Il faudra, comme pour la société, une révolution dans l'art pour le relever et le régénérer. Ce sera Louis David (1748-1825) qui en sera le promoteur ; il ramènera l'étude du nu et de l'antique.

HISTOIRE DES BEAUX-ARTS ET DES ARTS APPLIQUÉS A L'INDUSTRIE.     PL. VIII.

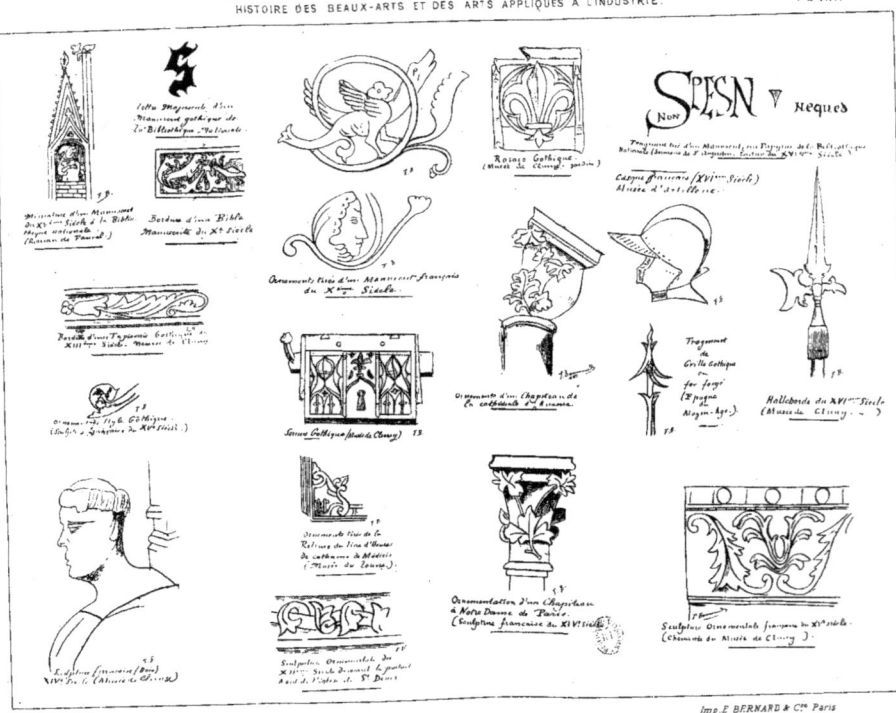

F. BOURNAND                                                Imp. E. BERNARD & Cie, Paris

# LES ARTS APPLIQUES A L'INDUSTRIE

### LA TAPISSERIE FRANÇAISE

La *tapsserie* était non seulement une des merveilles, mais encore une des nécessités de *la vie* pendant le moyen-âge. Les tentes, les chapelles, les hôtels, les châteaux, les palais étaient ornés de tapis et de tentures que les nobles mêmes transportaient avec eux en voyage. Tous les romans de chevalerie et les chroniques de l'Europe en font foi.

Des fabriques de tentures historiées existaient dès l'époque mérovingienne, comme l'indiquent certains passages des chroniques de Grégoire de Tours, entre autres celles relatives au baptême de Clovis. Une chronique de l'*Abbaye de Saint-Florent* à *Saumur* montre qu'elle était un centre actif de fabrication au $X^e$ siècle et qu'on y travaillait sur des modèles venus d'Orient (1).

Au $XIII^e$ siècle, la plus grande et la plus belle fabrique de tapisserie était à *Arras*. Sa réputation était telle que son nom servait en Italie à désigner les tapis qu'on y appelait *arrazzi*. En 1395, lorsque le comte de Nevers et ses soldats eussent été faits prisonniers par Bajazet à la bataille de Nicopolis, Froissart raconte : « Que l'amorath (2) prendrait grand plaisance à vir draps de haute lices ouvrés à Arras en Picardie, mais qu'ils fussent de bonnes historiées anciennes. » Il entrait beaucoup d'or dans la décoration des tapisseries d'Arras.

D'ailleurs, un fait à noter, c'est que *dans les tapisseries*

«(1) Il est sans cesse question au moyen âge, des tissus brodés ou brochés que multipliait l'industrie byzantine. Les étoffes de soie, les tissus historiés étaient un des principaux objets du commerce avec l'Occident. Nos poèmes du moyen âge les mentionnent souvent et en indiquent la provenance. »

(Ch. BAYET. — *L'Art Byzantin*).

(2) L'émir.

*françaises du moyen âge, la décoration est conforme et identique à celle des miniatures et des peintures murales.*

Vers 1543, le roi François I$^{er}$ créa la *manufacture royale de Fontainebleau*. Les premiers directeurs de cet établissement furent : l'architecte et peintre *Sébastien Serlio et Philibert Babon*, de la *Bourdaisière*.

Les artistes de cette manufacture travaillaient surtout d'après les œuvres de Primatice et de Nicolo del Abbute. On peut citer parmi eux : Francisque Cachenemis, Charles Carmoy, Lucas Romain, Claude Badonyn; le maître supérieur était *Salomon de Herbaines*.

Le roi Henri II confia la direction de cette fabrique à Philibert Delorme et créa une deuxième fabrique de tapisseries à Paris, à l'hôpital de la Trinité, rue Saint-Denis.

Henri IV donna, lui aussi, une grande impulsion à la tapisserie; des ouvriers furent établis au faubourg Saint-Antoine dans la maison des jésuites expulsés, et, lors du rappel des jésuites en 1603, ils allèrent habiter dans les galeries du Louvre. D'autres ouvriers tapissiers furent installés dans les galeries des Tournelles, où ils travaillèrent à imiter les tapisseries des Flandres (1).

En 1630, sous Louis XIII, les ouvriers établis au Louvre et ailleurs furent réunis et installés dans un endroit, que les tapissiers n'ont pas quitté depuis, dans la *Maison des Gobelins* qui avait été fondée au xv$^e$ siècle. La célèbre *manufacture des Gobelins*, d'où sont sortis et sortent encore de

(1) « Considérée dans ce que l'on pourrait appeler son rôle social, la tapisserie reste, pendant le xvii$^e$ siècle, en possession de tous ses privilèges, quoique l'entousiasme de la période précédente ait fait place à des sentiments plus calmes, plus réfléchis. On lui confie, comme par le passé, le soin de perpétuer le souvenir des évènements les plus marquants ; à côté des compositions religieuses et surtout des compositions mytologiques et allégoriques, qui |prennent naissance à cette époque, on rencontre en grand nombre les sujets tirés de l'histoire contemporaine ».

(Eug. MUNTZ. — La tapisserie.)

nos jours de si magnifiques chefs-d'œuvre, fut fondée là en 1662.

En cette année de 1862, Louis XIV et Colbert réunirent aux Gobelins tous les ouvriers tapissiers travaillant pour la Couronne. Aux tapissiers on adjoignit des graveurs, des orfèvres, des brodeurs, des fondeurs, des ébénistes, des teinturiers, et l'établissement prit le nom de *Manufacture royale des meubles de la couronne*. En l'année 1663, le peintre *Charles le Brun* en fut nommé le directeur. Cet artiste surveilla tout, toucha à tout et donna des modèles de tout. Sous sa direction, la manufacture qui comptait 250 tapissiers fabriqua, de 1663 à 1690, 19 tentures de haute lisse d'une superficie de 4110 aunes carrées et 31 tentures de basse lisse d'une surface de 4300 aunes carrées. A la mort de Charles le Brun, en 1690, ce fut le peintre *Mignard* qui lui succéda ; il créa à la manufacture une *académie de dessin*.

Les Gobelins subirent à cette époque une mauvaise passe et les ateliers ne reprirent leur activité qu'en 1699, lorsque Jules Haudouin-Mansart devint surintendant et *Robert de Cotte* directeur de la manufacture.

En 1733, le peintre *Jean-Baptiste Oudry* eut à son tour la direction des travaux.

A l'époque de la Révolution, les Gobelins passèrent de mauvais jours. Depuis le premier Empire, la manufacture consacra spécialement sa fabrication à faire des produits pour orner les résidences et les palais des cours et aujourd'hui les résidences nationales.

Parmi les tapisseries les plus célèbres et les plus remarquables qui se trouvent en France, citons :

Une tapisserie de haute lisse au musée de Lyon,

La tapisserie de la cathédrale de Bayeux représentant la conquête de l'Angleterre par les Normands et connue sous le nom de *Tapisserie de Bayeux* ou *Tapisserie de la Reine-Mathilde* (1),

L'histoire de saint Pierre à la cathédrale de Beauvais,

L'histoire de saint Rémy dans l'église Saint-Rémy à Reims,

L'histoire de Diane au château d'Anet,

La présentation au temple au musée des Gobelins,

La vie de don Quichotte au garde-meuble,

Les résidences royales au garde-meuble,

Les tapisseries du xv$^e$ siècle au musée de Cluny,

A Orléans, la tapisserie relative à l'histoire de Jeanne d'Arc,

A Beauvais, une suite de tapisseries du xvi$^e$ siècle,

A l'hôpital d'Auxerre, une tenture de la légende de saint Germain, d'une fort belle conservation; peut-être est-ce celle donnée par Jean Baillet, évêque d'Auxerre, de 1477 à 1513.

Dans le trésor de la cathédrale de Sens, un *Antependium* ou devant d'autel, remarquable par sa finesse et sa conservation,

A Conques, une tenture de la légende de sainte Foy,

A Saint-Maurice de Chinon, une tenture composée de 7 pièces.

A Nancy, une des tapisseries de Charles-le-Téméraire,

A l'hôpital de Beaune, les fragments de la tapisserie donnée par Guignon de Salins, en 1469.

Au Palais de Justice d'Issoire, Priam au milieu de sa cour (xv$^e$ siècle à la cathédrale de Beauvais, l'histoire de saint-Pierre (xv$^e$ siècle) au musée de Nancy, la condamnation de Souper et Banquet.

Pour l'étranger, nommons :

Les tapisseries du dôme de Halberstadt (de la fin du xii$^e$ siècle),

(1) Elle a 70 mètres de long sur 0 m. 50 de haut et comprend 350 figures.

La Quintinine à l'hôtel-de-ville de Ratisbonne,

Les tapisseries de Charles-le-Téméraire à la cathédrale de Berne.

La messe de saint Grégoire au musée germanique de Nuremberg.

L'histoire du Christ au musée de Madrid.

L'adoration de Mages, tapisserie de la tente de Charles le Téméraire, aujourd'hui à la cathédrale de Berne.

La légende de saint Piat à la cathédrale de Tournai.

L'apocalypse du musée de Madrid (XVI$^e$ siècle),

L'histoire d'Herkenbald (exécutée en 1441) à la cathédrale de Berne,

Le combat des vices et des vertus (XV$^e$ siècle) à l'hôtel-de-ville de Ratisbonne,

Les tapisseries d'après Raphaël au musée de Munich,

Six tapisseries d'Arras, sans or, au musée de Dresde (d'après des cartons de Raphaël) à Hamptoncourt.

## LA CÉROPLASTIE

La *Céroplastie* ou art de modeler en cire, était un art propre aux Romains. Les modeleurs de la péninsule travaillaient la cire avec succès et faisaient des ouvrages d'une grande délicatesse, tels que portraits, fleurs, fruits, statuettes.

A l'époque de la domination romaine, cet art pénétra en Gaule et spécialement dans le Midi ; certains vases de ces contrées fabriqués en terre jaune ou rouge, étaient très souvent ornés d'un, de deux et même de trois *médaillons en cire*, en relief, représentant des objets variés. Ces médaillons devaient être appliqués sur la terre encore molle au moyens de moules en matière dure.

Au moyen âge, la cérosplastie fut très cultivé par les artistes, les statues des saints et de saintes, avaient presque toutes des figures en cire coloriée. Au XVIII$^e$ siècle on recommença à faire des portraits par ce procédé.

## LA GRAVURE

L'art de graver en creux sur des surfaces planes était connu des anciens. Leurs inscriptions sont évidemment dues à ce procédé. Pline l'historien ancien parle d'une espèce de damasquinage dont on a quelques monuments et qu'il attribue à des ouvriers graveurs en creux qu'il nomme *crustarii*; les tailles que ces ouvriers faisaient étaient remplies d'émail coloré ou d'or (1).

La *gravure en relief* n'a pas une origine moins ancienne; les impressions de la Chaldée et de l'Assyrie, sur des briques ou des terres cuites, montrent que l'on connaissait l'usage des poinçons ; il en est de même des monnaies et médailles antiques.

Quant à l'art de nieller, ou *niellage*, ou gravure en creux dont les tailles se remplissaient d'émail, il date d'une époque assez reculée. Le moine Théophile, qui vivait au $XI^e$ siècle, en parle dans son ouvrage. Les Russes, qui pratiquent cet art depuis fort longtemps, l'ont reçu des Grecs au $IX^e$ siècle en même temps que la religion chrétienne.

La gravure n'est donc pas une invention des temps modernes mais bien un art datant de l'antiquité ; ce qui est d'invention moderne, c'est l'impression sur le papier. Cette impression se fait de deux manières : si le dessin est gravé en relief, c'est ce dessin qui reçoit l'encre et l'applique sur le papier ; si le dessin est gravé en creux, le papier va chercher, grâce à une presse ou à un tamponnage, l'encre qui remplit les tailles creusées (2).

(1) « La gravure, dit M. Charles Blanc, n'est proprement qu'un dessin qui se fait avec un instrument d'acier au lieu de se faire avec une plume ou un crayon. »

(2) Le *cabinet des estampes*, à la Bibliothèque nationale de Paris, renferme de belles pièces et une collection vraiment unique. « Ce *cabinet des estampes*, dit M. Georges Duplessis, n'a pas une origine fort ancienne ; ce fut en 1666, sur la proposition de J.-B. Colbert, alors premier ministre, que Louis XIV institua ce précieux dépôt, en acquérant pour l'État une première collection de pièces gravées. »

La *gravure sur bois* est reproduite par le premier moyen ; ce procédé était pratiqué par les Chinois depuis le vi⁰ siècle et il n'a été connu par les Européens qu'au commencement du xv⁰ siècle.

La première **gravure** sur bois est de saint Christophe, daté de 1423.

Le deuxième procédé, ou impression en taille douce est dû à un orfèvre florentin, *Finiguerra (Tomasso)*, qui était à la fois dessinateur, sculpteur et graveur.

Finiguerra était très habile à graver les nielles. Les *nielles* étaient des gravures faites en creux ou des objets d'orfèvrerie. On remplissait les tailles creuses d'un émail noir. Pour se rendre compte de l'effet de la gravure, les orfèvres avant de placer l'émail tiraient un cliché en argile sur lequel les creux étaient en relief.

On coulait sur cette argile du soufre fondu ; ce soufre reproduisait les traits en creux, et du noir de fumée mis dans les tailles permettait de juger de la réussite ou des défauts de la gravure. Finiguerra ayant un jour gravé une *paix* ou plaque en métal, que dans les cérémonies religieuses on donnait à baiser aux membres du clergé et aux fidèles, eut la bonne idée, après avoir tiré deux empreintes en soufre, d'en tirer une troisième sur la planche d'argent avec du papier humide qu'il pressa avec un rouleau. L'épreuve que le Florentin obtint de la sorte fut la première estampe (1) d'une gravure en creux.

Les Allemands disent que ce sont eux qui ont inventé la gravure en creux, mais on a des preuves du contraire. Martin *Schœngauer*, le graveur allemand, n'a gravé que vers 1460, tandis que la paix niellée de laquelle l'orfèvre florentin a tiré ses épreuves premières est de l'année 1452, comme le prouvent les comptes laissés par les administrateurs de l'é-

(1) L'abbé Zani a découvert en 1797 au cabinet des estampes, à la Bibliothèque nationale de Paris, cette première épreuve de Finiguerra.

glise de Saint-Jean-Baptiste de Florence où on les conserve précieusement.

Les Allemands n'ont inventé que la gravure dite à la *manière noire*; c'est au lieutenant-général de Siegen qu'est due cette invention; il grava de la sorte pour la première fois un portrait en 1643.

L'invention de la gravure dite *aqua-tinte* est attribuée à *Hercule Zegers*, peintre qui vivait à Harlem vers 1650.

Les premiers essais de *gravure en couleur* ont été faits en Allemagne au commencement du XVI$^e$ siècle. Ce fut probablement cette sorte de gravure qui fournit à *Papillon* (Jean) l'idée de fabriquer des papiers peints à Paris en 1687. L'application de la gravure en creux à l'impression en couleurs date de 1720. Ce fut *le Blon* qui la trouva.

Les plus grands graveurs de l'Italie furent *Mantegna*, et *Marc-Antoine*; ceux de l'Allemagne furent *Martin Schœngauer* et *Albert Dürer*.

Dans les Pays-Bas les graveurs remarquables furent nombreux ; on peut citer: *Lucas de Leyde*, *Van-Dyck*, *Corneille Vincher*, et surtout *Rembrandt*, qui a su mettre jusque dans ses gravures sa magie de clair-obscur.

Parmi les graveurs de la France (1), on peut nommer: *Étienne Delorme, Callot (J.), Abraham Bosse, Jean Morin, Jean Pesne, Gérard Audran, C. N. Cochin, A. de Saint-Aubin*, etc

(1) « Tous les genres de gravures étant cultivés dans notre pays avec plus de succès que partout ailleurs, le commerce des estampes devint, sous Louis XIV, une des branches les plus florissantes de l'industrie française, et la supériorité avec laquelle la gravure était traitée par les maîtres de notre école avait attiré à Paris une foule d'artistes étrangers. » — (V$^{te}$ Henri DELABORDE. — *La Gravure.*)

## MANUSCRITS ET ENLUMINURES

C'est dans les couvents et dès les premiers siècles de l'ère chrétienne, que prit naissance l'art de copier les livres. Ce sont aussi les moines qui les premiers couvrirent les *manuscrits* d'*enluminures* ou images d'une grande finesse représentant des feuillages, des scènes de l'Écriture, des ornements de toute beauté (1).

Saint-Paulin, au iv$^e$ siècle, recommande aux moines de son évêché de Nole les travaux de copies de manuscrits.

Théodoric, abbé d'Ouché (lui-même copiste), fonda une école de copistes.

Un des prieurs de la grande Chartreuse, Guignes, apprenant son art à ses religieux, disait : « Nous voulons conserver nos *livres* comme l'éternelle nourriture de nos âmes. »

Parmi les monastères où étaient les plus célèbres copistes, on peut citer les monastères parisiens de Saint-Germain-des-Prés, de Saint-Victor, de Saint-Maur et ceux de Saint-Gall et de Luxeuil, fondé par saint Colomban.

Chaque monastère avait un atelier appelé *scriptorium*. « Il y a dans notre monastère, dit un moine de Saint-Victor, des religieux à qui l'abbé a confié le soin de copier des livres.

« Le bibliothécaire est chargé de leur donner des ouvrages à copier et de leur fournir tout ce qui est nécessaire.

« Une salle particulière leur est destinée, afin qu'ils soient plus tranquilles et qu'ils puissent se livrer à leur travail, loin du trouble et du bruit. Là les copistes sont assis et doivent garder le plus grand silence. Il leur est défendu de quitter leur place pour se promener dans la chambre. Personne ne

---

(1) On pourrait peut-être rechercher les *origines de l'art français* dit gothique, dans les ornements de ces manuscrits, car souvent un sujet décoratif d'un monument gothique n'est que la reproduction en grand du même sujet d'un manuscrit. Il en est de même des verrières françaises, car certaines rosaces de nos cathédrales reproduisent les dessins des médaillons de manuscrits des xiii$^e$ et xiv$^e$ siècles.

peut aller les visiter, excepté l'abbé, le bibliothécaire et le sous-prieur.

« En donnant du travail à ses moines dans le scriptorium, l'abbé Christerius leur disait : « Que l'un de vous corrige le livre que l'autre écrit ; qu'un troisième fasse les ornements à l'encre rouge ; que celui-ci se charge de la ponctuation, un autre de finir les peintures ; que celui-là colle les feuillets et relie les livres avec des tablettes de bois ; vous, préparez ces tablettes ; vous, apprêtez le coin ; vous, les lames de métal qui doivent orner la reliure. Que l'un de vous taille les feuilles de parchemin ; qu'un autre les polisse ; qu'un troisième y trace au crayon les lignes qui doivent guider l'écrivain ; enfin qu'un autre prépare l'encre, et un autre les plumes. »

Comme on le voit par ce récit, l'atelier monastique embrassait donc toute la complète fabrication du livre.

Les moines commencèrent par imiter les manuscrits des anciens, et, ainsi qu'il y eut une architecture romane et byzantine, il y eut là aussi un art roman et byzantin. Vers le VI$^e$ siècle, on commença à orner la lettre initiale, et au VII$^e$ siècle, des arabesques gracieuses déroulèrent de toutes parts leurs volutes. Au XII$^e$ siècle, les enluminures envahirent même des pages entières.

A la fin du XIV$^e$ siècle et au commencement du XV$^e$ siècle, ce ne furent plus seulement les communautés religieuses qui eurent le droit de copier sur les manuscrits les auteurs profanes et sacrés. La *corporation laïque des maîtres écrivains* était fondée et elle était même devenue rapidement très florissante ; et, au milieu du XV$^e$ siècle, la corporation était en pleine possession du marché de la librairie.

Les libraires s'appelaient alors *Vendoyeurs du parchemin ;* ils avaient souvent à leurs gages jusqu'à vingt ou vingt-cinq copistes on enlumineurs.

Il y avait alors à Paris quatre grands libraires jurés,

qui étaient chargés par l'Université de fixer le prix des livres ; ils se trouvaient même soumis à fournir une caution de 200 livres pour répondre de leurs actes. Ils devaient faire attention à ce qu'aucun livre ne fût incorrect et, dans le cas contraire, le faire corriger par le copiste et au besoin le faire punir.

L'un des plus célèbres et derniers copistes fut *Pierre Hamon*, né en 1509. Il fut maître d'écriture et ensuite secrétaire de Charles IX. Il mourut le 7 mai 1569, pendu en place de Grève pour avoir fait (grâce à son talent) de fausses pièces.

Pour faire les manuscrits, on se servait de plusieurs sortes d'encres : l'encre noire, l'encre bleue, l'encre rouge, l'encre d'argent, l'encre d'or. L'encre noire dut son dernier perfectionnement à un moine, le moine Théophile. Le corps de l'ouvrage était toujours écrit au moyen de l'encre noire.

Les encres d'or et d'argent n'étaient employées que par les enlumineurs (1). On ne connaît en France que deux manuscrits entièrement écrits avec les encres d'or et d'argent ; ce sont : le *Psautier de Saint-Germain*, écrit en lettres d'argent, et le *Livre d'heures* de Charles-le-Chauve, écrit en lettres d'or.

L'encre bleue servait à tracer (le plus souvent d'un seul trait de plume) les lettres et les enroulements qui figuraient soit des serpents, soit des têtes d'oiseau, de chien, de singe, etc.

Quant aux rubriques ou titres des chapitres, aux lettres initiales, c'était de l'encre rouge qu'on se servait.

Au VIII$^e$ siècle, on commença à employer les signes de la ponctuation.

Au VIIII$^e$ siècle on prit l'habitude de diviser les mots, et à partir du commencement de l'écriture en lettres gothiques

---

(1) Les enluminures ou miniatures étaient déjà employées dans l'antiquité ; les Romains en ornaient leurs livres, témoins le Virgile et le Térence du Vatican.

(xııᵉ siècle), on prit l'usage d'écrire au-dessous de la dernière ligne d'une page le mot qui doit commencer la page suivante.

Les manuscrits étaient soigneusement conservés et reliés ; on les recouvrait de vermeil, d'or ciselé, de feuilles de bois précieux ayant souvent un placage d'argent ; on représentait parfois sur cette couverture les personnages en action dont il était parlé dans le manuscrit.

Le livre d'heures de Charles-le-Chauve, dont nous avons déjà parlé, possède la plus magnifique couverture connue : « Les encadrements d'orfèvrerie qui entourent les bas-reliefs d'ivoire, dit M. Barbet de Jouy, offrent deux dispositions absolument différentes : l'effet de l'une est produit par l'entassement de grosses pierres transparentes et ornées de couleurs qui sont presque juxtaposées ; dans l'autre, les pierres, qui toutes ont la nuance du grenat, sont groupées pour former de place en place une fleur à quatre lobes, dont une perle est le cœur, et les grands espaces qui existent entre les fleurs sont rehaussés par une broderie de cordelettes et de graines d'un travail solide et élégant.

« Dans l'une comme dans l'autre, l'œuvre d'orfèvrerie n'est qu'un épais placage d'argent et d'or appliqué sur des panneaux de bois. Sur le dos du livre est une antique étoffe contemporaine de la couverture, dont les nuances sombres sont presque confondues ; le dessin n'en est que plus apparent. »

Comme on le voit, quel luxe pour recouvrir un manuscrit On y attachait alors un grand prix.

## L'IMPRIMERIE

L'imprimerie devait porter un coup fatal aux manuscrits au xvᵉ siècle. Elle allait faire une véritable révolution dans le domaine des lettres ; elle allait favoriser l'essor des lettres et des sciences en propageant les chefs-d'œuvre de l'esprit humain.

A la fin du XIIIe siècle et au commencement du XIVe, on avait déjà commencé à imprimer ou plutôt à graver des images et des livres au moyen de planches et de lettres de bois gravées. Ce système d'impression long et difficile avait pris le nom de *xylographie*, c'est-à-dire *gravure sur bois*. On creusait avec de petits outils aigus et tranchants des petits blocs de bois dur afin d'obtenir des images ; quant aux lettres, elles étaient sculptées en relief au bout d'un morceau de bois ; on réunissait ces lettres et ces planches gravées, on les noircissait au moyen d'encre et on étendait dessus une feuille de papier blanc que l'on transformait au moyen d'un tampon de drap ou bien que l'on pressait au moyen d'une presse. Pour chaque feuille à obtenir, il fallait recommencer la même opération. Les figures de ces livres sont grossièrement gravées avec le texte et imprimées d'un seul côté. Les planches sont paginées au milieu, et les feuillets collés dos à dos. Ces livres xylographiques ont été faits pour la plupart dans les Pays-Bas. Ces livres sont ordinairement des bibles, appelées *bibles des pauvres*, parce que ces histoires de la Bible en images, avec légendes, étaient destinées au peuple, c'est-à-dire aux gens peu fortunés n'ayant pas le moyen d'acheter des manuscrits qui coûtaient fort cher.

*Gutenberg* (Jean Genfleisch de Sorgeloch dit), né à Mayence vers 1399, esprit travailleur et observateur, fut le premier qui découvrit les caractères mobiles et qui fit le premier livre imprimé en 1452.

Avec ces petites lettres, ces caractères mobiles, il n'était plus nécessaire d'avoir autant de planches gravées que de pages à imprimer, on pouvait imprimer autant de pages différentes qu'on voulait. C'était une bien grande invention. Ce premier livre imprimé a reçu le nom *Bible de Gutenberg* ou

*Bible à* 42 *lignes* parce que chaque page contenait 2 colonnes à 42 lignes chacune. Plus tard, les *Alde* de Venise et les *Elzévirs* donneront une grande perfection à l'art de l'imprimerie.

### LE PREMIER JOURNAL DE FRANCE

On a découvert dans les archives de la bibliothèque de Nantes une sorte de feuille à nouvelles, que l'on croit être le premier journal qui ait été publié en France.

Ce journal porte la date de 1494. On le vendait un sol dans les rues de Paris, pendant la guerre d'Italie, sous Charles VIII. Il n'eut pas, d'ailleurs, une longue durée ; sa publication cessa au bout de six mois, en 1495.

## L'ORFÈVRERIE

Les pièces d'orfèvrerie trouvées dans le tombeau de Childéric, le vase de Reims ou de Soissons, « d'une grandeur et d'une beauté extraordinaires, dit Grégoire de Tours » ; le riche et large bassin d'or que Chilpéric montrait avec orgueil à Grégoire de Tours, appartiennent encore à l'art galloromain. Ce qui caractérise cette orfèvrerie ainsi que toute celle du moyen âge, c'est l'alliance des métaux précieux avec les pierres fines. La chose qui s'appréciait le plus à cette époque, c'était la valeur de la pièce plutôt que le cachet du travail.

La première école nationale d'orfèvrerie fut fondée par *saint Éloi* orfèvre du roi Clotaire, puis de Dagobert, dont il devint le conseiller. Saint Éloi établit deux écoles d'orfèvrerie au faubourg Saint-Paul hors les murs (cette chapelle devint plus tard l'église Saint-Paul) et au monastère de Saint-Martial dans la cité. Un testament de la reine Mathilde signale aussi l'existence d'une fabrique à Saint-Lô.

A la fin du VIIIe siècle on commença à imiter par l'orfèvrerie les monuments de l'architecture ; les châsses prennent la forme d'une église. Il y avait dans le cloître de

Saint-Denis un atelier très célèbre où les moines venaient étudier de toutes les parties de la France (1).

Quand arriva l'affranchissement des communes, la fabrication des pièces d'orfèvrerie passa aux mains des laïques. Les écoles de Paris et de Limoges furent les plus renommées. A Paris, les boutiques des orfèvres étaient situées sur le Parvis de Notre-Dame, sur le pont appelé aujourd'hui Pont-au-Change et dans la rue de la Barillerie (en face le Palais de Justice).

Il y avait aussi à Toulouse une école d'orfèvrerie remarquable. On trouve dans les églises du département de Tarn-et-Garonne de nombreux spécimens des œuvres de cette école, entre autres des châsses de vermeil en forme d'églises, des reliquaires, des cabochons, des pierres gravées, etc.

Après la période gothique, l'orfèvrerie fut un peu délaissée (2) pour la statuaire qui la remplaça. Il faut arriver à Henri IV pour voir l'orfèvrerie reprendre tout son éclat. Ce roi avait le goût du luxe et il réunit en honneur les travaux délicats et ingénieux de l'orfèvrerie française.

Les détails et les formes de l'orfèvrerie changeaient d'ailleurs suivant la mode.

Le doyen de la confrérie des orfèvres était René de la Haye, orfèvre attitré du cardinal Mazarin.

---

(1) « A partir du XII$^e$ siècle, l'orfèvrerie est intimement liée à l'architecture et elle en suit les évolutions; tous les procédés lui sont bons: la fonte, la ciselure, le repoussé et les pratiques voisines, frappe et estampage, le repercé, même l'entaille, les applications de filigrane, de pierres précieuses, le nielle et les émaux. C'est qu'en effet, c'est dans l'officine de l'orfèvre que s'accomplissent les inventions les plus favorables à l'art, que s'élaborent les véritables progrès. » — (Albert JACQUEMART. — *Histoire du mobilier.*)

(2) La Réforme, qui arrêta si complètement l'essor de la peinture religieuse, devait porter un coup fatal à l'orfèvrerie d'église.... » — René MÉNARD. — *L'Orfèvrerie.*

Sous Louis XIV l'orfèvrerie était restée, comme l'architecture, toujours belle, mais en même temps la décoration était devenue monotone; sous Louis XV, au contraire, elle revint délicate et les motifs de décoration furent empruntés à des sujets folâtres.

## MONNAIES ET MÉDAILLES

Du temps des druides, les médailles portaient gravé un pentagone, le pentagone représentant l'immortalité dans la religion des druides ; plus tard on grava sur les monnaies gauloises, le symbole de la liberté un cheval sans brides. Il y avait en outre des inscriptions grecques et latines. Ce fut sous les Mérovingiens que parurent les premières représentations de figures des rois avec un diadème. Sous les Carlovingiens, c'était le monogramme du roi qui était représenté.

Du temps de la féodalité, les monnaies et médailles portaient le nom de la province ou de la ville où elles étaient fabriquées. Il faut arriver au règne de Louis XII pour voir indiquer un millésime, et le roi Henri II fit un décret ordonnant la représentation de la figure royale sur les monnaies et médailles.

« Les monnaies de notre siècle, a dit M. François Lenormant, offrent aussi peu d'intérêt que possible, et sont déplorablement médiocres au point de vue de l'art.

« La manière dont on a conçu les revers dans tout le monnayage moderne, depuis le $xvi^e$ siècle, n'a plus permis aux graveurs de donner quelque intérêt aux monnaies que par la beauté, la ressemblance et le caractère vivant des effigies. »

## MINIATURES

Les manuscrits, et plus tard les livres imprimés, furent décorés de *miniatures* qui occupèrent d'abord les marges des pages, puis s'étendirent au point d'occuper des pages entières. Les plus anciennes miniatures françaises, datent du règne de Charlemagne ; Alcuin avait fondé à Paris, au palais des Thermes, un *atelier d'enlumineurs ;* c'est dans cet atelier que furent faites les magnifiques enluminures qui décorent l'évangéliaire de Charlemagne, conservé à la bibliothèque d'Abbeville, la Bible de Charles-le-Chauve, conservée à la Bibliothèque nationale de Paris.

Après la période carlovingienne, vers le commencement du xii$^e$ siècle, l'art de la miniature progressa ; le nombre de manuscrits ornés de miniatures, pendant les xii, xiii, xiv et xv$^e$ siècles, est considérable (1). Tout était enluminé (2) : missels, bréviaires, livres d'heures, romans de chevalerie, etc.

Jusqu'à la fin du xiii$^e$ siècle, les peintres de miniatures ne furent guère que des moines ; à cette époque le plus grand nombre d'enlumineurs furent des laïques, dont les plus célèbres furent *Jean de Bruges* et le grand peintre français du xv$^e$ siècle, *Jean Fouquet*, qui fut l'enlumineur du roi Louis XI.

L'influence des miniaturistes français s'étendit même au loin ; c'est ainsi que les miniatures des manuscrits portugais semblent copiées sur ceux de France.

Les manuscrits français renferment de véritables richesses

---

(1) La Bibliothèque nationale de Paris en possède plus de 9,000.
(2) Les miniatures de l'école de Paris étaient si célèbres que Dante en parle dans son poème de l'Enfer.
Pline raconte que les hebdomades de Varron, livre illustré, renfermaient plus de 700 portraits peints par une artiste grecque, Lala, qui était venue se fixer en Italie.

en fait de miniatures ; c'est ainsi que la Bible historiée de la Bibliothèque nationale contient plus de 3,000 miniatures renfermant 15,000 personnages et le manuscrit de la même bibliothèque, connu sous le nom de *Emblemata Biblica*, 1967 miniatures renfermant 9840 figures.

Parmi les plus beaux manuscrits français à miniatures, citons : le Psautier de saint Louis et de la reine Blanche (à la bibliothèque de l'Arsenal), la Bible historiée (à la Bibliothèque nationale), la Cité de Dieu (à la bibliothèque du Panthéon) fait sous Charles V (1), les heures latines de Marguerite de Bourgogne (à la bibliothèque de l'Arsenal), les antiquités de Josèphe, enrichi de superbes encadrements (à la bibliothèque de l'Arsenal), l'histoire de Renaud de Montauban (2) (même bibliothèque) (3).

On peut dire, sans sortir de la vérité, que les miniatures françaises du moyen âge ont été les plus belles et montrent que l'école française de peinture avait déjà une supériorité marquée sur les écoles des autres peuples. D'ailleurs, « comme il est impossible, dit M. Jeanron, de ne pas reconnaître que les ouvrages des miniaturistes français au xve siècle ont dû refléter les affections, le goût et la science des grandes peintures entreprises chez nous à cette époque, ils requièrent une grande importance pour l'histoire générale de l'école française. Ils suffiraient à eux seuls pour établir que, dès cette époque, notre école avait déjà atteint à un remarquable état d'avancement d'études.

Dès 1460, en effet, nos peintres pouvaient se porter forts à la fois d'un style original, d'un goût particulier et d'une

---

(1) Charles V a été le fondateur de la bibliothèque du Louvre.

(2) Les peintures sont de Jean de Bruges.

(3) Un des plus beaux manuscrits connus a été brûlé dans l'incendie de l'Hôtel-de-Ville de Paris en 1871, c'était le missel de Juvénal des Ursins qui faisait voir l'intérieur de la Sainte-Chapelle, et qui a servi à la restauration de ce monument.

intelligence profonde des modèles de l'antiquité. Leur inspiration personnelle et leur libre interprétation leur assignent un beau rang. »

## MANUSCRITS ET LIVRES
## A LA BIBLIOTHÈQUE NATIONALE

La Bibliothèque nationale (1) de Paris est une des plus riches du monde en manuscrits et en livres imprimés. Elle possède des manuscrits, des chartes, des diplômes, des impressions xylographiques, des livres imprimés en France et à l'étranger.

On peut y admirer les débris des collections de manuscrits qu'avaient formées, au xiv$^e$ et xv$^e$ siècles, le roi Jean et les princes de sa famille ; des manuscrits grecs et latins, le rouleau contenant le plus ancien catalogue de la librairie du Louvre, l'apocalypse en français, avec des figures ; le bréviaire de Belleville, qui a appartenu au roi Charles V.; des romans, la belle Bible historiée de Philippe-le-Hardi, duc de Bourgogne, des manuscrits arabes et orientaux, des fragments de l'Ancien Testament, des annales du V$^e$ siècle, le graduel de l'église d'Arles (xi$^e$ siècle). Les sermons de saint Bernard, manuscrit du xii$^e$ siècle, la Bible des pauvres en impression xylographique, des exemplaires des premiers livres imprimés. On peut suivre l'histoire de l'imprimerie dès ses débuts en examinant tous les imprimés que les galeries renferment.

## L'ORNEMENTATION DES LIVRES

Quant au xv$^e$ siècle, les pieux enlumineurs, les scribes, les écrivains laïques, se trouvèrent presque sans travail, grâce au triomphe croissant de l'imprimerie, ils demandè-

(1) On peut visiter les galeries d'exposition le mardi et le vendredi de 10 h. 1/2 à 3 h. 1/2.

rent aux maîtres imprimeurs de vouloir bien leur réserver en tête de chaque livre et au commencement de chaque chapitre une place blanche où ils pourraient utiliser leur talent de dessinateur et leur talent d'écrivain. C'est de là que naquit l'*ornementation des livres imprimés*, qui commença à se faire connaître par des lettres bleues, noires ou rouges, d'apparence modeste, que nous retrouvons dans les vieux *incurables*.

Puis, quand les imprimeurs refusèrent de laisser des places blanches pour orner de frontispices ou de lettres majuscules faites à la main, les enlumineurs, les scribes, fournirent aux libraires, aux imprimeurs et aux graveurs des dessins d'ornements, ou d'initiales ornées. Dans ces dessins, ils indiquèrent évidemment les sentiments qu'ils mettaient autrefois dans les miniatures, dans les peintures de leurs manuscrits, et de là s'explique facilement la grande ressemblance qui existe entre les ornements des anciens manuscrits et les premières lettres ornées.

On a donné le nom de *gothiques* à ces lettres primitives d'une forme archaïque. Il règne une grande diversité dans les ornements de ces gothiques ; on y voit des paysages, des figures, des fleurs, des animaux, etc. Même dans les anciens psautiers de Mayence, l'on remarque de très grandes lettres en rouge plein, avec des dessins représentant des chiens courants ou des lévriers.

*Bailly*, célèbre imprimeur français de Lyon, imprimait des livres dont chaque lettre de tête de chapitre ou de tête de page reproduisait soit un roi, soit des savants personnages, des flammes, des anges armés d'épées flamboyantes (1).

Dans la même ville de Lyon, *Simon Vincent* et *Jean Remy* ont fait de belles lettres à sujets ; leurs majuscules étaient or-

---

(1) Ces figures étaient finement gravées par le célèbre *Noury* dit le Prince.

nées de tournois, de batailles, de combats ; l'une d'elles même représentait le pape entouré de ses cardinaux.

Dans les lettres ornées de F. *Fradin*, de Lyon, on peut voir des feuilles, des fleurs, des enfants, des anges.

En Italie, les figures étaient parfois formées de plusieurs figures, dont chacune était un portrait, ou bien d'animaux, de poissons, de feuillages.

A Venise, en particulier, on trouvait comme ornements de lettres, des enfants, des anges bouffis ; cela peut se voir dans les alphabets des célèbres imprimeurs *Ottaviani Scoto* (1490), *Jean Tamino* (1503), de *Ruscombus*, de Pierre de *Ravanis*, etc.

En Espagne, les grandes lettres étaient à ornements tourmentés, entrelacés. On a donné le nom d'*arabesques* aux lettres dont les ornements étaient entremêlés de figures, de types animés, de sujets mythologiques, d'animaux. Les arabesques étaient soit sur fond blanc, soit sur fond noir.

Les scènes d'enfants, leurs jeux, étaient souvent des motifs d'ornements. *Holbein et Titien en ont dessiné des alphabets entiers.* On retrouve surtout ce charmant type d'ornementation chez les *maîtres imprimeurs de la Suisse*.

Mais les livres qui possédaient le plus grand nombre d'ornements sont sans contredit les Bibles. Sous prétexte d'une lettre initiale, on représentait à chaque page, et même plus souvent, des sujets tirés, soit des auteurs profanes, soit de l'Ecriture sacrée.

Les culs-de-lampe devinrent surtout à la mode au XVIe siècle ; ils commencèrent par des entrelacements compliqués, puis ils vinrent par la suite aux charmantes et poétiques arabesques.

## L'ART DE LA RELIURE

*Relier un livre*, c'est attacher, lier ensemble les feuilles d'un manuscrit ou d'un imprimé, et d'y mettre une couverture pour former ce qu'on appelle un livre (1).

Au v$^e$ siècle, la reliure a commencé à être luxueuse, les relieurs ayant recours aux orfèvres et aux lapidaires pour décorer les reliures de livres, qui étaient alors faites en bois recouvert souvent de velours (2).

Au ix$^e$ siècle, les reliures sont ornées de sculptures en ivoire et d'orfèvrerie rehaussée de camées ou de pierres fines.

Du xi$^e$ au xv$^e$ siècle, les reliures étaient recouvertes de velours ou de broderies à l'aiguille, elles étaient faites très solidement.

Au xvii$^e$ siècle et pendant tout le xviii$^e$ siècle, la reliure française a atteint à un haut degré de perfection; c'est alors qu'on peut citer les grands relieurs : Desseuil, Pasdeloup, Derome, Bradel, Levasseur, Bozérian, Lefèvre.

Parmi les relieurs français les plus célèbres jusqu'au xviii$^e$ siècle, citons : Estienne Roffer, et Geoffroy Tory, relieurs de François I$^{er}$ ; Claude Piqué, relieur de Charles IX ; Nicolas Eve, relieur de Henri III ; Clovis Eve et Antoine Ruette, les relieurs de Louis XIII ; le dernier a été aussi relieur de Louis XIV ; Le Gascon, relieur de Louis XIV.

(1) La Bibliothèque nationale à Paris possède une magnifique collection (visible le mardi et le vendredi) de reliures, parmi lesquelles on peut citer: des reliures au chiffre de François I$^{er}$, avec l'emblème de la Salamandre, aux armes d'Henri II, aux armes et au chiffre de Charles IX, fleurdelisées aux armes d'Henri III avec l'emblème du Saint-Esprit et le chiffre du roi, etc. ; des reliures en mosaïque du xvi$^e$ siècle, des reliures ornées de pierres précieuses, des évangéliaires du moyen âge reliés avec des ornements d'orfèvrerie ou de bronze.

(2) La bibliothèque du Louvre possède un livre d'heures donné par Charlemagne à la ville de Tours et dont la couverture est en velours rouge.

## LES VERRIÈRES

Au xve et au xvie siècles, l'art de la vitrerie (1) était très développé (2). C'était un véritable art et non un métier comme on pourrait le croire ; le vitrier d'alors n'est pas l'humble et pauvre ouvrier chargé de réparer les coups de pierre des polissons ou les dégâts produits par la grêle.

Il suffit d'admirer les splendides verrières de la Sainte-Chapelle de Paris, de Saint-Gatien de Tours, de Saint-Etienne de Bourges, etc., pour s'en convaincre. Pour avoir su faire de si beaux dessins de verrières, pour avoir su colorier le verre, le découper en rosaces ou en losanges nuancés et produire ces admirables mosaïques, il fallait être artiste jusque dans l'âme ; et quoique les Français qui les ont peintes ont laissé presque toujours leurs noms inconnus, il est impossible de les ranger au rang de simples manœuvres. C'était avec le métier des armes, les seuls métiers qu'à cette époque les gentilshommes pouvaient exercer sans déroger et sans être montrés au doigt.

*Bernard de Palissy*, le grand artiste français, dit quelque part dans ses écrits, à propos de la verrerie : « L'état est noble et les hommes qui y travaillent sont nobles. »

(1) Parmi les artistes antiques qui se sont occupés de la fabrication du verre, citons : Pomponius Apollonius, fabricant de disques à vitres ; Venustrus, vitrier de la maison de l'empereur Claude ; Julius Alexander, de Carthage ; Eunion, fabricant de vases en verre ; Euphronus, qui a tracé son nom sur un gobelet orné de deux branches de myrthe, au musée du Louvre ; Artas de Sidon, qui a aussi inscrit le sien sur des vases conservés à la Bibliothèque nationale et au musée du Louvre.

(2) Les plus anciens vitraux connus sont ceux qui décoraient l'église de Neuwiller (en Alsace) et la cathédrale du Mans ; ils datent de la fin du xie siècle. Auparavant les vitres peintes étaient formées par l'assemblage de fragments de verre colorés. Le poète Fortunat parle des vitres peintes de l'église de Paris et saint Grégoire de Tours de celles de l'église de Brioude.

C'est aux xıı⁰ et xııı° siècles que la peinture sur verre a commencé à briller en France dans tout son éclat (1).

« Il faudrait, a dit M. Charles Blanc, visiter presque toute la France ; il faudrait examiner en détail les cathédrales de Bourges, de Tours, de Reims, de Chartres et vingt autres églises plus ou moins illustres, pour se faire une idée de la richesse, de la magnificence de cet art qui dans ses applications *est si bien nôtre, la peinture sur verre*.

Mais un seul de ces monuments contient l'art tout en entier et peut en offrir un résumé splendide, un type parfait : c'est la *cathédrale de Chartres*. Nulle part la composition générale n'a été mieux entendue, l'effet d'ensemble mieux compris.

Dans les nefs latérales, de nombreuses figures se pressent en des cadres rétrécis dont les fonds sont chargés d'ornements et forment un réseau de plomb très serré, de manière à produire un grave crépuscule dans ces chapelles mystérieuses ménagées aux langueurs de la dévotion tendre ou aux terreurs des âmes songeuses.

C'est surtout aux vieilles provinces qu'appartiennent les monuments où subsistent les plus belles verrières, et c'est principalement dans l'Ile de France et dans les églises de Normandie et de Champagne que l'on peut voir les vrais types de la verrerie nationale dans l'Est le goût germanique commençant à se faire sentir.

Plus tard, Louis XIV (en 1657) avait fait une déclaration invitant les gentilshommes à se faire verriers, puisqu'ils ne dérogaient pas à la noblesse.

Les vitraux prirent la forme des fenêtres, selon les divers styles qui se succédèrent du xıı⁰ au xvı⁰ siècle. C'est ainsi que dans le style flamboyant, à la fin du xıv⁰ siècle, les fi-

---

(1) D'ailleurs, dès le milieu du xıı⁰ siècle, la peinture sur verre, encouragée, était devenue la décoration ordinaire des églises et de tous les édifices religieux.

gures des vitraux sont formées de roses contournées, de cœurs allongés affectant la forme sinueuse des flammes.

D'ailleurs, tous ces vitraux sont splendides ; il suffit d'examiner la magnifique rose de la façade de Notre-Dame de Paris pour s'en convaincre. « Traversés par la lumière, dit Charles Blanc, les vitraux resplendissent des tons exaltés des rubis, de l'émeraude et du saphir ; ils remplissent de mystère et d'opulence les longues nefs du temple et les courbes du sanctuaire, et les chapelle, basses et l'abside profonde. Les trésors de l'Orient, que les mages avaient apportés jadis aux pieds d'un Dieu enfant et pauvre, étincellent encore dans les grandes roses du portail et des transepts et dans ces vitres immenses qui ont le châtoiement des pierres précieuses, l'éclat des diamants et de l'or. Chose étrange ! dans un édifice où la prédominance des vides sur le plein est si frappante, les artistes du XIIIe siècle, au moyen de la peinture sur verre, qui assombrit tous les vides, ont su produire des impressions graves, préparer l'esprit au recueillement et répandre une teinte de mélancolie dans une basilique ouverte de toutes parts aux sentiments qu'inspire la gaîté du jour. »

A propos de la fabrication de magnifiques verrières, voici ce qu'en dit M. de Caumont : « Si la fabrication de ces verrières occasionnait des frais considérables, on avait alors de grandes ressources dans les villes pour subvenir à la dépense : non seulement les riches seigneurs, les abbés et les autres dignitaires du clergé, mais encore toutes les corporations d'ouvriers concouraient au vitrage des églises. Chaque corporation fournissait une vitre entière ou un panneau de vitre, et c'était l'usage de figurer au bas du vitrail, au-dessous des autres tableaux, les membres des corporations et des attributs. Ainsi au bas des vitres données par les poissonniers, on voit, comme à la cathédrale de Rouen, des poissons exposés sur des tables, et des personnages présidant à la vente ; la corporation des changeurs est figurée par des hommes comptant de l'argent sur une table (à Chartres, par exemple); celle des bouchers, par un boucher tuant un bœuf ; celle des boulangers, par un homme portant du pain ou en vendant; celle des maréchaux par des ouvriers ferrant un cheval et battant une enclume ; celle des cordonniers, par des personnages dont l'un taille le cuir et l'autre coud des souliers.

On voit beaucoup d'autres industries ainsi représentées au bas des vitres de Chartres, ce qui prouve que toutes les corporations d'arts et métiers y avaient contribué. Les évêques et les abbés, les barons et les chevaliers sont représentés de même au bas des verrières qu'ils ont données. Cette espèce de signature, qu'on trouve au bas de toutes les vitres, est très importante à examiner, puisqu'elle indique infailliblement quels en furent les donateurs. Dans les fenêtres composées de lancettes surmontées d'une rose, l'image du donateur a quelquefois été encadrée dans la rose qui forme le couronnement de la fenêtre ; c'est ainsi qu'à Chartres, on voit représentés dans ces vitres circulaires des rois, des ducs, des comtes, des barons, bienfaiteurs de cette cathédrale, revêtus de leurs armures, montés sur des chevaux richement harnachés et caparaçonnés, ayant leur écu chargé d'armoiries ; mais cette place me paraît avoir été réservée aux grandes notabilités de l'époque. »

Les vitraux qui restent encore intacts à la cathédrale de Strasbourg sont dignes d'être étudiés, car ils permettent de suivre l'histoire des vitraux depuis le commencement du XIIe siècle jusqu'au commencement du XVIe (1).

En étudiant les anciens vitraux, on peut s'apercevoir

---

(1) « L'abandon du style ogival dans nos édifices religieux doit être regardé comme la cause du déclin de l'art des vitraux pendant la période suivante. » — (René MÉNARD. — *Le style Henri II*).

qu'il y en avait en réalité deux espèces : ceux qui étaient faits avec des morceaux de verre sur la surface desquels on peignait (c'était une véritable peinture exécutée sur du verre), et ceux qui étaient faits avec des morceaux de verre de couleur. Ces derniers vitraux ne sont en réalité que des mosaïques dont les parties sont réunies au moyen de linéaments en plomb.

Les vitraux les plus anciens étaient généralement formés de médaillons circulaires, elliptiques ou trilobés, comprenant soit des sujets légendaires, soit des sujets bibliques. Les contours en étaient indiqués soit au moyen d'un linéament noir, soit au moyen de baguettes de plomb.

Les ombres n'existaient pas. La période ogivale fut celle qui a été la plus favorable à la peinture sur vitraux.

## LA DINANDERIE

On donne le nom de *dinanderie* aux beaux ouvrages de cuivre repoussé, appliqué aux œuvres d'art aussi bien qu'aux ustensiles usuels, tels que lustres, chandeliers, plaques, bassins, plats, fontaines, etc.

Ce mot de *Dinanderie* vient de *Dinant*, car autrefois la chaudronnerie de cuivre jaune et rouge s'appelait *dinanterie*, parce que la ville de *Dinant*, près Liège, dit Commines, « était une ville très riche, à cause d'une marchandise qu'ils faisaient de ces ouvrages de *cuyvre* qu'on appelle *dynanderie*. » On disait pour cette raison : « Coivre (1) de Dinant », ou, comme le rapporte le *Dict. des Pays* (2) : « Les chauldronniers sont en Dinant. »

Les belles pièces de dinanderie du moyen âge sont fort rares.

(1) Cuivre.
(2) Ecrit du XVI$^e$ siècle.

Les Dinants, ou *potiers d'airain*, travaillaient au repoussé peut-être grossièrement, mais en tout cas avec des goûts distingués et de noble style. Parmi eux, on peut citer : *Ickan*, d'outre-Meuse, *Lambert Patras* (1), et le Français *Etienne de la Mare*, qui florissait en 1384.

Du reste, la dinanderie ne tarda pas à se répandre au delà de Dinant et à l'étranger : « De la Meuse, dit M. Charles de Linas, la dinanderie gagna les provinces belges et le Rhin ; je crois l'avoir reconnue en Angleterre au xive siècle ; au xvie siècle, il y eut à *Avignon* une corporation de *lothones* (2), L'inventaire du Trésor métropolitain d'Avignon, de mai 1511. mentionne effectivement : *Numus bassinum de lothono... in quo sunt arma confrariæ lothonorum*.

Au commencement du xve siècle, on travaillait le cuivre à Lyon, on y faisait des coquemars, des bouilloires à anses, des poissonnières, des chaponnières, des fontaines, des poëlons, des coqs de cuivre.

A la fin du xvie siècle et au xviie, les dinandiers de Paris étaient devenus des maîtres ; une estampe du temps appelle les ouvriers en cuivre : *maîtres et marchands chaudronniers, batteurs, dinandiers de la ville de Paris*. Ce furent les *Dinandiers de Paris* qui fabriquèrent « la grande marmite en cuivre rouge valant la somme de 8 *livres tournois* », dont parle *l'inventaire* des biens de *Pierre Mignard* (3) le célèbre peintre, le *grand chauderon* pour couler la lessive, cuivre rouge, dont il est parlé dans le testament et l'inventaire des biens de Claudine-Bouzonnet-Stella (4), ainsi que les deux grands bustes en cuivre repoussé d'Antonin et d'Adrien, décrits

---

(1) Il exécuta, en 1112, les célèbres fonts baptismaux de l'église Saint-Barthélémy, à Dinant.

(2) Ouvriers en laiton.

(3) 1660.

(4) 1693-1697.

dans les inventaires de Bellavoine et de Leroy, bourgeois de Paris (1), toutes quatre œuvres d'art remarquables.

« De nos jours, dit M. Demmin, on a essayé et réussi de remplacer le repoussage au marteau du cuivre, toujours long et coûteux, par l'estampage mécanique, qui donne des dessins bien plus réguliers que le travail individuel, mais par contre, d'un aspect aussi manufacturier que celui des productions de ce genre, en zinc.

C'est au moyen de parties d'abord modelées en plâtre, et servant à produire les moules dans le sable, que l'on fait couler en fonte de fer les *creux* et les *reliefs* ou *contre-parties* avec lesquelles les différents morceaux sont estampés par la machine à vapeur et qui, soudés ensemble, ciselés, les creux mattés en pointillé et les reliefs polis, donnent des modèles fort beaux, mais trop réguliers et absolument pareils les uns aux autres. »

Parmi les œuvres de dinanderie les plus remarquables qui ont été conservées, citons : deux mesures de jaugeage en laiton, au musée archéologique de Gand ; une aiguière à laver du xiv° siècle, en cuivre repoussé et gravé, avec un écusson aux rois de France, au musée de Cluny ; un lutrin-pélican à l'église de Saint-Martin, à Chièvres (Belgique); un admirable travail du xvi° siècle, un grand fanal de galère aux armes de la République de Venise, en cuivre rouge battu, repoussé et doré, avec figures et animaux, et bronze doré, que possède le musée de Cluny.

## LES FAÏENCES FRANÇAISES

La première fabrique de faïences françaises connue est la *fabrique d'Oiron*, où un artiste encore inconnu fabriquait ces merveilleuses faïences aux armes de Henri II, que l'on a

(1) 1667.

prises pendant longtemps pour des produits de fabriques étrangères (1).

Sous Henri IV, les objets de vaisselle et de table les plus renommés provenaient de la *fabrique de Nevers*.

## LES FAÏENCES FRANÇAISES DE ROUEN

Mais la plus merveilleuse fabrique de France était la *faïencerie de Rouen*, fondé en 1646 par *Poiret* (Pierre), et dans laquelle on imitait la célèbre faïence étrangère de Delf, mais avec des ornements aux dessins plus riches et plus variés. Ces faïences faites à Rouen avaient des peintures que l'on retrouve aussi sur des faïences fabriquées dans le Midi ; mais cela s'explique facilement, si on se rappelle que les faïences de Rouen étaient envoyées sans aucune décoration à des anciens Marseillais alors renommés pour décorer les faïences et qui les peignaient selon le goût et la mode de leur pays.

A Rouen, on a commencé par fabriquer des assiettes et des plats à bassin profond et étroit et à larges bords, ornés en camaïeu bleu de fleurs, d'oiseaux, de chimères. Le centre était décoré de fleurons très variés composés de feuilles dentées disposées en rinceaux. Il y a aussi parfois des armoiries peintes en camaïeu bleu.

Vers la fin XVII$^e$ siècle, les artistes de Rouen créèrent des *beaux décors*, *vraiment français*, dits décors à broderies ou à lambrequins, représentant des fleurons, des sujets de marqueterie, des dentelles, des étoffes.

(1) « La fine ornementation des faïences d'Oiron, composée d'arabesques et d'entrelacs délicats, présente une grande parenté de style avec les riches reliures qu'on faisait à la même époque. — Les noms de *François Charpentier* et *Jehan Bernard* sont signalés comme ceux des potiers artistes qui ont eu la plus grande part à cette belle fabrication. » — (Réné MÉNARD. — *La Décoration au* XVI$^e$ *siècle.*)

Ils commencèrent aussi à cette époque à exécuter des décors polychromes, aux couleurs vives et variées.

Au commencement du siècle suivant, les Rouennais exécutèrent ces belles faïences décorées à leur centre de médaillon à fond jaune sur lequel se détachent des arabesques en bleu foncé, des figures d'amour, des mosaïques quadrillées.

Parmi les grands artistes rouennais, on peut citer *Masseot Abaquesne, esmailleur de verre,* comme il se faisait appeler, *Nicolas Poirel,* sieur de *Grandval; Louis Poterat, Guilleband,* etc.

Le Musée du Louvre possède des carreaux (œuvres d'Abaquesne) sur lesquels on remarque l'écu de Montmorency et l'épée de connétable. Le musée de Sèvres possède aussi des carreaux fabriqués par Abaquesne et qui proviennent du château de Madrid, ainsi que des pièces à décoration polychrome.

Au musée de Cluny on peut voir diverses pièces de Guilleband, entre autres une fontaine d'apparat, et diverses pièces à décoration polychrome provenant d'un service commandé par François-Henry de Montmorency, maréchal de France (1694).

Après Abaquesne, vint *Nicolas Poirel,* en 1644, puis *Edme Poterat.* Ce dernier fit venir quelques ouvriers de Nevers, ce qui explique le caractère italo-nivernais des premières faïences rouennaises.

C'est alors que prirent naissance les services de table en faïence.

*Louis,* sieur de Saint-Evreux, vint fonder, à côté de celles de Poterat, une fabrique qui occupe près de 2.000 ouvriers. Les décors à lambrequins y furent d'abord exécutés en camaïeu bleu ; les fleurons centraux se composaient d'une corbeille remplie de fleurs disposées d'une façon symétrique.

Ce fut à la fin du xvii$^e$ siècle que les faïences de Rouen eurent des *décors polychromes*, et comme les motifs en étaient empruntées à la serrurerie, on leur donnait le nom de *décors à la Ferronnerie.*

Ensuite, vint *maître Guillebaud,* qui inventa un décor de couleur vive et brillante composé de paysages et de bouquets de fleurs.

En 1750, le décor se mit au genre *Rocaille.* Ce furent des arcs, des armes, des flèches, des carquois, des torches enflammées qui en devinrent les principaux motifs.

Comme dernier genre vinrent, à la fin du xviiie siècle, les décors dit *décors à la Corne,* formés par des cornes d'abondance.

« Ce qui est surtout extraordinaire, dans la fabrication rouennaise, dit M. Gamès, c'est la grande variété d'objets que ses manufactures ont produite. Il semble que la matière docile se soit prêtée à toutes les combinaisons : bustes, gaînes, lances, chambranles de cheminée, lampes d'église, jardinières, encriers, crucifix, brocs à cidre portant les noms de leurs propriétaires et l'image de leur saint patron. Rouen a tout fabriqué et tout décoré d'une façon toujours parfaitement appropriée à la forme, avec une fécondité d'invention qui n'a jamais été dépassée. »

Les *fabriques de Nevers* devaient leur célébrité à leurs faïences, dont la décoration était à fond bleu persan. Le dessin est peut-être moins correct que dans les faïences de Rouen, mais en revanche le bleu des fonds est plus joli, plus fin.

Nevers a commencé aussi, comme Rouen, par fabriquer des plats et des assiettes à large bord ; les artistes cherchaient surtout à imiter les porcelaines orientales et les porcelaines italiennes. Il est probable que les *premiers fabricants* à Rouen furent des artistes venus des fabriques de Nevers, car on reconnaît leur influence.

Au xviie siècle, on établit en France un grand nombre de

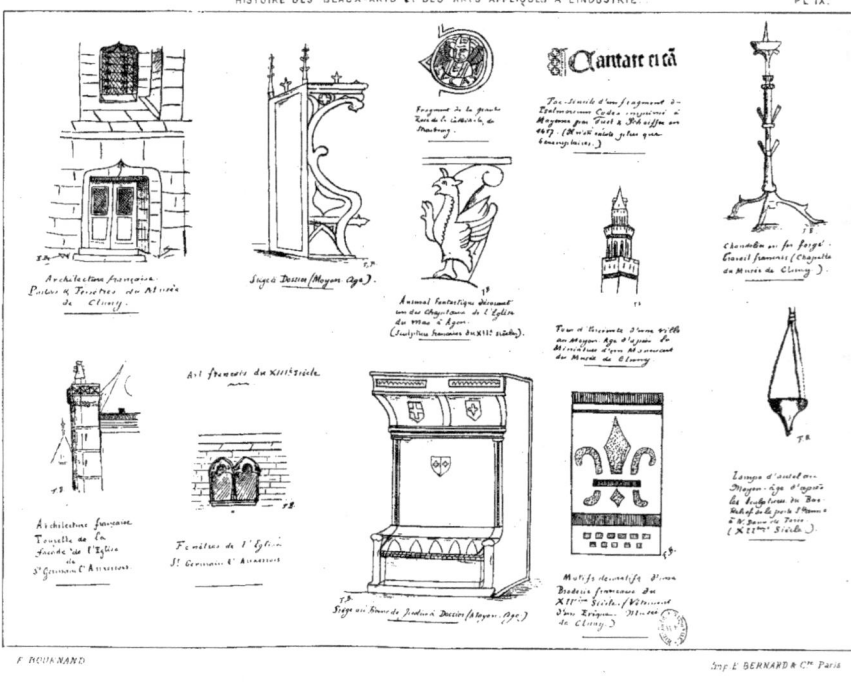

faïenceries; à Epernay et à Avignon en 1650, à Apt en 1669, à Tours en 1689, à Meudon en 1700, etc.

La faïencerie de Saint-Cloud, fondée en 1690 par le *potier Tron*, était la plus remarquable. Les ouvriers français, ou plutôt les artistes de cette faïencerie, fabriquaient non seulement une bien jolie faïence à camaïeu bleu et à émail d'étain, mais aussi une poterie translucide qui imitait la porcelaine de Chine sans se servir des mêmes éléments et des mêmes procédés de fabrication.

## LES FAÏENCES DE LILLE

Parmi les fabriques de faïences françaises, la *fabrique de Lille* a tenu une place des plus honorables. Cette fabrique fut fondée en 1696 par *Jacques Féburier*, faïencier de Tournay. A son début, elle a subi l'influence de la faïence de Rouen ; Féburier, néanmoins, transforma peu à peu sa décoration, tout en lui conservant cependant son caractère rouennais, c'est-à-dire les arabesques s'enlevant en réserve blanche sur un fond bleu.

*François Boussemaert*, gendre de Féburier, lui succéda et poussa jusqu'à l'extrême la correction de l'exécution ; avec lui, le modelé devint plus doux, et le bleu moins intense.

On peut voir au *Musée de Sèvres*, un *bel autel portatif* en *faïence de Lille*, et de la même fabrique, au *Musée de Cluny, une grande cheminée* à panneaux décorés (en camaïeu bleu) de paysages avec des figures. Les grands panneaux, au nombre de 16, sont séparés entre eux par des bordures courantes ; les angles sont arrondis et le tout est surmonté d'une corniche saillante. C'est un des plus beaux chefs-d'œuvre de la faïencerie française.

## LA MOSAÏQUE FRANÇAISE

Actuellement, il y a en France une *manufacture nationale de mosaïque*, annexée à la manufacture nationale des Gobelins. Au XVIIe siècle, il existait déjà à la manufacture un *atelier de mosaïque*, car lorsqu'en 1662 la manufacture des Gobelins fut organisée, avec le titre de Manufacture royale des meubles de la Couronne, elle avait parmi ses annexes un atelier de mosaïque de Florence, mais par suite des guerres, le trésor ayant de trop lourdes dépenses à faire, le roi Louis XIV n'avait pas tardé à supprimer cet atelier.

Jusqu'au commencement du XIXe siècle, la France fut tributaire de l'Italie en fait de mosaïques ; à cette époque, un italien, *Belloni*, vint établir en France une manufacture de mosaïque, qui, jusque dans les premières années du règne de Louis-Philippe, fut un établissement officiel.

C'est d'ailleurs à Belloni qu'on doit la grande et belle mosaïque à compartiment qui se trouve au Louvre dans la salle Melpomène et qui a été faite d'après une composition du peintre baron Gérard.

La création de la *manufacture* actuelle de *mosaïque* remonte à 1876 ; elle a pour mission de travailler aux grands ouvrages de décoration murale dans les édifices publics. Ce sont les artistes de cette manufacture qui ont fait la mosaïque qui décore l'abside du Panthéon et dont les cartons ont été dessinés par M. Hébert.

Actuellement, ces artistes décorent de mosaïques, d'après les cartons de M. Lenepveu, le grand escalier du Louvre qui donne accès dans les salles de peinture et dans la galerie d'Apollon.

## LA SERRURERIE

L'art de la serrurerie était déjà fort avancé chez les anciens. Les nombreux et curieux spécimens de clefs et de serrures que possèdent nos musées le prouvent suffisamment. Au musée bavarois de Munich se trouvent des clefs et des serrures qui montrent que les Égyptiens connaissaient déjà certains artifices que les modernes croiront beaucoup plus tard avoir inventés, et savaient mettre une grande harmonie dans les éléments décoratifs dont ils ornaient leurs travaux de serrurerie. Mais c'est surtout à l'époque de la Renaissance que se fabriquèrent d'inimitables chefs-d'œuvre.

Le musée de Cluny possède un grand nombre de magnifiques et beaux échantillons de la serrurerie française et italienne de la Renaissance.

Au xv$^e$ et au xvi$^e$ siècles, les serruriers français et italiens employèrent surtout le bronze de préférence au fer forgé, et cela se comprend aisément, le maniement du bronze étant plus facile que celui du fer forgé. Les serruriers de cette époque étaient considérés comme de véritables artistes; aussi étaient-ils très fiers de leur profession. Ils savaient marteler avec souplesse et aisance, et mettre une grande richesse dans l'ornementation.

Au xviii$^e$ siècle, en France, la serrurerie était aussi en grand honneur. On sait que Louis XVI y travaillait avec passion. Les artistes de ce siècle nous ont laissé de véritables et très coquettes œuvres d'art, à la décoration parfois même très luxueuse.

De nos jours, le côté industriel, matériel, a malheureusement beaucoup emporté sur le côté artistique.

## LES ÉMAUX

On donne le nom générique d'*émail* à des matières vitreuses qui sont colorées par des oxydes métalliques et fusibles à basse température. L'émail se compose de deux substances différentes : la pâte vitreuse incolore servant de base à la composition et un oxyde métallique qui donne la couleur.

Les émaux sont transparents ou opaques; on obtient l'opacité au moyen d'oxyde d'étain.

Suivant les procédés employés pour fixer la pâte vitreuse sur les plaques métalliques, on divise les émaux en :

1° Émaux *incrustés*;

2° Émaux *translucides* sur relief ou basse de taille;

3° Émaux *peints*.

Les *émaux incrustés* sont ceux dont l'émail est fixé dans des compartiments formés par le métal. On les divise en deux sortes :

1° Les *Champlevés*;

2° Les *émaux cloisonnés*.

Dans les émaux cloisonnés, le dessin est formé sur le métal par de petites lames métalliques soudées par un fond de même nature et rapportées une à une. M. Delaborde déduit ainsi le procédé employé pour faire des émaux cloisonnés : « On prend, dit-il, une mince feuille de métal sur laquelle on trace à la pointe le dessin; on découpe des lames du même métal d'une hauteur proportionnée à la grandeur de la pièce (de 1 à 4 millimètres), et l'on fait suivre à ces lames tous les contours du dessin en les arrêtant avec de la cire ; puis, quand le dessin est ainsi hérissé de ce relief en traits déliés, on soude à la plaque toutes ces larmes.

De ce moment, la plaque est cloisonnnée ; c'est-à-dire qu'elle prése.. e un réseau, et dans ce réseau, autant de cloisons qu'en exigeaient le dessin et les nuances d'émaux dont on disposait. On distribue dans chacune de ces cloisons de la poudre d'émail, c'est-à-dire le *fondant* (1) et les oxydes métalliques colorants, pulvérisés ensemble. On passe la plaque dans le four pour obtenir la fusion, et quand elle est refroidie, au moyen du polissage, on unit le tout comme une glace mosaïque dans laquelle les cloisons viennent affleurer en traits effilés et brillants, de manière à tracer les limites des émaux en même temps que les contours du dessin. »

Les *émaux chomplevés* sont exécutés sur une plaque de métal de quelques millimètres d'épaisseur ; toutes les parties qui sont destinées à recevoir l'émail sont évidées, et c'est dans les creux obtenus par le burin que se place la poudre d'émail.

Les *émoux translucides* sur relief ou de *bosse taille* sont ceux dans lesquels le métal est ciselé en creux, de manière à figurer un bas-relief sur lequel on coule des émaux de différentes couleurs. Dans ces émaux, les couleurs prennent des tons d'autant plus foncés qu'elles recouvrent des parties plus profondément creusées du bas-relief.

Dans les *émaux peints,* on peint sur un fond métallique au moyen de couleurs opaques et vitrifiables ; ces couleurs sont étalées avec le pinceau, soit directement sur le métal, soit sur une préparation d'émail dont le métal est préalablement enduit.

L'art de l'émail est très ancien, les Grecs et les étrusques avaient des bijoux ornés d'émail. Nos ancêtres les Gaulois

(1) *L'émail* des iné à être appliqué est un mélange composé de plomb, d'étain, de carbonate de potasse et de sable siliceux, auquel on ajoute très souvent une très minime proportion de biozyde de manganèse. Ce mélange constitue le *fondant,* auquel on mêle des oxydes variés suivant la couleur que l'on désire obtenir.

connaissaient aussi l'émail ; c'est ainsi que l'on peut lire dans Philostrate (1) :

« On dit que les barbares voisins de l'Océan étendent des couleurs sur de l'airain ardent, qu'elles y deviennent aussi dures que la pierre et que le dessin qu'elles représentent se conserve. »

Une autre citation de Philostrate nous fait voir que les mors d'argent des chevaux étaient fabriqués par des Celtes (2) qui les ornaient d'émail.

Les Gaulois posaient les matières vitrifiables sur le métal modelé en relief, les passaient ensuite au feu et avaient ainsi un objet restant tel qu'il était au moment de sa sortie du fourneau.

Les bijoux gallo-romains étaient émaillés et figuraient quelquefois d'un peu de mosaïques ; des morceaux de verre étaient incrustés dans le métal champlevé.

A l'époque mérovingienne, les Francs se servaient généralement de l'émail blanc et rouge qu'ils incrustaient dans les parties creuses des bijoux.

L'art de l'émail était en grand honneur parmi les artistes byzantins, et, grâce à eux, la fabrication de l'émail fut introduite en Italie au $IX^e$ siècle. Didier, l'abbé du Mont-Cassin, faisait exécuter à la fin du $XI^e$ siècle un panneau d'autel en émail représentant la légende de saint Benoît (3).

(1) Rhéteur grec qui vivait au $III^e$ siècle.
(2) Époque de Septime-Sévère.
(3) Les Chinois et les Japonais se servent beaucoup de l'émai L'émail peint des Chinois et des Japonais s'applique à des pièces de toutes formes et de toutes dimensions. Les peintures qui les décorent sont surchargées de rinceaux, de fleurs, se détachant sur fond jaune.

Les plus grandes écoles de l'émail furent celles de Cologne et de Limoges :

Celle de Cologne fut la première ; quand Suger voulait faire fabriquer ces pièces d'orfèvrerie destinées à l'abbaye de Saint-Denis, il fit venir des ouvriers rhénans.

L'*école de Limoges* date de la fin du xii$^e$ siècle, et au milieu du xiii$^e$ siècle elle était à son apogée, comme le montre le beau calice de la galerie d'Apollon signé *Alpais*.

On peut diviser les caractères différentiels des émaux de l'*école de Cologne* et de ceux de Limoges en deux sortes : les sujets et les couleurs.

Les produits de l'école de Cologne sont ses œuvres de choix, car c'était surtout dans les cloîtres que se trouvaient les plus célèbres orfèvres.

A Limoges, le dessin est moins habile et plus dur. Quant aux couleurs qui les distinguent, on peut dire que celles de l'école de Limoges sont plus vives que celles de l'école de Cologne ; le bleu turquoise dominait à Cologne et le bleu lapis à Limoges ; le vert est la couleur dominante à Cologne et le bleu à Limoges.

Au xiii$^e$ siècle, l'art de l'émail prit un grand essor en Italie. En 1286, Jean de Pise fit un parement d'autel et un calice recouverts d'émaux translucides, et Ugolino de Neime fit en 1338 le tabernacle d'*Orvieto*. Les émaux translucides continuèrent à être en honneur en Italie pendant les xiv$^e$ et xv$^e$ siècles.

Quand les papes vinrent à Avignon, l'art de l'émail s'introduisit à Montpellier, qui devint un centre important de cette fabrication.

Vers la fin du xv$^e$ siècle, les *émailleurs de Limoges* inventaient les *émaux peints*, qui sont les produits d'un *art national véritablement français* et des plus élevés.

Les premiers émaux peints de l'école de Limoges ont été faits par des artistes inconnus ; le premier grand artiste dont peut s'honorer l'histoire de l'art français, fut *Nardon Pénicaud*, dont l'école dura jusqu'au XVIIe siècle. Les émaux de cet artiste sont vifs de couleurs et les fonds sont rehaussés de gouttes d'émail en relief imitant des pierreries (1).

Parmi les autres grands artistes français qui se distinguèrent dans la fabrication des émaux, citons :

*Jean Ier Pénicaud* (2), *Léonard Limosin, Pierre Raymond, Pierre Courteys, Suzanne de Court, Jean Laudin.*

*Léonard Limosin* a été un grand chef d'école. Il ajouta au style français les grâces de l'Italie (3). Il rehaussait ses émaux de paillons, comme cela se voit dans ceux de la Sainte-Chapelle ; c'est lui qui a inventé le *portrait en émail*, et il nous a laissé une splendide collection des grands personnages de la Renaissance (4).

*Pierre Raymond* a laissé un coffret daté de 1540, ainsi que des plats et des assiettes émaillés (5).

*Pierre Courteys* était renommé pour ses plats et *Jean Laudin* pour ses plaques.

De nos jours on exécute encore des émaux peints avec grand talent.

---

(1) « Pénicaud est le premier d'une nombreuse famille d'artistes limousins ; il travaillait dès le XVe siècle, et l'ouvrage qui porte sa signature, à l'hôtel de Cluny, le montre dans toute la force de son talent ; il est daté de 1503 et signé Nardou Pénicaud.... Le contre-émail de ses plaques est toujours opaque et très épais. » — Jules JACQUEMART.

(2) Chez Jean Pénicaud Ier, le dessin était préparé en bistre sur le métal.

(3) « Peintre, homme de goût, il se plut à reproduire les compositions de Raphaël. — Jules JACQUEMART.

(4) Le Louvre possède de superbes émaux de Léonard Limosin ; ils sont placés dans la galerie d'Apollon.

(5) Le musée du Louvre possède des pièces capitales de Pierre Raymond, entre autres des pièces représentant des sujets de mythologie et des sujets de l'Ancien et du Nouveau Testament.

## LES ARMES

Pendant l'âge de Pierre, les armes étaient faites en silex. Les hommes de cette époque savaient polir ces pierres et par conséquent donner aux armes les contours, les formes qu'auraient pu avoir des armes de bronze.

Chez les Assyriens les armes offensives les plus en usage étaient l'épée, la massue d'armes, l'arc d'un usage très général, comme on peut le voir sur les sculptures des bas-reliefs, la masse d'armes, le javelot ou lance qui servait à la fois comme arme de jet et comme arme d'hast.

Les Assyriens combattaient sur des chars de guerre et avaient des machines de guerre; comme armes défensives, ils avaient le casque, le bouclier, et un justaucorps en ondelettes, sorte de cuirasse (1).

Les Perses avaient de grands arcs, des javelots courts, des flèches de canne, des poignards pendus à la ceinture. Pour se préserver ils employaient des cuirasses de fer cousues sur un vêtement; pas de casque, un bonnet le remplaçait.

Les Éthiopiens avaient des arcs de branches de palmiers des javelots, des poignards et se servaient de longues flèches de canne terminées par une pierre pointue.

Chez les Etrusques, l'épée était petite, le bouclier avait la forme d'un large bassin; quant aux casques, ils avaient une grande variété de forme.

Les Grecs avaient l'épée, le javelot, la fronde, l'arc; leurs boucliers étaient ronds, leurs cuirasses étaient en airain.

Les Romains avaient comme armes offensives le pilum, épieu formidable qui servait à la fois pour charger l'ennemi

---

(1) Voir à ce sujet les nombreux bas-reliefs qui sont au musée assyrien du Louvre.

et pour parer les coups d'épée ou de sabre, l'épée, le catapulte, le bélier, le balise. Leurs armes défensives étaient le casque, la cuirasse et le bouclier de forme allongée.

Les différentes armes offensives des Gaulois étaient la hache en fer et l'épée de bronze, et les armes défensives le bouclier recouvert de cuir, la cuirasse en bronze ou en fer.

Parmi les armes offensives du moyen âge on peut citer : l'arbalète, l'épée, la dague ou miséricorde, la lance, la massue, la hallebarde, l'arquebuse, pour l'infanterie, et l'épée, le pistolet, la zagaie, l'arquebuse, pour la cavalerie.

Parmi les armes défensives de la même époque, nommons: le haubert, le baudrier, la camisia ou chemise de guerre.

Au XIV° siècle, les canons firent leur apparition ; au XVI° et au XVII° siècles, la hallebarde et la pique eurent une grande vogue ; par contre le bouclier devint en défaveur; les Suisses, le trouvant gênant, l'abandonnèrent et furent imités des autres corps de troupe.

L'usage de la lance fut aboli par Henri IV en 1605. A cette époque, on prit l'usage des épées à deux mains, des braquemards, de la rapière. Le sabre devint en usage vers la fin du règne de Louis XIV ; au XVII° et au XVIII° siècles, comme de nos jours, les armes les plus employées furent l'épée, le sabre, le pistolet, l'arquebuse. Aujourd'hui ce sont les armes à longue portée qui occupent la plus grande place, la tactique moderne faisant plus de cas des savantes combinaisons stratégiques que du courage et de la valeur personnelles.

## LA DÉCORATION DES ARMES

Dès l'antiquité la plus reculée on prit l'habitude de décorer les armes.

Les cuirasses avaient des cannelures saillantes au bas du corselet ou de larges rinceaux.

Des figures d'hommes et d'animaux décoraient les casques.

Les boucliers avaient pour ornements des figures peintes, des feuillages, des fleurs ou des reptiles.

Les épées portaient souvent au pommeau des têtes d'animaux.

Au moyen âge, plusieurs métiers, ou plutôt plusieurs arts apportèrent leur contingent à la décoration des armes ; c'étaient : la gravure, l'émaillage, le repoussé, la ciselure. Les armes étaient alors ornées avec une rare perfection ; on peut à cet égard consulter les armes des Arabes, qui sont d'une décoration si luxueuse et si variée.

De nos jours, l'élégance du moyen âge a été remplacée par un caractère de solidité plus marqué.

Parmi les armes les plus remarquables, au point de vue de la beauté, de l'élégance, des motifs décoratifs qui les ornent, nous pouvons citer :

Au Louvre, au musée des souverains : le bouclier de Charles IX, le casque du même roi ;

Au musée de Cluny : des armes espagnoles, des armes gallo-romaines ;

Au musée de l'artillerie : une dague espagnole du XVI.e siècle, une épée allemande et un sabre italien de la même époque, des hallebardes françaises du moyen âge ;

A l'Armeria Real : le bouclier de Charles-Quint, le bouclier de la prise de Carthage, le casque et le bouclier de Ximenès, le casque du roi d'Aragon don Jacques, le casque de Charles-Quint et son épée, l'épée de Gonzalve de Cordoue, l'épée de Benvenuto Cellini, véritables merveilles d'art décoratif.

## LE MOBILIER ET LA DÉCORATION
## DE L'HABITATION JUSQU'A LA RENAISSANCE

Les armoires, les bahuts, les huches, les coffrets étaient les seuls meubles qui pouvaient se fermer, qui furent d'un usage habituel chez les riches comme chez les pauvres, jusque vers la fin du xiv<sup>e</sup> siècle. Avec les lits, les sièges sculptés à grands dossiers et les escabeaux, étaient les principaux meubles des Francs pendant de longs siècles.

Les lits chez les pauvres étaient en métal, en bronze ; chez les riches, on y ajoutait les bois précieux, l'argent, la corne, l'ivoire.

« Les lits, dit Viollet-le-Duc, étaient beaucoup plus élevés du côté du chevet que vers les pieds, de manière que la personne couchée se trouvait presque sur son séant. Nous voyons cette forme persister jusqu'au xiii<sup>e</sup> siècle. On n'avait pas de matelas, on se couchait sur des amas de coussins plus nombreux vers la tête. »

Les escabeaux ont toujours été forts nombreux ; ils étaient souvent triangulaires. Les hommes se servaient dans les réceptions, dans les dîners de cérémonies, de grands sièges, de grands fauteuils en bois richement sculptés et garnis souvent de dorures, de pierres précieuses. Dans l'intimité, les hommes se servaient des escabeaux. Les femmes s'en servaient aussi comme de tabourets quand elles travaillaient.

Aux ix<sup>e</sup> et x<sup>e</sup> siècles, les tables sur lesquelles on mangeait étaient rondes et posées sur des tréteaux pliants de manière à pouvoir l'enlever facilement. Les tables étaient entourées d'un rebord de quelques centimètres.

N'ayant ni cuillers ni fourchettes, on mangeait avec les doigts et on buvait à même la bouteille.

La soupe se mangeait dans de grands bols.

Vers le milieu du xiii<sup>e</sup> siècle, le mobilier commença à devenir luxueux. Les meubles furent sculptés et on eut de la vaisselle richement ciselée. Il commence déjà à y avoir de l'étiquette.

« La viande, dit M. Viollet-le-Duc, était servie à chaque convive sur des tranchoirs, c'est-à-dire sur des morceaux de pain rassis, tout exprès pour cet usage.

Les écuyers tranchants découpaient les viandes, plaçaient chaque morceau sur ces tranchoirs rangés sur un plat ; on les présentait aux convives, qui désignaient le morceau à leur convenance, afin qu'on le plaçât devant eux avec un tranchoir sur la nappe, ou, chez les grands, sur une assiette d'argent. Chacun coupait ainsi sa viande sur ce lit de pain, sans endommager la nappe ou sans faire grincer le couteau sur la vaisselle plate. Chez les petites gens on mangeait avec les doigts. Quant aux potages, aux brouets, ils étaient servis dans des écuelles ou assiettes creuses, communes à deux convives ; d'où la locution « à pot et à cuiller », c'est-à-dire dans la plus grande intimité avec quelqu'un. »

A l'époque des croisades, les habitudes des Orientaux apportées en France par les chevaliers, changèrent un peu le goût en luxe.

On se mit à manger assis par terre et les jambes croisées à la manière des Orientaux, mais cet usage fort incommode ne dura que peu de temps.

C'est à partir des croisades qu'on commença à recouvrir les meubles de tapis et d'étoffes précieuses et riches, et à faire usage des portières et des tapis moelleux.

A cette époque, « le mobilier de la chambre, dit Viollet-le-Duc, consistait en un lit avec ciel ou dais, en une chaire ; des coussins en grand nombre, quelquefois des bois servant de coffres, complétaient ce mobilier. Des tapisseries de Flandre ou des toiles peintes tendaient les parois, et sur le pavé on jetait des tapis sarrasinois qu'alors on fabriquait à Paris et dans quelques grandes villes. Dans la garde-robe étaient rangés des bahuts renfermant le linge et les habillements d'hiver et d'été, les armes du seigneur; cette pièce devait avoir une certaine étendue, car c'était là que travaillaient les ouvriers et ouvrières chargés de la confection des habits. On ne pouvait alors se procurer certaines étoffes qu'aux foires périodiques qui se tenaient dans les villes ou gros bourgs. Il fallait donc acheter à l'avance les fourrures, les draps, les soieries nécessaires pendant toute une saison. Or, la plupart des seigneurs se chargeaient de fournir des vêtements aux personnes attachées à leur maison, et tout cela se façonnait dans le château.

« Le mobilier de la grande salle se composait de bancs à barres avec coussins, de sièges mobiles, de tapis, ou tout au moins de nattes de jonc, de courtines devant les fenêtres et les portes, d'une grande table fixée au plancher, d'un dressoir, d'une crédence, de pliants et de la chaise du seigneur. »

On appelait *buffets*, au moyen âge, les meubles en bois sculpté sur lesquels, pendant les diners et les cérémonies on plaçait les pièces d'orfèvrerie, les desserts, les confitures et les vins fins.

Les *coffrets* ont été fort en usage pendant le moyen âge; on les fabriquait en cuivre émaillé, en or, en argent ou en ivoire; ils étaient souvent finement iselés, on y serrait les bijoux. Les dames les emportaient avec elles en voyage.

Le *bahut*, au moyen âge, était d'un usage général. Toutes les familles en possédaient; ils étaient plus ou moins élégants, selon la fortune du propriétaire. On en voyait dans toutes les chambres. Au besoin on s'en servait comme de table ou de banc. Il servait même souvent à d'autres usages, parfois même de lit.

« Pour le bourgeois, dit Viollet-le-Duc, l'*armoire* était le meuble principal de la famille, car il est resté tel dans beaucoup de campagnes, où la fille qui se marie apporte toujours l'armoire dans la maison de son époux. Il n'y a guère de maisons de paysans en France, qui n'ait son armoire de chêne ou de noyer, et ce meuble se distingue des autres par son luxe relatif. L'armoire a toujours été le trésor de la famille du paysan ; il y renferme son linge, l'argenterie qu'il possède, ses papiers de famille, ses épargnes. Ce meuble, qui représente son avoir, est entretenu avec soin, luisant ; les fermetures en sont brillantes. Pour que cette tradition se soit si bien conservée, il faut que l'armoire ait été, pendant toute la durée du moyen âge, la partie la plus importante du mobilier privé. »

Pendant tout le moyen âge, à partir de l'époque mérovingienne, les voitures ne sont que des charettes non suspendues à quatre roues. On y attelait des chevaux montés par des postillons. On y entrait par derrière.

Ces charettes, lorsque leurs propriétaires étaient riches, étaient brillamment ornées de dorures, de peintures et d'étoffes.

A partir du milieu du XIIIe siècle, on commença à se servir de la peinture pour la décoration des meubles, pour couvrir les sculptures.

Le bois sculpté destiné à recevoir des peintures, était souvent couvert de vélin, sur lequel on exécutait des dorures, des gaufrures, des peintures au moyen d'ornements coloriés.

Au XIVe siècle le luxe, œuvre de la bourgeoisie marchande, descend de degré en degré, par l'exemple, et se répand dans la classe nombreuse des mêmes bourgeois, des petits bourgeois et dans le monde des gens de robe.

Un écrivain de la fin du XIVe siècle, Guillebert, de Metz, nous raconte ainsi la descripton du logis d'un homme de robe, Jacques Ducy, qui demeurait rue des Prouvelles (1).

« La porte de cet hôtel, dit-il, était sculptée d'un art mer-

(1) Rue des Prouvaires.

veilleux (1) ; dans la cour étaient des paons et divers oiseaux de plaisance. La première salle était ornée de divers tableaux attachés aux parois.

« Une autre salle était remplie de toutes les sortes d'instruments que maître Jacques savait jouer, tels que harpes, orgues, vielles, guitares, etc... Une autre salle était garnie de jeux d'échecs, de tables et d'autres sortes de jeux en grand nombre. Il y avait une belle chapelle où étaient de beaux pupitres pour mettre dessus des livres précieux que l'on faisait venir de très loin. Il y avait aussi une étude dont les parois étaient couverts de pierres précieuses, une chambre pleine de fourrures, plusieurs autres chambres richement garnies de lits, de tables sculptées et couvertes de riches draps et tapis, une autre chambre haute où étaient un grand nombre d'arbalètes peintes de riches ornements, d'étendards, de bannières, d'arcs, de piques, de haches, de mailles de fer, de canons, de boucliers, et toutes sortes d'autres armures et appareils de guerre. »

Quel luxe, comme on voit, pour un homme appartenant à cette petite bourgeoisie qui supplantait insensiblement l'aristocratie de naissance.

Le même écrivain cite la maison de M$^{lle}$ Baillet, rue de la Voirrie (2), « où il y avait, dit-il, des verrières autant que de jours dans une année. Il appelait dans son langage imagé ces bourgeois, petits rois de grandeur. »

Nous avons parlé là du luxe des habitations et du mobilier de bourgeois. Voici maintenant la description, par Christine de Pisan (3), de la chambre à coucher d'une simple marchande :

« Avant qu'on entrât dans sa chambre (4), on passait par

---

(1) Nous avons mis le texte en langage d'aujourd'hui, afin de faciliter la lecture.
(2) Rue de la Verrerie.
(3) Dans le livre *la Cité des Dames*.
(4) Nous avons mis ici aussi le texte en langage moderne.

deux autres chambres bien belles, où il y avait dans chacune d'elles un grand lit bien et richement recouvert ; dans la deuxième était un grand dressoir (1) couvert comme un hôtel, tout chargé de vaisselle d'argent. De cette pièce on entrait dans la chambre à coucher de la dame ; cette chambre était grande et belle, toute garnie de tapisseries au chiffre de la dame, richement décorées avec du fin or de Chypre ; le lit, grand et beau, était garni d'un riche parement; les tapis qui étaient par terre, autour du lit, étaient ornés d'or. Les grands draps du lit qui passaient par dessous la couverture étaient de si fine toile de Reims qu'on les estimait 3000 francs ; et par dessus la couverture à tissu d'or était un grand drap de lin aussi fin que de la soie, tout d'une pièce et sans couture, estimé 2000 francs et plus.

« En cette chambre était aussi un grand dressoir tout paré, couvert de vaisselle dorée. Et dans le lit était la dame vêtue de soie teinte ou cramoisie, appuyée sur de grands oreillers de pareille soie, à gros boutons de perles.

« Et Dieu sait les autres choses superflues selon les usages de Paris. »

Christine de Pisan, l'auteur de ces quelques lignes, ne raconte pas ceci d'après des racontars, mais bien d'après ce qu'elle a vu elle-même, car elle était allée faire une visite à la dame en question.

## LE MOBILIER ET LA DÉCORATION
## DE L'HABITATION DEPUIS LA RENAISSANCE

Catherine de Médicis, par son goût italien luxueux et pompeux, eut une grande influence sur la décoration artistique des appartements.

Un contemporain *Sauval*, dans ses *Antiquités de la ville de Paris*, raconte aussi la description d'une chambre des appar-

(1) Buffet.

tements de la reine régente au Louvre (après la mort de Henri IV).

« Marie de Médicis, dit-il, fit dorer une chambre et n'oublia rien pour la rendre la plus riche et la plus superbe de son temps. Elle fut ornée de lambris et d'un plafond; on y employa un peu d'or et de peinture ; Dubois, Fréminet, Errard, le père Bunel, tous quatre les meilleurs peintres de ce temps-là, déployèrent tout leur art. Errard peignit le plafond, les autres travaillèrent au tableau qui régnait au-dessus du lambris doré dont la cheminée est environnée, et quelques peintres florentins firent d'après nature les portraits des héros de Médicis qui sont entre ces tableaux. Chacun pour lors admira ce beau lieu, comme le dernier effort de la propreté, de la galanterie et de la magnificence. »

C'est d'un grand luxe, comme on voit, d'un grand effet décoratif.

Ce luxe est égalé, sinon surpassé par la noblesse d'alors. Le même Sauval nous donne encore la description de la chambre à coucher de la marquise de Rambouillet.

« La chambre bleue, dit-il, si célèbre dans les œuvres de Voiture, était parée de son temps d'un ameublement (on disait alors emmeublement) de velours bleu, rehaussé d'or et d'argent, et c'était le lieu où la marquise recevait ses visites. Les fenêtres sans appuis qui règnent de haut en bas, depuis son plafond jusqu'à son parterre, la rendaient très gaie et la laissaient jouir sans obstacles de l'air, de la vue et du plaisir du jardin. »

Mais la plus grande merveille architecturale du XVIIe siècle, c'était le palais Mazarin. Voici comment en parle Félibien :

« Il n'y avait pas une pièce qui ne fût rehaussée d'or et ornée de reliefs de stuc, de statues, de bustes, de peintures

---

(1) Voiture (Vincent, né en 1598, mort en 1648), bel esprit et poète français, considéré comme l'oracle de son temps. Il fut l'un des membres de l'Académie française à son origine.

et de tant d'autres choses riches et curieuses, que jamais un tel amas n'en ait été fait depuis que les grands seigneurs avaient pris plaisir à faire éclater la splendeur de leur fortune. »

Comme on le voit, le luxe des habitations aristocratiques avait fait de grands progrès qui se répandaient dans la bourgeoisie et même dans les demeures des grands magistrats.

C'était Henri IV qui avait donné la mode du *cabinet* ou armoire à compartiments. Au XVIe siècle et au XVIIe siècle, on avait donné cette dénomination aux armoires montées sur quatre pieds, fermés par deux vantaux et renfermant des petits tiroirs.

Les cabinets servaient à serrer les bijoux, les objets précieux, les correspondances secrètes.

M. de Laborde, à propos du cabinet, a dit : « C'était le bahut du moyen âge monté sur quatre pieds. »

A la fin XVIIe siècle et pendant le XVIIIe siècle, les cabinets étaient sculptés et les vantaux enrichis de délicieuses peintures de toute beauté.

Au XVIIe et au XVIIIe siècle, les sièges étaient peu nombreux, mais de différentes espèces. Ce fut sous Louis XIII que naquit la mode du guéridon.

Sous Louis XIV, la décoration était devenue grandiose et superbe ; Versailles est le modèle du genre : ce n'étaient partout que grands et somptueux appartements, ornés de glaces magnifiques et enrichis de dorures à profusion. C'est à cette époque que l'art décoratif règne dans toute sa splendeur.

Sous Louis XV (1), tout s'efféminà comme les mœurs ; la

---

(1) C'est au musée Carnavalet que l'on peut voir un des plus beaux spécimens de l'art décoratif de la fin du XVIIIe siècle. Ce spécimen est formé par la restauration du salon de l'ancien hôtel d'Ormesson, qui se trouvait au premier étage de l'hôtel d'Ormesson, situé autrefois rue Val-Sainte-Catherine, au fond d'une cour. Ce salon dut

décoration devint une décoration de boudoirs ; les couleurs tendres, les amours, les cœurs percés de flèches furent choisis de préférence par les peintres décorateurs qui devaient prendre leurs exemples chez la marquise de Pompadour. La véritable sculpture décorative se réfugia dans les jardins et les bosquets. Tous les jardins étaient remplis de statues.

Sous Louis XV, ce furent les formes rondes et tourmentées qui dominèrent dans les meubles.

Pendant le règne suivant, sous Louis XVI, les meubles eurent des formes droites et maigrelettes ; ce furent les bois de rose et l'ébène qui dominèrent.

L'expédition d'Egypte amena en France le goût de l'antique ; aussi, sous l'empire on eut l'habitude d'orner les cheminées, les consoles avec des pendules de forme antique et des vases imitant les vases grecs ou les vases étrusques.

Les bahuts et les escabeaux redevinrent de mode. Ce ne furent plus partout, comme ornements des meubles, que des têtes de sphinx emprisonnées dans une gaine d'acajou, des chimères dont la tête était celle d'un aigle et qui retroussaient sur les profils des secrétaires leurs queues dorées et levaient leurs pattes devant de maigres trépieds.

Pendant la Restauration, vers 1830, les fabricants de meubles et les artistes décorateurs qui leur prêtaient le concours de leurs ciseaux et de leurs pinceaux, ne figurèrent que des pastiches du moyen âge et de la Renaissance.

On a imité, à cette époque, jusqu'aux piqûres de vers, pour donner aux bois l'apparence du vieux chêne.

---

être fait vers l'an 1630. Au-dessus de la cheminée se trouve un portrait du cardinal Mazarin. Le trumeau est décoré de quelques sculptures dorées. Toute la décoration est peinte. Les panneaux sont à fond blanc décorés d'arabesques de couleurs éteintes où le bleu, le rouge, le brun, dominent. La décoration est réellement élégante et coquette.

## EPOQUE CONTEMPORAINE

Pour l'histoire des arts industriels, des arts décoratifs, nous ne saurions mieux faire que de citer les lignes écrites en 1867 par un Belge, M. Romberg, et en 1872, par M. Oct. Lacroix, dans son rapport sur l'Exposition universelle de Londres.

« La *France*, écrivait M. Romberg, est toujours le *pays du grand art industriel*. Malgré les déviations et les débauches de goût, on rencontre encore en France, au suprême degré, le sentiment de la forme élégante, l'harmonie et la grâce dans les contours et la délicatesse de l'exécution. Lorsque d'autres pays, comme l'Angleterre et la Russie par exemple, montrent des meubles qui brillent par la réunion de ces diverses qualités, on peut être certain d'y trouver l'invention de dessinateurs ou la main d'ouvriers français. C'est Paris qui est l'école souveraine du goût ; c'est dans ses ateliers, c'est par la vue de ses musées, de ses collections publiques, de ses monuments, c'est au contact de sa société élégante et polie que se forme cette multitude d'artistes et d'artisans, non seulement français, mais venus de tous les pays du monde dans la grande capitale, et qui en rapportent partout les leçons et les impressions, lesquelles ne se conservent pures, cependant, qu'à Paris même, où l'inspiration se rafraîchit et se retrempe sans cesse. »

Quant à l'ornementation et à l'art décoratif français, voici ce qu'en disait M. O. Lacroix.

« Là où la main, nous ne disons pas d'un artiste, mais seulement d'un ouvrier français, a touché, il demeure une empreinte que ne laissent pas les autres mains, un je ne sais quoi, sur la toile, sur la pierre, sur le bois ou sur les métaux, qui rappelle, comme disaient les anciens, le passage d'une muse ou d'une grâce, et qui ressemble à un rayon : *c'est le goût.* »

# L'ART FRANÇAIS
## AU XIXe SIÈCLE

### LES PEINTRES, LES SCULPTEURS ET LES DESSINATEURS

Nombreux sont les peintres et les sculpteurs de talent qui ont honoré l'histoire de l'art français depuis le commencement de ce siècle. Pour parler de tous, il faudrait la matière de 10 volumes. Dans le cadre restreint de ce travail, nous serons donc obligé de nous limiter et de ne parler que de quelques-uns, des maîtres et des plus marquants, afin de donner une idée de notre belle École française, si vivante, et à laquelle ne peut se comparer actuellement aucune autre école étrangère.

L'art français qui était tombé bien bas après la première moitié du XVIIIe siècle, sous les pinceaux légers, frivoles, faux des successeurs de Boucher, de Watteau, de Laurent, changea complètement de direction et prit un essor nouveau vers la beauté, avec *Louis David* (1748-1825), le représentant le plus grand en France de la peinture académique.

*Léonidas aux Thermopyles*, les *Sabines*, sont des tableaux où la beauté académique le dispute au sentiment. Un des principaux dessins de cet artiste est le *Serment du jeu de Paume*, œuvre remarquable où l'existence passionnée a bien rendu l'expression des personnages : c'est la magnifique représentation de cette heure solennelle où l'ardeur glorieuse de nos ancêtres a ouvert une ère nouvelle de justice et de patriotisme.

Parmi les principaux élèves de David, nous pouvons citer : Gérard et Gros.

Le peintre d'histoire, baron *François Gérard*, était né à

Rome en 1770. Fils de l'intendant de l'ambassade française à Rome, il entra d'abord dans l'atelier de Pajou, puis dans celui de Brenet. En 1786, il commença à prendre des leçons de David. Il débuta au salon de 1795 par son *Bélisaire*, tableau popularisé par la gravure. En 1796, il fit ce charmant tableau de *Psyché*, un des plus délicieux ornements du musée du Louvre. Il exposa en 1810 au Salon la *Bataille d'Austerlitz*, qui faisait l'admiration de Napoléon I$^{er}$. Sur l'invitation du roi Louis XVIII il fit et termina en 1829 sa célèbre toile, l'*Entrée de Henri IV à Paris*. Il ne faut pas oublier non plus son *Sacre de Charles X*. De 1832 à 1836, il travailla aux quatre *penditifs du Panthéon* représentant la gloire, la justice, la mort, la patrie. Gérard avait une touche à la fois vigoureuse et savait mettre beaucoup d'expression dans ses physionomies; cela se voit aisément dans ses beaux portraits de Madame Récamier, de Moreau, de Talleyrand, de la famille impériale et de celle de Louis XVIII, de Charles X, etc... Il est mort en 1836.

Le baron *Gros* (Antoine-Jean), qui a été en fait un des premiers réalistes de l'Ecole française du XIX$^e$ siècle, était né à Paris en 1771 et est mort en se suicidant le 25 juin 1835. A l'âge de 14 ans, il était entré dans l'atelier de David. Son premier tableau d'histoire, *les Pestiférés de Jaffa*, exposé au Salon de 1804, est un véritable chef-d'œuvre, à la fois de sentiment et de réalisme. En 1806 il exposa la *Bataille d'Aboukir* et en 1808 la *Bataille d'Eylau*, qui est au musée du Louvre. En 1812, Gros fut chargé de décorer la coupole du Panthéon, qu'il termina en 1825. Ce travail lui valut le titre de baron et 100.000 francs. Ses principales qualités sont la pureté du dessin et la noblesse d'expression. Ayant été vivement critiqué pour ses œuvres en 1832, 1833 et 1835, il se noya dans la Seine, près de Meudon. Il a fait un grand nombre de portraits très remarquables, parmi lesquels on peut nommer ceux de Louis XVIII, de Charles X, du général Lasalle, de l'impératrice Joséphine, de Chaptal. C'est lui qui a fait au musée du Louvre la décoration de la salle d'introduction du musée de tableaux et les plafonds du musée égyptien.

« Gros n'est pas un homme de génie, dit M. Ernest Chesneau. Il a les instincts du génie, mais il n'a pas la puissance du cerveau qui domine, ordonne, centralise et gouverne ces instincts..... Il lui reste un très grand titre de gloire : il a le premier introduit l'émotion idéale dans la vie moderne, la puissance d'émotion dans la puissance de la vie. »

Nous ne devons point oublier de mentionner un des élèves de David, *Isabey* (1767-1855), le célèbre miniaturiste dont les œuvres sont si appréciées des amateurs délicats ; il n'a fait guère que suivre, mais toutefois en les adoucissant, les sévères principes de David.

*Géricault* (Jean-Louis-Théodore), né à Rouen le 26 septembre 1791 et mort à Paris en 1824, fut un peintre doublé à la fois d'un penseur et d'un poète. Il a été non seulement un peintre d'histoire, mais aussi un peintre d'animaux hors ligne. Il débuta dans l'atelier de Carle Vernet et ensuite entra dans celui de Guérin. En 1811, il exposa son *Chasseur de la garde,* tableau plein de fougue et de mouvement, et en 1814, l'émouvant tableau du *Cuirassier blessé,* que la gravure a popularisé. En 1819, il exposa au Salon cette toile admirable, ce chef-d'œuvre du *Radeau de la Méduse* qui le place parmi un des premiers maîtres de l'Ecole française. Nul, sauf Delacroix, n'a su pousser le pathétique, l'émouvant à un si grand et si beau degré de perfection. Quelle perfection et dans le dessin, et dans la couleur, et dans le sentiment! C'est grand et émotionnant.

On raconte que pour faire ce tableau, Géricault passait de longues heures dans les hôpitaux pour peindre ou dessiner des cadavres ou des mourants.

En 1825, il exposa deux toiles, le *Cheval sortant d'une écurie* et *l'Écurie*, qui montrent qu'il savait peindre les chevaux d'une façon admirable ; certains de ses dessins de chevaux font penser au beau dessin de Léonard de Vinci, où des cavaliers se disputent autour d'un drapeau. Il suffit pour s'en convaincre d'aller admirer au musée du Louvre le *grand Derby d'Epsom*, d'un dessin si savant et d'un effet si superbe. « L'influence de Géricault, a dit M. Ch. Clément, a été très grande, et elle dure encore. Il a puissamment agi sur nos peintres de genre et sur nos paysagistes. »

*François-Marius Granet* (né en 1775, mort en 1849), fils d'un maçon, avait retrouvé le genre des intérieurs. Il ornait ses monuments de scènes de la vie humaine. Il a admirablement bien rendu la perspective. Les *Pères de la Merci rachetant des esclaves* et le *Cloître de l'église d'Assise*, que possède le Louvre, sont deux de ses meilleures toiles.

*Horace Vernet* (né en 1789, mort en 1863) a été un maître fécond. Il a fait des toiles d'une étendue colossale ; on peut l'apprécier au Louvre avec ses tableaux : la *Défense de la barrière Clichy*, *Judith et Holopherne*, le *Massacre des Mameluck*. A Versailles sont ses meilleurs tableaux de guerre, car il est peintre militaire, aimant le troupier et surtout sachant exprimer son caractère (1).

*Alexandre Decamps* (1803-1860) a été amoureux de l'Orient, dont il a su bien rendre la lumière et le clair obscur ; ses toiles les plus connues sont : la Sortie de l'école turque, le Supplice des crochets, les Singes et les Chiens savants, l'Histoire de Samson, etc.

*Paul Delaroche* (1797-1856), élève du baron Gros, a été un des plus grands peintres du commencement de ce siècle. Il

---

(1) « Vernet, artiste multiple, qui peint tout : tableaux religieux, batailles, vie bourgeoise, animaux, paysages, portraits, et tout cela en courant, presque à la manière d'un faiseur de pamphlets. »

(Henri HEINE.)

a été un peintre dramatique. Son imagination aimait en effet à évoquer le souvenir des grandes infortunes, des puissants de la terre, déchus du pouvoir, les scènes tragiques des plus sombres pages de l'histoire. Henri Heine disait de lui qu'il était le courtisan des majestés décapitées. Il aurait pu ajouter qu'il en avait été aussi l'avocat, car jamais peut-être peintre ne nous a plus ému, ne nous a plus fait prendre en pitié les malheurs des grands. Pouvait-on frapper d'une façon plus sanglante cet ambitieux de Cromwell en le représentant découvrant le cadavre de sa victime? Peut-on trouver page plus éloquente pour émouvoir contre les injustices du sort, contre l'atrocité du crime, que ce beau tableau du Louvre représentant les enfants d'Édouard? (1)

Si *Delacroix* (1799-1863) a été un excentrique durant toute sa vie, il n'en a pas été moins un maître dans l'art de rendre la vie, le mouvement, le tragique. Il était tout l'opposé d'Ingres, ce maître du dessin, et il connaissait si bien le caractère de son œuvre qu'il disait à ses élèves : « Surtout, gardez-vous de m'imiter. » Les premiers essais de Delacroix furent, le croirait-on, des caricatures. Tout jeune, il avait collaboré au *Nain jaune*. Le terrible, le fantastique, l'émouvant étaient ses moyens de mise en scène. Comme Regnault, Delacroix était éternellement hanté par le tragique : il y avait du sang sur sa palette. Il connaissait sa force, et au musée du Louvre, son portrait, une simple tête, peint par lui-

(1) N'oublions pas de citer un de ses chefs-d'œuvre, la *Fresque de l'hémicycle de l'École des Beaux-Arts*. Au premier plan on y voit la Renommée qui distribue les palmes, les couronnes; au fond sont assis les trois juges de l'art antique : Apelles, Phidias, Ictinus; au-dessous, les grands arts : l'art grec, l'art romain, l'art du moyen âge et l'art de la Renaissance sont représentés par quatre femmes. Tous les grands artistes sont là, peints dans des attitudes dignes et variées, entre Véronèse qui forme l'extrémité gauche de l'hémicycle et le Poussin qui forme l'extrémité droite.

« Delaroche, a dit Alexandre Dumas, a mis cinq ans à écrire cette belle page. »

même, véritable chef-d'œuvre, nous le montre avec son sourire dédaigneux. Parmi ses œuvres, au musée, se trouvent : le Massacre de Scio, la Noce juive, débauche de couleurs, les Femmes d'Alger, la Barque de Don Juan, toile si émouvante, véritable synthèse de son talent. Il ne faut pas oublier son plafond, le Triomphe d'Apollon, dans la galerie d'Apollon. Il est mort le 13 août 1863 (1).

*Ingres* (Jean-Dominique), né en 1781, mort en 1861, a été une des personnalités les plus remarquables de l'histoire de l'art français.

« La carrière tout entière d'Ingres (2), a dit M. Henri Delaborde, depuis le point de départ jusqu'au terme, a eu l'inflexible continuité d'une ligne droite..... A ne considérer que la diversité des sujets traités et de la souplesse du style adopté par chacun d'eux, le peintre d'Homère et de la Chapelle Sixtine, du Martyre de saint Symphorien et du maréchal de Berwick, de la Source et du portrait de M. Bertin, défie certes tout reproche de raideur ou de monotonie dans le talent..... Doué d'un sentiment de la grâce et de la beauté classique plus ample, plus instinctif que le goût un peu exclusif et le sentiment érudit avant tout de David ; aussi sincèrement ému et souvent plus audacieusement véridique en face de la réalité qu'aucun des novateurs naturalistes, M. Ingres personnifie et résume les traditions les plus nécessaires de l'art ancien, en même temps que les besoins les mieux justifiés et les conquêtes les plus légitimes de l'art moderne..... Quelles que soient les aptitudes de son talent

---

(1) « Chez Delacroix, on voit un dessin violent et hâtif, qui sacrifie la ligne au mouvement, une originalité radicale sans analogies et sans parenté, la passion recherchée aux dépens mêmes de la correction, portée à son paroxysme, étreinte et figée dans ses convulsions. »
(Paul de SAINT-VICTOR. — *Le Musée du Luxembourg.)*

(2) *Revue des Deux-Mondes*, n° du 1er avril 1867. Jean-Dominique Ingres, sa vie et ses œuvres, par M. Henri Delaborde.

à renouveler dans la pratique les principes et les termes de l'art grec, ses affinités semblent plus directes, plus intimes encore avec le génie florentin à l'époque de la Renaissance. »

L'apothéose d'Homère, aujourd'hui au musée du Louvre, a été peinte par Ingres en 1827 pour la décoration d'une des salles du musée Charles X ; c'est la noble représentation d'une belle scène. L'École française n'avait jusqu'alors rien produit de semblable à ce tableau, véritable et incomparable mélange d'ampleur et de finesse.

« L'apothéose d'Homère, dit M. Delaborde, appartient par le fond des intentions à la même famille que le Testament d'Eudamidas, de Poussin, et que la Mort de Socrate, de David (1).

Parmi les autres œuvres remarquables de cet artiste, citons : le Vœu de Louis XIII, Don Pedro de Tolède ; l'Odalisque, la Source, Œdipe et le Sphinx, le maréchal de Berwick, l'Entrée à Paris de Charles V, la Stratonice, la Vierge et l'Hostie, le portrait de Cherubini, le portrait du duc d'Orléans, l'Apothéose de Napoléon Ier.

Ingres a été un des plus grands dessinateurs ; son dessin a toujours été pur et correct. C'est lui qui a prononcé ces belles paroles, que l'on a inscrites sous son buste à l'Ecole des Beaux-Arts : *Le dessin, c'est la probité de l'art*. Il a fait d'admirables dessins au crayon (1), à la mine de plomb.

Il disait à ses élèves : « Prenez-moi du papier à envelopper

---

(1) « Et quant à ces petits portraits à la mine de plomb qu'Ingres dessinait autrefois pour vivre, ou que plus récemment il donnait à ses amis, j'en appelle, pour en déterminer les mérites, à la clairvoyance, à l'impartialité des artistes. Qu'ils disent si aucun temps et aucune école nous ont légué en ce genre des équivalents ; si jamais le crayon d'un peintre a réussi à surprendre et à figurer la vie avec une pareille liberté dans l'exécution, avec des moyens aussi simples, avec une exactitude aussi complète pourtant, aussi animée, aussi pénétrante. »
— (Henri DELABORDE, INGRES).

de la chandelle, un morceau de chabon, et faites-moi de beaux dessins. » (1).

*Hippolyte Flandrin* (né en 1809 et mort en 1864), élève d'Ingres, a suivi sa tradition quant à la pureté du dessin. Il a été le *peintre mystique et religieux* le plus élégant du XIX<sup>e</sup> siècle.

Les peintures d'Hippolyte Flandrin entraînent l'âme dans la sphère des vérités cachées, dans le pur domaine des idées religieuses ; elles font de mystérieux appels à la piété, elles excitent la ferveur, elles parlent des choses du ciel et invitent à ne contempler que la grandeur idéale.

Cet artiste a été le Fra Angélico de la France (2). Ses peintures de Saint-Germain-des-Prés, de Saint-Vincent-de-Paul (3), de Saint-Severin à Paris, sont de toute beauté ; l'art chrétien ne s'est jamais élevé plus haut dans l'expression de la foi pure et religieuse. Les peintures de Saint-Severin représentent la Cène, Saint-Jean, le Baptême du Christ, etc. Les vitraux du chœur et les peintures à la cire de Saint-Germain-des-Prés représentent les prophètes, l'entrée de Notre Seigneur Jésus-Christ à Jérusalem, un Portement de Croix.

*Troyon* a été l'un des plus grands peintres d'animaux du XIX<sup>e</sup> siècle ; il a été le Paul Potter de la peinture française. Il était né à Sèvres le 28 août 1816. Sa peinture a eu un caractère rustique. C'étaient les troupeaux de moutons, les vaches, rouges et blanches, les taureaux, les maisons, les

---

(1) « Chez Ingres, on peut admirer la noblesse antique, le style traduit des plus hauts exemples du passé, la beauté posée comme type et thème unique des conceptions de l'artiste. »
(Paul de Saint-Victor.)

(2) Cornélius disait d'Hyppolyte Flandrin à cause de son mysticisme : « C'est un Allemand égaré parmi les Français ».

(3) « On peut considérer comme son chef-d'œuvre les peintures de l'église de Saint-Germain-des-Prés. »
(Jean Gigoux.)

véritables et belles campagnes, les maisons couvertes de chaume, qu'il aimait à peindre d'un coloris ferme et puissant. Il savait rendre la nature prise sur le fait : ses belles vaches semblent vivantes tellement elles sont réelles. Troyon savait aussi admirablement bien le dessin, d'un crayon large et juste, dédaignant les détails, mais sachant rendre avec bonheur les grandes masses du paysage.

S'il a existé un dessinateur aquarelliste, lithographe remarquable et populaire, c'est à coup sûr *Raffet*, l'auteur du *Réveil*, du *Champ de bataille* de Novare, né le 1<sup>er</sup> mars 1804. Il eut des débuts difficiles ; il fut élève de Charlet.

Les scènes militaires ont été ses sujets de prédilection et ses compositions les plus célèbres ont été celles qu'il a consacrées aux soldats de la première République.

Sa meilleure page est sans contredit la *grande revue* où César décédé passe en revue les vieux soldats, — fantastique vision.

Nul doute que Raffet n'eût fait, s'il l'avait voulu, de grands tableaux. Mais, comme le dit M. Paul Mantz : « Que demander de plus à un artiste qui nous a donné le *Voyage dans la Russie méridionale*, le *Siège d'Anvers*, la *Retraite de Constantine*, la *grande Revue*, l'*Expédition de Rome* et tant d'autres lithographies, tant d'autres aquarelles exquises par l'exécution, émouvantes par le sentiment !.... Dessinateur impeccable, il a, dans ses souvenirs de voyage, la divination des races, la notion du type, le sens intime de la géographie locale. Dans ses croquis militaires, il allie la réalité à l'héroïsme, et son œuvre, où l'on viendra plus tard apprendre ce que furent les soldats de notre temps, a reconcilié la poésie avec l'histoire. »

*Gavarni et Daumier* ont été deux dessinateurs humoristiques. Gavarni a été l'historien des mœurs parisiennes du XIX<sup>e</sup> siècle. Son crayon de caricaturiste, on devrait dire de portraitiste, a rendu les ridicules, les vulgarités, les laideurs de son temps. Il a exagéré dans le trivial et dans le comique comme Michel-Ange avait exagéré dans la grandeur et dans la force. Les voyous, les lorettes, les bourgeois ont défilé tour à tour sous son crayon moqueur et moraliste à la fois. Daumier n'a pas eu la même force que Grandville ; il a été plutôt le caricaturiste de son temps. Tout chez lui tournait plutôt à la raillerie ; les caricatures de la vie bourgeoise ont formé la plus grande partie de son œuvre. *Grandville*, lui aussi, a été caricaturiste, mais il a été plus mesquin que les précédents ; l'illustration lui convenait beaucoup mieux.

*Brascassat* a été à la fois le Potter et le Poussin de la première moitié du XIX<sup>e</sup> siècle. Né à Bordeaux en 1805, il a été élève de Hersent et de Richard. Il débuta au Salon de 1827 avec *Mercure* et *Argus*. Ses toiles les plus remarquables sont: la Chasse de Méléagre, Vue de Cassano, le Temple de Vénus, à Baïes, Lutte de Taureaux, Loup, Parc de brebis, Vues de Lozère, Vache attaquée par des loups, Animaux au repos, etc.

En 1846, il avait été membre de l'Académie des Beaux-Arts. où il succéda à Bidault. Troyon avait été puissant dans la peinture des animaux. Bracassat lui, a été poète ; devant ses œuvres on reste sous le charme. Ses études d'après nature ont été ses meilleures.

Mais si Brascassat se montre, dans ses toiles, peintre d'un grand talent, il devient admirable quand on considère ses *dessins* dignes de figurer au Louvre à côté de ceux de Poussin, de Claude Lorrain ; un amateur, M. *Hugues Kraft*, possède une collection unique en son genre de *Dessins de Brascassat*(1) qui font voir cet artiste sous un jour nouveau ils le montrent comme un maître de l'art français du XIX<sup>e</sup> siècle, un *dessinateur vraiment grand*, un animalier hors ligne, un paysagiste plein de style et de grandeur ; on

---

(1) Plusieurs de ces dessins ont figuré à l'exposition des dessins du siècle à l'Ecole des Beaux-Arts en 1884.

ne sait trop lesquels préférer de ses dessins de paysages ou d'animaux. La perspective des lointains, la pureté du rendu, la majesté du paysage, la profondeur des bois, les aspects variés des animaux, ne pourront certes être jamais rendus avec plus de bonheur (1).

M. *Hébert* a été un peintre de genre très distingué ; il a excellé surtout à renfermer dans un petit cadre le charme et les souvenirs de la terre étrangère. Tout le monde connaît son beau tableau de *Cervarolles,* au Luxembourg. Son dessin était élégant et sa couleur fine et délicate (2).

M. *Goupil* s'était surtout attaché à nous peindre l'époque du Directoire, dont il connaissait à merveille les costumes, les mœurs et les physionomies. Les incroyables étaient devenus populaires, les figures de cette époque paraissaient revivre dans son pinceau réel. Son coloris était toujours d'une grande fraîcheur.

*Gustave Doré* a été un compositeur merveilleux, un dessinateur original et puissant. Il avait une fécondité surprenante et un grand goût pour le pittoresque. Il semblait faire, pour ainsi dire en se jouant, les compositions les plus compliquées, les plus confuses, où cependant tout était en proportions et exactement à sa place. Doré a été un des premiers dessinateurs de France, et ses *illustrations*, ses vignettes pour les livres, l'ont placé parmi les *maîtres du dessin.*

(1) « *Brascassat* n'est pas seulement un dessinateur qui sait modeler et construire un animal avec la précision d'un anatomiste, il fut aussi en son beau temps, comme on l'a dit, un poète qui joint le sentiment dramatique au sentiment pittoresque et fait de ses moutons ou de ses bœufs des héros de tragédie, agités par la passion, la colère ou la peur. »
(Victor FOURNEL, *Les Artistes français.*)

(2) Dans Hébert, il faut louer l'élégance de l'exécution, la justesse exrpessive des physionomies, l'emploi brillant et mesuré de la lumière ; toutes les qualités du talent timide et du tempérament indécis.
(Paul de SAINT-VICTOR).

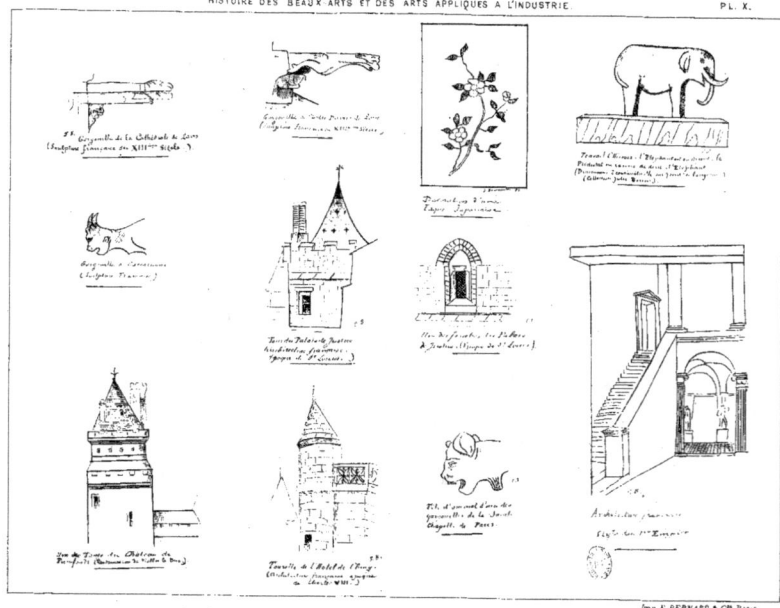

Quoi qu'on en dise, si Gustave Doré a été un bien grand dessinateur, il a été aussi à sa manière un grand coloriste ; non pas un coloriste étonnant comme Eugène Delacroix, se jouant avec la lumière, se servant de tons éclatants, mais un coloriste qui, avec peu de choses, même avec des teintes affaiblies, savait donner la note juste de la couleur. Et, à la manière de Rembrandt, ce grand coloriste aussi, il rendait de grands effets avec ses vibrantes oppositions d'ombres et de lumières, absolument comme dans la peinture décorative ; Doré n'était-il pas, en réalité, un grand décorateur ? Il savait faire de tous les genres : histoire, genre, nature morte, paysage, animaux, etc..... Non content de faire d'admirables dessins, de bonnes peintures, il faisait aussi de belles sculptures. Son œuvre a été immense ; citons au hasard : ses illustrations pour la sainte Bible, pour Londres, par Louis Enault, pour l'Espagne du baron Ch. Davillier, ses vues et ses types d'Écosse, de Londres, d'Espagne, ses tableaux religieux, etc. Doré savait embellir tout ce qu'il reproduisait ; c'est ainsi qu'il a donné jusqu'à ses mendiantes des airs de reines ou d'impératrices.

La mort avait, en janvier 1871, frappé brutalement un peintre plein d'avenir, et sur lequel se fondaient les plus grandes espérances, *Henri Regnault*, ajoutant un deuil aux deuils déjà si pénibles de la France agonisante. Celui-là était un amant de la couleur, que le talent du célèbre coloriste Fortuny avait fasciné. La couleur éblouissante, voilà quel était son rêve. Tout le monde connaît ses tableaux principaux : Salomé, Une exécution à Tanger, le portrait du maréchal Prim, qui l'a classé parmi les grands portraitistes, le charmant portrait de M$^{me}$ de Burck, que possède le Louvre. Mais si Regnault était un grand coloriste, il était aussi un savant dessinateur et un adorable aquarelliste. Ses aquarelles, véritables débauches de couleurs, enchantent tous les regards.

Quant à ses dessins, ils comprennent tous les genres, tous les sujets d'études ; on voyait que cet artiste aimait la nature et qu'il voulait en décorer ses dessins.

*Corot* a été aussi une perte pour l'art français ; il avait, comme peintre paysagiste un genre spécial qui a été depuis imité par M. *Trouillebert* ; il mettait dans ses paysages, rendus avec une transparence dont il possédait le secret, une véritable poésie ; il n'a pas eu d'égal pour peindre la fraîche nature à son réveil alors que la rosée vient de répandre ses perles sur les arbres, les herbes, les fleurs, et que la brume indécise tarde à disparaître sous les chauds rayons du soleil.

Un des plus grands sculpteurs français du commencement du XIX$^e$ siècle est sans contredit cet admirable *David d'Angers* (1789-1856), qui a su allier à l'amour de l'art la noblesse de l'âme et l'indépendance du caractère.

Parmi ses plus beaux ouvrages, nous devons mettre en tête ce magnifique fronton du Panthéon, chef-d'œuvre digne d'être comparé aux œuvres de Phidias, et nommer aussi ses belles statues de Condé à Versailles, de Corneille à Rouen de La Fayette à Washington, de Philopœmen, dans le jardin des Tuileries, d'Armand Carrel à Saint-Mandé ; son talent avait une grande analogie avec celui de Puget.

A côté de David d'Angers il convient de parler de cet artiste au génie éminemment français, *François Rude* (né en 1784, mort en 1855), célèbre par son énergique et beau morceau de sculpture, en haut-relief, de l'arc de triomphe de l'Etoile à Paris (1).

Ce haut-relief a été appelé la *Marseillaise* ou le *Chant du Départ* ; c'est l'image vivante de la Patrie qui appelle aux armes ses enfants pour la défendre. Le souffle guerrier de

(1) « Ce groupe, un chef-d'œuvre, respire la vie, le mouvement, l'entrain, l'impétuosité, l'irrésistible furie des combattants de 92. »
(Gabriel GUILLEMOT.)

la première République se fait sentir dans cette œuvre empreinte d'un si grand patriotisme. Le Musée du Louvre possède de ce même artiste un Mercure, une Jeanne d'Arc et une charmante œuvre, Jeune pêcheur jouant avec une tortue, qui montre la souplesse véritable de son talent.

Parmi les autres sculpteurs français du commencement de ce siècle, nous pouvons mentionner : Antoine-Denis *Claudet* (mort en 1810), l'auteur du Berger Phébus emportant le jeune Œdipe, qui se ressent de l'influence de David ;

Adrien *Gos* (mort en 1823), qui a fait le buste en albâtre de Corime, qui est au musée du Louvre ;

*P.-L. Roman* (1835), le sculpteur du groupe de Nisus et Euryale, également au musée du Louvre ;

*Cortot* (J -P.) (1843), sculpteur aimant à faire gracieux, et dont le plus beau morceau, Daphnis et Chloé, est au musée du Louvre;

*Pradier* (James), né en 1794, mort en 1852, l'auteur de la fontaine Molière de la rue Richelieu ; le musée possède de lui une Atalante, une Niolide, une Psyché ; il savait mettre beaucoup de grâce et de délicatesse dans ses œuvres ;

*Foyatier*, l'auteur du superbe Spartacus du jardin des Tuileries.

Nul n'a eu peut-être plus que *Careaux* le don de la vie et du mouvement ; nul n'a su mieux amollir le marbre, l'échauffer, l'animer, en faire de la chair qui semble vivre.

Né à Valenciennes, il était élève de Rude, de Duret et d'Abel de Puget. On peut voir tout son talent dans le groupe de la Danse à l'Opéra et à la fontaine de l'Observatoire, où il représente les quatre parties du monde soutenant la sphère. Dans le nombre de ses œuvres, on peut aussi remarquer : Jeune pêcheur, Ugolin et ses enfants, le Prince impérial et son chien Véro, les portraits de la princesse Malthide, de Charles Garnier, de M. Gérôme, le groupe de la France protégeant l'agriculture, la science, au pavillon de Flore.

La mort du sculpteur *Mène* a été une perte pour l'École française de sculpture, car c'était véritablement un animalier d'un bien grand talent. Il a été un de ceux qui ont le plus contribué à remettre le bronze en honneur ; il a peuplé les intérieurs d'armatures d'une grande quantité de créations charmantes.

Il n'avait peut-être pas la science profonde, l'énergie vitable, le mouvement superbe de Barye (1), mais il avait beaucoup d'élégance, de grâce et de finesse, et il traitait toutes ses œuvres avec un soin véritablement scrupuleux sans y mettre pourtant aucune espèce de mièvrerie.

*Duret* s'était fait connaître par son joli *Danseur napolitain*, aujourd'hui au musée du Louvre, et qui a été vulgarisé par un nombre incalculable de reproductions.

L'allégresse du mouvement, la joie de vivre ont été heureusement reproduites par cet artiste.

*Nanteuil* s'était épris des types grecs ; son chef-d'œuvre, *Eurydice*, qui porte la main à son pied mordu par un serpent, est d'une grande noblesse et d'une véritable pureté.

Si dans tous ces sculpteurs le génie était bien rare, il n'en est pas moins vrai que le talent abondait.

L'adresse, la science spirituelle, la technique de l'art, étaient des qualités inséparables de la jeune école de sculpture française de la première partie de ce siècle.

(1) Barye (né en 1795). « Il y a du Michel-Ange dans le ciseau de Barye ; il manie la fonte comme d'autres la glaise ; ses rudes mains tordent dans des combats farouches les muscles des tigres et la carapace des crocodiles, les lions incultes et les jaguars affamés. »

(Jules CLARETIE, *Médaillons et Portraits*.)

## LES PEINTRES, LES SCULPTEURS ET LES DESSINATEURS CONTEMPORAINS

M. *Ernest Meissonier* est né à Lyon en 1813 (1). Il suivit les leçons de Léon Cogniet, mais ne s'enrôla point sous sa bannière, car, avant tout, il avait un caractère original, suivant son chemin sans s'inquiéter des autres, ne tenant aucun compte ni du romantisme, ni de classique.

Ce qui fait encore si grande originalité, c'est qu'il a toujours consulté la nature. Il est en réalité un peintre de genre qui a toujours tenu en grand honneur et pratiqué l'étude consciencieuse de la nature.

M. Meissonier ne s'est jamais intéressé au présent ; il a légué aux âges futurs, dans de charmants petits tableaux achevés, l'image fidèle des types et des costumes des temps passés.

Il imite les Flamands et les Hollandais le plus souvent, et quelquefois quelques rares artistes français du xviii° siècle. Il fait en réalité de la peinture de genre historique.

Chose curieuse, la précision du détail n'a jamais nui chez Meissonier à l'effet général, car, lorsqu'on regarde ses peintures, c'est l'ensemble qui frappe d'abord. Il faut s'appliquer à regarder pour apercevoir ensuite les détails.

Ce qui frappe aussi chez lui, c'est l'expression vivante de ses figures, la justesse des gestes, la vérité des attitudes. La vie se retrouve partout, et chaque personnage a sa physionomie et son attitude propres, calmes quand il s'agit d'une représentation calme, tragiques quand il fait une œuvre dramatique ; car, si Meissonier peint de préférence les scènes calmes de la vie paisible, la peinture d'intérieur, il n'en est pas moins un peintre émouvant des tragédies humaines ; il sait être violent et terrible quand il le veut.

(1) « Meissonier, disait Eug. Delacroix, est le maître le plus incontestable de notre époque. »

M. *Ribot* s'est épris des vieux maîtres d'Espagne et de Hollande ; il sait modeler avec une grande rigueur. Sa peinture se distingue presque toujours par ses tons noirs, lugubres presque. Les idées tristes, lugubres, vieilles, ont trouvé en lui un digne interprète.

M. *Jules Breton* est plus doux ; il a un art plus esquis. Il fait frais et pur ; sa peinture s'attaque plutôt aux sentiments tendres et délicats. Ses paysans, ses paysannes sont doux, timides, animés de bons sentiments. Quoi de plus charmant que ses faucheuses, et que son tableau les *Communiantes*, exposé au Salon de 1884. C'est de l'art presque religieux.

M. *Cormon* peint bien les scènes d'un autre âge ; il a seulement le défaut de faire trop emphatique.

M. *Gérôme* est un grand dessinateur (1) et un grand coloriste. Il a su évoquer savamment les scènes du passé ; son Gladiateur mourant dans l'arène, Phryné, le roi Candaule, ne sont-elles pas des scènes où le savoir, la sincérité, le disputent à la beauté du dessin et a la vérité archéologique. L'Orient l'a aussi fasciné ; il en connaît admirablement bien les secrets, et il sait rendre avec un cachet de vie particulier les ardeurs de ce soleil couchant, le style particulier de cette nature. M. Gérôme a aussi le sentiment dramatique.

M. *Bouuereau* dessine avec une rare perfection. Son coloris a toujours une grande fraîcheur, et beaucoup de finesse. On peut admirer de lui, au musée du Luxembourg, la *Vierge Consolatrice*.

Il déteste la mise en scène ; peu de choses lui suffisent pour faire un tableau. Quant à ses portraits, il sont toujours très élégants.

Certes, M. *Cabanel* est un grand dessinateur. La pureté et

(1) « La grande qualité de M. Gérôme, c'est la conscience de l'exécution. » — Ernest Chesneau.

la vérité dans le dessin ont été toujours ses guides. On trouve toujours dans ses toiles la grâce et le charme. Quoi de plus séduisant que ce ravissant tableau du *Conteur Florentin* ? On critique toujours cet artiste pour son coloris et cela surtout dans ses portraits ; on prétend qu'il ne sait pas représenter la chair dans ses frêles, délicats et distingués portraits de femmes, qu'il les représente anémiques. Nous ne partageons pas cette opinion ; M. Cabanel peignant des portraits aristocratiques, ne peut pas représenter ses types féminins avec des couleurs de paysannes, les joues et les mains rouges comme du vermillon. La pâleur du coloris, la pureté du dessin, ne sont-elles pas les caractères saillants des types aristocratiques ? Le musée du Luxembourg possède de lui des toiles dramatiques : Thamar et Absalon, et la mort de Francesca de Rimini et de Paolo Malatesta.

Il a travaillé à la décoration de l'église Sainte-Geneviève (Panthéon), pour laquelle il a fait des épisodes de la vie de saint Louis.

Les peintures décoratives du nouvel Opéra de Paris ont immortalisé *Paul Baudry*. « Portraitiste éminent, dit M. Louis Énault, peintre d'histoire, Paul Baudry sait se faire le contemporain de toutes les civilisations, et l'interprète plastique de toutes les idées dont l'humanité a vécu. Il trouve une inspiration également poétique, abondante et juste et dans les fables de la mythologie antique et dans la légende dorée de la vie des saints du moyen âge chrétien. Ajoutons qu'au point de vue de l'art décoratif, il tient aussi un rang fort élevé parmi les maîtres. Si vous voulez juger de la souplesse infinie et de l'habileté féconde de son pinceau, allez voir, une fois de plus, les belles peintures du grand foyer de notre nouvel Opéra, et vous saurez ce que vaut l'homme. Ces compositions superbes pourraient, en effet, descendre de leur voûte, pour aller figurer dans les plus nobles musées du monde. »

M. *Tony Robert Fleury* est le peintre populaire du Massacre de Varsovie, cette page sanglante, jetée à la face du brutal vainqueur. C'est d'ailleurs un de nos plus grands peintres d'histoire ; il a toujours protesté, dans d'éloquentes toiles, pour les victimes des calamités publiques.

M. *Leroux* s'est épris de Rome ; les vestales sont ses sujets familiers ; il en connaît les mœurs et sait faire revivre sous son pinceau les scènes mythologiques ou réelles de l'antique patrie de Romulus.

Il a beaucoup de ressemblance avec M. *Hamon* qu'avait charmé Pompéï ; les scènes domestiques de cette cité détruite ont trouvé en lui un digne et fidèle interprète.

M<sup>lle</sup> *Rosa Bonheur* (née en 1822), élève de son père Raymond Bonheur, est une artiste distinguée qui a fait d'admirables choses en paysages, natures mortes et animaux. Elle a été décorée de la légion d'honneur le 10 juin 1865. Parmi ses principaux tableaux, citons : Labourage nivernais, au musée du Luxembourg ; Lapins et Chèvres ; Marché aux chevaux, grande toile qui a été le succès du Salon de 1853 ; la Fenaison en Auvergne ; Razzia (souvenir d'Écosse). Elle fait aussi de bien, beaux dessins d'animaux et de paysages. Elle pétrit aussi la glaise. (Son beau-frère, M. *Peyrol*, est un sculpteur de talent, ainsi que son frère, — M. *Isidore Bonheur*, qui fait d'admirables statuettes.)

M. *Jadin* cherche à imiter le Poussin dans ses paysages. Il fait de belles natures mortes qui font songer à Oudry. Ses tableaux de chiens sont renommés.

M. *Bonnat* s'est fait une renommée comme peintre de portraits ; il imite la manière de Rembrandt, réservant la lumière par un seul endroit, qui est chez lui la tête, et laissant tout le reste de la toile dans l'ombre, faisant ainsi reporter toute l'attention sur le visage de ceux qu'il représente.

Ses portraits les plus remarquables sont ceux de Thiers,

de M. Grévy, de M. de Lesseps. Parmi ses autres toiles remarquables, nommons le christ de la cour d'assises, saint Vincent-de-Paul, Job, le Barbier turc, qui dénotent chez lui une admiration pour les maîtres hollandais.

M. *Carolus Duran*, lui aussi, est un peintre de portraits à la mode. Il aime la couleur chaude et vibrante ; il recherche même les tours de force dans le coloris, peignant en bleu sur un fond bleu, en rouge sur un fond rouge.

Il recherche la pleine lumière, et en cela son talent est tout l'opposé de celui de M. Bonnat.

M. *Jules-Emile-Saintin*, qui nous donne en peinture de si jolies, nous pourrions dire ravissantes scènes de genre, est aussi un bon portraitiste. Le charme, la coquetterie, unis au naturel, sont ses qualités dominantes.

Ses *portrait au crayon* sont toujours très remarqués, particulièrement ceux de femmes et d'enfants, qu'ils sait rendre charmants au moyen de quelques coups de crayons de couleur adroitement donnés qui viennent rehausser et ajouter plus de vie à la délicatesse et au fini de ses dessins.

MM. Th. Rousseau, Vollon, Desgoffe, Bergeret, sont des maîtres pour la peinture de nature morte.

*Th. Rousseau* est le Chardin du XIX$^e$ siècle ; son coloris a une grande fraîcheur, et que ce soient des fruits, des fleurs ou des animaux, des chiens de chasse qu'il nous représente, son exécution est toujours vivante et naturelle.

M. *Vollon* n'a pas le même savoir-faire tendre et délicat de M. Rousseau ; sa touche et plus large et plus heurtée ; il s'attaque d'ailleurs souvent à des sujets qui exigent moins de délicatesse et de fraîcheur, tels que chaudrons, objets de cuisine, vases, poissons. M. Vollon fait aussi des paysages qu'il traite avec le même ensemble, la même largeur de touche que ses natures mortes.

Ce qui caractérise le talent de M. *Desgoffe*, c'est la patience unie à l'étude profonde de ses sujets ; les joyaux, les émaux, les verres, les objets d'art sont ses sujets de prédilection.

M. *Bergeret* sait rendre ses natures mortes véritablement appétissantes ; il représente avec succès les desserts, les crevettes, les bocaux de conserve, les bouteilles de liqueur.

Nous devons ajouter aux précédents MM. *Chabal-Dussurgey* et *Jeannin*, qui sont les peintres de fleurs les plus habiles et les plus brillants de notre École française contemporaine.

M. *Elie Delaunay* est surtout un portraitiste de talent ; il sait ajouter à l'exacte rigueur du dessin la saveur d'un bon coloris, qualités qui servent à donner à ses portraits le prestige de la vie et de l'intelligence. Ses fonds sont habituellement clairs.

M. *Emile Lévy* excelle aussi dans le portrait ; son portrait de M. Nivière, exposé il y a quelques années, était un chef-d'œuvre de naturel et d'expression. L'élégance jointe à la richesse du coloris, le rendu de la grâce féminine, l'étude sincère de la nature sont ses qualités dominantes.

M. *Fantin-Latour* est à la fois un peintre de portraits et un peintre de natures mortes et spécialement d'intérieur. Il est toujours harmonieux et traite toujours ses sujets dans une gamme pleine de douceur. Son *Etude* du dernier Salon montre toute la richesse de son savoir-faire.

M. *Jean Béraud* met son pinceau charmant au service des scènes parisiennes. Ses peintures spirituelles sont remplies d'observation. On pourrait peut-être lui reprocher d'abuser du noir. Jamais les peintres vénitiens, ces grands coloristes, ne se sont servis de noir.

M. *Feyen-Perrin* est le peintre des vaillantes Cancalaises ; nul ne sait mieux que lui rendre gracieuses et jolies les femmes de ces populations hardies et vaillantes au travail. Quant à l'Océan, il sait aussi le rendre avec perfection, car il le connaît et il l'aime.

M. *Ulysse Butin*, lui aussi aime la mer et les marins, mais chez lui, c'est le côté moral, doux et mélancolique, des populations maritimes qu'il sait représenter avec nature et vérité. Ses marins et leurs femmes ont été popularisés par la gravure.

M. Ulysse Butin sait aussi faire d'admirables dessins au fusain ; avec quelques coups de fusain ilre présente un type marin, une scène de la vie des côtes avec une sûreté de coup d'œil extraordinaire.

M. *Guillaumet* s'est fait un nom par sa belle vue de Laghouat que possède le musée du Luxembourg ; il a beaucoup de talent pour rendre la lumière éblouissante du soleil d'Afrique, la demi-transparence poussiérieuse des villes africaines. Chez lui ces attitudes sont reproduites avec une science incomparable ; il a le don de savoir rendre avec vérité les types de ces populations, des pays inondés par la chaude lumière du soleil ; c'est un maître qui s'affirme.

M. *Harpagnies* s'attache au dessin ; ses paysages se font plus remarquer par la pureté et la vérité du dessin que par l'éclat de la couleur. M. Harpagnies est aussi très habile à faire de l'aquarelle et ses paysages en ce genre sont très appréciés.

M. *Lhermitte* est vraiment un bien grand artiste ; il est le peintre et le dessinateur des travailleurs. Il sait à la fois exprimer la noblesse du travail et le faire aimer. Les robustes paysans ou travailleurs de M. Lhermitte font songer à ceux du regretté Millet. Tout le monde connaît les admirables dessins au fusain de M. Lhermitte, dessins si beaux, si pleins de vie, qu'il semble qu'on aperçoive les couleurs sous le noir et le blanc. Son dessin est toujours ferme et vigoureux, ses formes parfaites ; c'est la nature dans son entière vérité qu'il fait revivre dans ses robustes tableaux, dans ses dessins inimitables.

On pourrait dire des dessins de M. Lhermitte que ce sont

plutôt des tableaux au fusain, car leur exécution forte et large font de cet artiste un maître incontesté.

M. *Jules Breton* a pris pour guides la simplicité et le naturel, il aime la poésie des champs, il nous fait pénétrer dans les existences laborieuses de ces pauvres enfants des campagnes françaises, il nous associe à leurs pensées, à leurs rêveries ; il met l'idéal dans ces têtes paysannes si expressives. Citons au hasard parmi ses œuvres : la Saint-Jean, les Moissonneurs, les Récoltes de pomme de terre, Faneuses, Moissonneuses, Tondeuses de moutons, etc... (1)

M. *César de Cock* aime les ombrages verdoyants ; sa peinture est pleine de fraîcheur, son coloris charmant ; on aimerait à se reposer sous les arbres dont il peint le feuillage d'un si beau vert.

M. *Bernier*, lui aussi, est un chantre de la belle nature ; il sait la faire aimer tellement il l'embellit. Certaines de ses toiles, comme *Le Matin*, sont exquises de fraîcheur.

Le talent de M. *Jean-Paul Laurens*, est tragique comme l'a été celui de Paul Delaroche. Il semble aimer les cadavres, les choses tristes, les scènes lugubres ou dramatiques, et il sait rendre le caractère farouche des scènes tragiques de l'histoire.

Sa réputation a été consacrée par des tableaux funèbres, tels que l'*Interdit*, le *Duc d'Enghein*, le *Pape Formose*, *Isabelle de Portugal*, les *Emmurés de Carcassonne*, le *cadavre du général Marceau devant l'Etat-major autrichien*, les *derniers moments de l'empereur Maximilien*. Cet artiste a le talent de la composition, qu'il sait faire simple et belle, il a aussi l'exécution ferme, mais sa touche est lourde, dure même, et son coloris trop froid et sombre. On peut dire de lui qu'il est un véritable romantique.

M. *Haquette* aime à peindre les populations du bord de la

(1) « M. Jules Breton embellit la nature. »
(Ernest CHESNEAU.)

mer, les scènes maritimes émouvantes ; il peint largement et dans une tonalité juste qui montre sa profonde connaissance de la vie des côtes de la mer elle-même.

M. *Luc-Olivier Merson* est un délicat qui a beaucoup de sentiment et qui peint avec un coloris harmonieux et mesuré.

Dans un cadre restreint, il sait mettre des scènes religieuses ou fantaisistes d'un grand charme ; tout le monde connaît son *Repos en Egypte*, son *Jugement de Paris*, qui semble une peinture grecque rapportée des mines d'une antique cité, son tableau de *Fra Angelico*, doux souvenir d'une pieuse légende artistique.

M. Luc-Olivier Merson semble aussi mettre un sentiment de piété profonde dans ses œuvres religieuses.

Cet artiste a aussi fait des fresques remarquables qui ne sont nullement déplacées à côté de celles de M. Puvis de Chavannes, que ce soient des fresques représentant des sujets religieux, comme celles que possèdent le Panthéon et quelques églises, ou que ce soient des fresques représentant des sujets historiques, comme celles de la galerie Saint-Louis au Palais de Justice, fresques d'un dessin savant, d'une pureté de formes remarquable, d'un coloris délicat.

MM. *Hermann-Léon* et *José Frappa* se sont consacrés spécialement à reproduire des scènes satyriques de la vie des éclésiastiques. Leur talent aurait pu être mieux employé.

M. *Paul Flandrin* continue dignement les traditions d'Ingres d'Hyppolyte Flandrin ; il s'est principalement fait un renom dans la peinture de paysages, quoiqu'il ait abordé tous les genres. Les beaux paysages calmes, majestueux et sombres de la campagne romaine ont trouvé en lui un digne interprète ; il est un des derniers représentants du paysage classique ; il suffit, pour s'en convaincre, d'examiner le beau paysage que possède le musée du Luxembourg.

Son portrait de jeune fille, son jeune homme, son rocher, du même musée, montrent jusqu'à quel point il sait allier la noblesse et la pureté du dessin à la beauté du coloris.

Quant aux *dessins* de M. Paul Flandrin, ils sont dignes d'être consultés à l'égal de ceux d'Ingres; avec peu de choses, quelques coups de crayons il sait faire un portrait vivant, montrer toute la poésie d'une vallée, d'un bois. Une de ses élèves, M$^{lle}$ *Madeleine Wymbs*, fait des dessins qui se rapprochent des siens, et tous les deux ils font penser aux beaux dessins d'Ingres, cet immortel dessinateur.

M. *de Curzon* est un grand paysagiste de l'école des Claude Lorrain, Flandrin. Il sait toujours reproduire dans la nature tout ce qu'elle a de beau, de grand et d'attachant. Il dessine d'une façon magistrale, par grandes lignes, et il faut voir aussi quels soins, qu'elle attention, quel amour il sait mettre dans l'étude de la nature. Ses dessins de paysages, réduits à quelques lignes, comme ceux de Paul Flandrin, de Puvis de Chavannes, donnent cependant une sensation intense de beauté et de poésie champêtres.

M. *de Mesgrigny* est un paysagiste d'une grande fraîcheur de coloris; il sait représenter des bords de rivière, des moulins, partout en un mot où se trouvent des cours d'eau, avec un charme véritable. Avec lui, la nature paraît toujours belle, calme et tranquille.

M$^{me}$ *la baronne Nathaniel de Rothschild* s'est aussi fait un nom dans la peinture de paysage; elle rend la nature avec grande sincérité. Ses aquarelles, très fraîches, sont renommées.

Du reste, M$^{me}$ la baronne de Rothschild voit son exemple suivi d'autres femmes-artistes qui ont fait des œuvres charmantes. Nous pouvons parler des œuvres de M$^{me}$ *L. Enault*, dont l'élégance du dessin, la fraîcheur et la grâce du coloris nous enchantent; M$^{me}$ *Madeleine Lemaire*, qui fait de si ravissantes aquarelles, pleines de force et de vérité; la nature est finement étudiée dans ses peintures de genre, dans ses fleurs ; M^lle *Louise Abbéma*, qui cherche à rendre la fraicheur du coloris de Chaplin et dont les sujets mondains sont très appréciés ; M^lle *Noémie Jacquemart*, qui est une portraitiste hors ligne et qui peint avec une véritable vigueur ; M^me *Muraton*, dont la peinture et les aquarelles dénotent une grande entente du coloris et une science véritable du dessin ; etc.

Nous n'avons pas à parler du mérite de MM. *Allongé, Appian, Lalanne, Karl-Robert*, comme dessinateurs ; leurs fusains sont devenus populaires ; les dessins au crayon de M. Allongé ses croquis pour illustrer la Hollande a vol d'oiseau dénotent chez lui un grand talent ; M. Appian nous fait rêver avec ses puissants fusains sur papier jaune, qui montrent une grande science de la nature, et M. Karl-Robert nous enchante toujours avec ses délicieux et coquets paysages. M. Lalanne qui est un des maître du fusain sait aussi manier le crayon d'une façon supérieure. Nous avons déja parlé des fusains de M. *Lhermitte* qui vient ajouter son mâle talent à celui des précédents.

M. *Carrier Belleuse* se fait surtout connaître par ses études décoratives dans lesquelles il sait appliquer la figure, humaine.

Ses dessins montrent une science profonde de l'ornement, de la décoration ; ils font penser aux études de décoration des maîtres du xvi^e siècle, dont il remet en honneur les magnifiques procédés ; avec M. *Galland* il se trouve être un des plus grands décorateurs français. M. Galland sait à la justesse, à la beauté de ses dessins, joindre un coloris séduisant. On peut dire de lui qu'il est le décorateur des demeures aristocratiques et que M. Carrier-Belleuse est le décorateur de l'industrie.

Depuis 1870 ont surgi quelques magnifiques talents de *peintres militaires*.

N'est-ce-pas d'ailleurs à l'art à rappeler éternellement, comme un devoir, les souvenirs à la fois navrants et glorieux de la défaite ; à montrer les dévouements obscurs et souvent sublimes de ces braves Français tombés pour la patrie ? Si on pouvait oublier ces choses inoubliables, l'art serait là pour montrer dans son magnifique langage que les défaites d'un grand peuple sont souvent plus glorieuses que les victoires, et que les hauts faits des défenseurs de la patrie peuvent aussi bien inspirer les grands artistes que les souvenirs de Grèce, de Rome ou de Florence.

Parmi ceux qui ont fait revivre, pour la gloire de la patrie française, les épisodes glorieux et sacrés de nos combats, les horreurs sanglantes des vainqueurs, on doit placer au premier rang, MM. de Neuville, Detaille, Protais, etc.; à leur suite comme une glorieuse phalange, Berne-Bellecour, Médard, etc.

M. *Alphonse de Neuville* est le vrai peintre de troupiers. Nul ne sait mieux que lui le représenter dans l'action du combat, au milieu de la bataille. Il connaît les mœurs, les instincts des soldats, on dirait qu'il a vécu de leur vie, tellement est grand le naturel avec lequel il les représente.

De Neuville fait aimer la guerre, il entoure les soldats français d'une auréole de gloire, et il stigmatise d'une façon sanglante les vainqueurs, pour lesquels il n'a jamais assez de mépris. On peut dire qu'il a rendu la philosophie de la guerre franco-allemande avec toutes ses cruautés, toutes ses scènes atroces. Tout le monde connaît ces toiles émus qui font encore davantage aimer le soldat français : les Dernières cartouches, la Bataille de Forbach (on n'y distingue pas un seul soldat prussien ; n'est-ce pas le caractère philosophique de cette guerre où les soldats français tombaient sans voir l'ennemi ?), un Combat sur une voie ferrée, l'Espion, Attaque par le feu d'une maison crénelée, le Départ du bataillon, Combat dans une église, le Déserteur, etc.

M. *Edouard Detaille*, élève de Meissonier, est aussi un de nos premiers peintres de soldat; ses œuvres seront plus tard utiles à consulter pour l'histoire du costume militaire. Ce qui distingue les soldats de De Neuville de ceux de Bataille, c'est que les soldats du premier sont toujours rendus avec un grand naturel, sales, dégoutants, plein de boue, de poudre; ceux de Detaille, en art contenu, sont propres, coquets comme à la parade.

Dans la grande quantité des œuvres de Detaille, nous pouvons distinguer: L'Alerte, la Halte, un Parlementaire, Védette, Charge de cuirassiers, Souvenir des grandes manœuvres, En retraite, les Ambulanciers, Surprise dans un château, Le régiment qui passe, etc.

M. *A. Protais* met de la poésie dans ses toiles militaires, il est connu d'ailleurs depuis longtemps par ses deux toiles: Avant l'attaque, Après le combat. Citons encore de lui: La Garde du drapeau. les Vainqueurs, le Retour dans la patrie.

Les tableaux militaires de *Berne-Bellecour* montrent presque toujours des portraits. Il est surtout connu par son tableau Le coup de canon.

M. *H. Dupray*, connaît les mœurs et les instincts du troupier en temps de paix, et il sait les rendre avec vérité; tout le le monde connaît d'ailleurs ses toiles: Un régiment de hussards de marche, Poste de la place du marché à Saint-Denis, Grandes manœuvres d'automne, Arrivée à l'étape, Artillerie prenant position, etc.

MM. *Eugène Chaperon* et *Beaumetz* se distinguent aussi parmi les peintres militaires contemporains. Le premier, auteur de l'Episode de la ferme de Hougomon (Waterloo), connaît à merveille les mœurs et les instincts du soldat; il en sait aussi bien rendre les différents costumes de n'importe qu'elle époque. Le second se rapproche de M. Protais, il aime la note émue; son Souvenir de Metz, 26 octobre 1879, et une page patriotique remplie d'émotion.

M. *P.-G. Jeanniot* s'est fait un renom comme peintre des réservistes dont il connaît toutes les allures, tous les gestes, toutes les poses.

M. *Médard* s'est lancé sur les traces de M. de Neuville ; il aime à rendre les troupiers dans la chaleur de l'action.

M. *Castellani* a un dessin fort correct et un talent dramatique ; il est surtout connu par sa Charge du 1ᵉʳ cuirassiers après la bataille de Sedan.

M. *Leblant* est le peintre des bleus et des blancs, des guerres de Vendée; les scènes qu'il représente sont toujours très vives, très émouvantes et très sincères.

On regarde ses toiles avec curiosité, comme on lit une page de mémoires. Il sait poétiser ses héros. Quel mouvement, quel entrain, quelle belle exécution on rencontre dans son œuvre. Ses tableaux les plus populaires, sont : Le Courrier des bleus, La Rochejacquelein conduisant les chevaux, Le bataillon sacré, l'Exécution du général Charette. M. Leblant est aussi un aquarelliste de talent.

M. *Caïn*, lui aussi, s'est occupé de flétrir, et s'en moquant, les scènes de la Terreur.

Tout le monde connaît son tableau si ironique, représentant le Buste de Marat, exposé aux piliers des Halles. M. Caïn s'est aussi attaché à représenter des scènes de la Restauration, et ses sympathies sont presque toujours pour les vieux serviteurs de l'Empire; sa Rixe au café de la Rotonde, Une Conspiration, sont des toiles devenues populaires.

M. *Puvis de Cavannes* est le plus grand représentant en France, de la *peinture décorative*. Il est autant poète que peintre, car il sait nous parler comme en rêves des beautés idéales des temps évanouis ; c'est une impression poétique de tranquilité, de bonheur, de doux recueillement que l'on ressent devant ses œuvres. M. Puvis de Chavannes est un puissant coloriste et un vigoureux dessinateur ; non pas un coloriste peignant avec des couleurs éclatantes comme Delacroix, mais un coloriste posant des tons justes et harmonieux ; il affectionne d'ailleurs la tonalité mate et claire de la fresque, et il sait rendre avec peu de couleurs une suave harmonie. Ses toiles les plus remarquables sont : Pro-Patria, Doux Pays, l'Enfant prodigue, le Pauvre Pêcheur. C'est surtout au Panthéon qu'on peut juger de son admirable talent dans la fresque représentant l'enfance de sain teGeneviève.

M. *Bastien-Lepage* (1) est aujourd'hui le représentant de la peinture dite *naturaliste* ou *impressioniste* dont *Manet* avait été le premier à jeter les bases en préconisant l'usage de l'éclairage ou de la lumière diffuse, de l'absence du modelé, dans les chairs, dans un effet de trompe l'œil obtenu au moyen de parties bien terminées qui contrastent avec des parties laissées volontairement à l'état d'ébauche. Tout le monde connaît *Le bon bock* et *l'Enfant à l'épée* toiles populaires de Manet. M. Bastien-Lepage s'est lancé sur ses traces, heureusement peu suivies ; il fait de la peinture naturaliste, lui qui pouvait faire de la bonne et saine peinture. Il a le travail sec et minutieux ; c'est de la pose plutôt que de l'originalité ; son Père Jacques et sa Paysanne aux champs sentent la recherche et nullement le véritable naturel ; les mêmes défauts ne se font pas sentir dans les portraits de M. Bastien-Lepage, qui pourrait bien s'il le voulait ne pas faire fausse route. (2)

M. *Renoir* s'est aussi lancé dans le même chemin ; il est surtout connu par ses pastels.

M. *Lambert* est le peintre attitré des chats, comme M. *Lobrichon* est celui des enfants.

Le premier a su saisir et comprendre la vie, agitée, fan-

(1) Depuis que ces lignes ont été écrites M. Bastien-Lepage n'est plus Une exposition de ses œuvre est actuellement ouverte à l'École des Beaux-Arts.

(2) « Bastien-Lepage, dit M. Albert Wolff, fut surtout un grand portraitiste et cette qualité domine dans toutes ses toiles. Dans ses portraits on peut lire au fond de l'âme de ses modèles. »

tastique, capricieuse de ces hotes de nos foyers. Qui ne connaît ce charmant tableau intitulé : Envoi, où dans un panier sont entassés quelques petits chats. On voit toujours avec plaisir les représentants de la race féline peint par M. Lambert, qui sait aussi faire de bien belles aquarelles.

Les peines, les douleurs, comme les joies enfantines sont rendus avec succès par M. Lobrichon. Qu'ils sont charmants ces bébés joufflus, roses, mignons. On sent que M. Lobrichon les aime, car il faut savoir les aimer pour les rendre avec un naturel et une perfection pareils.

M. *Gilbert* s'est fait le peintre des marchandes de fleurs, de fruits, de légumes ou de poissons : les cuisinières, les fruitières, les fleuristes, sont des femmes, dont il connaît évidemment toutes les mœurs, toutes les actions. Son *Carreau des Halles*, son *Marché de fleurs de la Madeleine*, sont des tableaux popularisés par un grand nombre de reproductions.

Le peintre *Muller* s'est fait une place honorable dans la peinture historique avec sa grande toile que possède le musée du Luxembourg, intitulé *Les dernières victimes de la Terreur*, toile remplie de qualités qui montrent le talent dramatique de l'auteur auquel on doit aussi la *Déesse raison*.

M. *Heilbuth* aime la Parisienne, il sait en rendre le type pimpant, séduisant et coquet, dans ses tableaux de genre d'une si grande fraîcheur ; Ses scènes se passent ordinairement dans de gais et doux paysages. Il a un coloris très tendre et approprié à ses peintures.

M. *Toulmouche* s'est appliqué à peindre les charmants intérieurs, les élégances mondaines, et il sait en rendre les délicieux détails d'une façon ravissante.

M. *Signol*, membre de l'Institut, se rapproche de l'école d'Ingres ; la pureté du dessin tient pour une grande place dans le faire de ses tableaux d'histoire ou de religion.

M. *Dantan* s'est appliqué à faire connaître les intérieurs des ateliers de sculpteurs, son père était sculpteur ; rien d'étonnant à la perfection avec laquelle il nous montre tous les détails de tels intérieurs.

M. *Ch. Jacques* est le peintre des moutons, surtout des coqs, des poules. Tout en étant un peintre animalier, il est aussi un paysagiste de talent; ses bergeries, ses fermes sont toujours peintes avec un grand naturel.

M. *Veyrassat,* aime à peindre les chevaux, et surtout des chevaux de travail, de ferme, de labour qu'il met dans des paysages soigneusement étudiés.

M. *Hermann-Léon* est un peintre animalier de talent, dont les portraits de chiens sont très estimés; il sait rendre toutes les allures du chien avec une grande perfection.

M. *de Clermont-Gallerande* fait aussi des tableaux d'animaux et de chasses; il dessine très bien à la plume.

M. *Léon Barillot* est un concouront pour M. *Van Marck*; ses animaux sont d'une vérité saisissante. Qui ne connaît ses deux charmantes toiles de Noiraud et sa mère et les bêtes de Seurette ?

M. *Bida* est surtout connu comme dessinateur. Ses dessins sont des œuvres remarquables.

M. Bida connaît bien l'Orient, et on peut mettre son nom à côté de Decamps et de Marillat. Tout le monde connaît ce beau dessin du *Mur de Salomon*, que la gravure a reproduit un grand nombre de fois. Il est plus vrai que Gustave Doré; il sait mettre dans ses œuvres beaucoup de poésie tout en restant sincère. Il sait aussi être dramatique, témoin son beau dessin du musée du Luxembourg représentant le *Massacre des Mamelucks*.

Il a fait un grand nombre d'illustrations de toute beauté, parmi lesquelles nous pouvons citer: les illustrations de la Bible, celles des œuvres d'Alfred de Musset. Ses dessins sont toujours corrects; on sent qu'il dessine ce qu'il voit avec franchise.

M. *Worms* et M. *Vibert,* ces deux peintres de genre épris de l'Espagne, font des petits tableaux charmants. Le premier peint les Espagnoles avec un talent à nul autre pareil ; il adore le beau ciel de l'Espagne. M. Vibert a une recherche de pinceau et d'exécution remarquable. Ils sont tous deux des aquarellistes de talent.

M. *Delort* aime le dix-huitième siècle. Watteau a dû être son maître de prédilection ; il nage dans le tendre et fait toujours très gentil et peut être trop coquet.

M. *Roger-Jourdain* est Parisien jusqu'au bout des ongles. Quel charme et quel chic ont ses Parisiennes prises sur le vif.

M. *Max-Claude* nous montre le plus souvent des souvenirs de Hyde-Park ; il reproduit avec une excessive perfection les types des élégants et élégantes lords et ladies.

M. *E. Adan* est un rêveur et un rêveur bien souvent mélancolique ; il rend si bien du bout de son pinceau les ravissantes et douces rêveries qui transportent l'âme dans des régions inconnues.

M. *Olivier de Penne* nous donne toujours des chiens, des lièvres, des sangliers, peints de main de maître. Il est le peintre des chiens comme M. Lambert est celui des chats.

Un sculpteur dont l'École française s'honore actuellement c'est M. *Paul Dubois*. Son chef-d'œuvre, qui a été la gloire du Salon de 1876, est ce beau groupe de *La Charité*, destiné à la décoration du tombeau du général Lamoricière. Ce groupe ne serait, à coup sûr, nullement déplacé dans la chapelle des Médicis, à Florence, car l'art si beau de la Renaissance, en dehors des œuvres de Michel-Ange, n'a rien produit à la fois de plus grand et de plus simple, de plus fier et de plus séduisant. Parmi les autres statues qui décorent ce monument à la cathédrale de Nantes, on doit nommer : le Courage militaire, la Foi, la Méditation ; les médaillons en marbre qui décorent les pilastres d'angles représentent : la Sagesse, la Force, la Religion, l'Éloquence, l'Espérance, la Justice, la Prudence.

Ses bustes sont remarquables au point de vue de l'expression.

M. *Etex*, un élève à la fois d'Ingres, de Pradier et de Duban a travaillé à l'Arc de triomphe de l'Étoile, pour laquelle il a fait les groupes de 1814 et 1815. Il a fait aussi les tombeaux de Rossini, de Géricault; les bustes de Thiers, de Charlet, de Berryer, du duc d'Orléans. Il dessine aussi d'une façon remarquable, fait de l'architecture, de l'aquarelle, de l'esthétique. Un autre élève de Pradier, M. *Crank* (Gaston) met beaucoup de talent dans ses bustes, parmi lesquels il faut citer ceux de Dupuytren, de Nil, de Pelisorès, de Mac-Mahon.

M. *Doublemard*, élève de Duret, est l'auteur de la statue du maréchal Moncey, élevée place Clichy.

M. *Ernest Barrias*, fils du peintre Barrias qui a fait les Exilés de Tibère, s'annonce comme un puissant sculpteur; il est l'auteur de ce groupe superbe intitulé le Serment de Spartacus, aujourd'hui dans le jardin des Tuileries.

M. *Eugène Guillaume* est un sculpteur grec égaré en France; la majesté et la grandeur du génie grec ont trouvé en lui un digne interprète.

Ses bustes sont des chefs-d'œuvre de simplicité et de pureté de dessin.

Dans ses autres œuvres, on ne saurait que louer la délicatesse, le cachet d'élégance et de distinction dont il sait les revêtir. Telle de ses œuvres, trouvée dans les ruines du Panthéon, pourrait passer pour les œuvres de quelque sculpteur athénien du siècle de Périclès.

M. *Mercié* est parmi nos sculpteurs contemporains celui que les malheurs de la patrie ont le plus ému. Son groupe de *Gloria Victis*, exposé au Salon de 1873 et reproduit un nombre incalculable de fois, l'a rendu célèbre. Certes, ce morceau serait digne d'être signé d'un maître de la Renaissance italienne. Jamais peut-être l'auréole glorieuse qui

(1) M. Eugène Guillaume est aussi professeur d'Esthétique et d'histoire de l'art au Collège de France et inspecteur général de l'Enseignement du dessin.

entoure les vaincus de la défense de la patrie, n'a été symbolisée d'une façon plus vibrante. Cette gloire, qui soutient dans ses bras ce jeune guerrier, est une œuvre magistrale qui classe au premier rang la sculpture française contemporaine.

Un sculpteur qui s'éloigne considérablement des tendances modernes, c'est M. *Gautheriu*. Il est le sculpteur du moyen âge; il lui emprunte toutes ses figures à la physionomie expressive et pleine de tristesse ou de mélancolie. Les sentiments de piété, de douceur ou de tendre résignation ont trouvé en lui un digne interprète.

Sa manière de sculpter, un peu raide, rappelle elle-même la manière de travailler des pieux artistes français des XIII$^e$ et XIV$^e$ siècles.

Le sculpteur *Frémiet* s'est fait connaître par la représentation des animaux et des cavaliers de guerre.

Les reproductions de ses œuvres, de ses chiens, de ses chevaux, de ses oiseaux de basse-cour, de ses cavaliers gaulois tout bardés de fer, l'ont rendu populaire. La terre cuite, le bronze, l'argent ont servi à faire connaître ses nombreuses et charmantes productions.

M. *J. Bonheur* s'est aussi fait un renom avec ses charmantes sculptures d'animaux et spécialement ses chevaux de toute beauté.

M. *Caïn* est le digne successeur de Barye; les animaux sauvages ou féroces dans l'action, avec leurs instincts sanguinaires, avec leurs mœurs farouches, sont les sujets qu'il aime à représenter. On vient de placer à l'entrée de l'escalier des Tuileries deux magnifiques groupes en bronze de cet artiste.

M. *Chaplain* (J.-C.), élève de Jouffroy, est un sculpteur et graveur sur médaille d'une grande renommée.

Ses sculptures sont empreintes d'une mâle énergie. Dans le grand nombre de médailles qu'il a faites, nommons : la médaille commémorative des travaux de la commission du Mètre, la médaille de Minerve pour la Société d'encouragement des études grecques, la médaille d'honneur des Salons, la médaille représentant le maréchal de Mac-Mahon, etc., etc.

M. *G. Crank*, élève de Pradier, se distingue par ses portraits ; le musée de Versailles possède de lui la statue du maréchal Pélissier, duc de Malakoff.

Le square de Sainte-Clotilde contient un beau groupe en marbre : l'Éducation maternelle, par M. *Delaplanche*, auteur de charmantes statues en marbre.

Le musée du Luxembonrg possède de cet artiste : Ève après le péché et le Messager d'amour.

M. *Degeorge* (C.-J.-M.), élève de M. Flandin et de Jouffroy est à la fois sculpteur et graveur sur médailles; on peut voir de lui au jardin des Tuileries la Jeunesse d'Aristide, et au musée du Luxembourg le buste plein d'expression de Bernardino Cenci.

N'oublions pas l'auteur du Génie gardant le secret de la tombe M. *Réné de Saint-Marceaux* qui est aussi connu par ce beau morceau de sculpture, le Curé Mirot fusillé par les Prussiens et l'Arlequin. Son talent est viril et plein de sincérité.

M. *Charles Degeorge* fait penser à Lucca Della Robbia dont il a le mâle talent et dont on retrouve les qualités dans cette magnifique tête de Bernardino Cenci que possède le musée du Luxembourg. Élève de Duret, de Jouffroy et d'Hippolyte Flandrin, il rappelle les admirables sculpteurs primitifs Italiens.

M. *Alexandre Falguière* est à la fois sculpteur et peintre. Comme peintre il nous a donné les Lutteurs, tableau largement peint; et comme sculpteur, le Vainqueur au combat de coqs du Luxembourg, chef-d'œuvre de grâce et de vie, et Pierre Corneille.

M. *Charles Cordier* est un sculpteur polychrome dont les

têtes de Chinoises, d'Arabes, de négresses, ont eu de grands succès.

M. *Bartholdi* est l'auteur du Lion de Belfort. Il a une exécution virile.

On a eu de sérieux motifs pour redouter la décadence de la sculpture française, mais depuis quelques années quelques grands artistes, affirmant leur personnalité par des œuvres magnifiques, montrent que l'on peut encore compter sur l'École française de peinture.

Quant à la sculpture, elle est en pleine floraison; laissons à ce sujet la parole à M. Henry Houssaye dans son beau livre : L'Art français depuis dix ans.

« L'avenir de notre sculpture ne ranime pas ces craintes, dit-il. D'une part, la sculpture ne porte pas en elle les germes morbides de la peinture : elle est restée fidèle à la tradition, elle a conservé le culte du beau sans sacrifier aux odieuses tendances contemporaines ; d'autre part, en dernier temps, la mort a frappé moins souvent, sinon plus cruellement dans les rangs des sculpteurs que dans ceux des peintres. L'art statuaire a perdu Carpaux et Barye, deuil douloureux, mais il lui reste Paul Dubois, Chapus, Guillaume, Clésinger, Cavelier, Franceschi, Frémiet, Aimé Millet, Falguière et la jeune génération met en ligne Lanson, Idrac, Delaplanche, Manqueste, enfin Mercier, Saint-Marceaux qui ont débuté avec l'éclat des levers de soleil. Quand une école a produit en dix ans une quarantaine d'œuvres de la plus haute valeur, entre autres le Tombeau de Lamoricière, la Jeunesse, le Gloria Victis, le Génie de la Tombe, cette école n'a rien à envier au passé, rien à craindre dans l'avenir. Jamais peut être la sculpture française n'a eu une heure plus belle, jamais elle n'a présenté une cohorte plus compacte et mieux unie, ayant à un tel point le respect du grand style et le culte des grands sentiments. »

# L'ARCHITECTURE EN FRANCE

## AU XIXᵉ SIÈCLE

Au commencement du siècle, Napoléon Iᵉʳ avait donné une grande impulsion aux travaux architecturaux et à la construction des monuments. C'est ainsi qu'il avait donné l'ordre d'élever quatre chapelles sépulcrales dans l'église de Saint-Denis, qui était restée dans un douloureux état de délabrement et de ruine depuis la profanation des tombes des rois. De ces quatre chapelles, trois furent élevées pour les rois des premières races, et une pour la dynastie napoléonienne. Des tables de marbre (1), nommées tables expiatoires, reçurent les noms des rois dont la tombe avait été violée.

Le Panthéon, dédié sous le règne de Louis XV à sainte Geneviève, fut achevé aussi d'après les ordres de Napoléon.

Sous son règne furent aussi construits quatre grands abattoirs, le pont d'Austerlitz, le pont d'Iéna, les greniers de réserve, la digue de Cherbourg, la route de Roanne à Lyon, etc.

Un des architectes du commencement de ce siècle, M. *Brongniart*, a attaché son nom à la *Bourse*, dont il posa la première pierre le 24 mars 1802, et au *Tribunal de Commerce*; il avait voulu imiter dans l'ordonnance extérieure la simplicité des temples grecs.

Cet architecte mourut le 6 juin 1813; il eut comme successeur dans la construction de la Bourse, M. *Labarre*, membre de l'Institut, qui respecta l'idée première de son devancier en y faisant des modifications.

Les architectes *Gonot, Chalgrin, Hugot, Debret, Fontaine, Lalane, Blucot*, ont attaché leur nom à l'élévation de l'Arc

(1) En février 1806.

de triomphe de l'étoile, qui, commencé en 1806, ne fut terminé qu'en 1835 sous la direction de l'architecte Hugot.

Depuis une vingtaine d'années, l'architecture française a fait de nombreuses pertes. Parmi ces deuils, citons ceux de *Henri Labrouste*, à qui Paris doit ses deux grandes bibliothèques; *Hittorf*, qui a été le rénovateur, pour ainsi dire, de l'architecture polychrome et l'habile constructeur de l'église Saint-Vincent-de-Paul; *Baltard*, l'architecte des Halles centrales; *Vaudoyer*, l'habile et savant architecte de la cathédrale de Marseille; *Duban*, dont le nom restera inscrit sur les murs du château de Blois, de la galerie du Louvre et de l'École des Beaux-Arts; *Paccard*, dont le nom reste au souvenir du projet de restauration du Panthéon, et cette perte irréparable du savant *Viollet-le-Duc*.

L'architecture française du moyen âge, dite gothique, civile et religieuse, a trouvé dans *Viollet-le-Duc* son plus grand admirateur et surtout son plus grand restaurateur. Viollet-le-Duc a consacré la plus grande partie de sa vie aux recherches historiques, scientifiques et techniques sur l'architecture française du moyen âge; et nombreux sont les monuments de la France qu'il a restaurés et tirés de l'oubli pour la plus grande gloire de l'art français. Son nom est intimement lié à Notre-Dame de Paris, à la Sainte-Chapelle, aux monuments de Carcassonne, au château de Pierrefonds, etc. Le premier, et c'est là un éternel honneur, il a voulu montrer que la France dès les premiers siècles avait une architecture à elle propre, et que l'étranger avait bien souvent copié sur elle. Viollet-le-Duc a laissé une œuvre considérable. Comme historien et théoricien de l'art, il laisse ces deux magnifiques ouvrages : Dictionnaire raisonné de l'architecture française et Dictionnaire du mobilier français, chefs-d'œuvre d'érudition, de savoir profond et de goût, sans parler de ses livres de vulgarisation : Comment on devient dessinateur, Histoire d'une Forteresse et d'une Cathédrale,

Histoire d'une Maison, Histoire d'un Hôtel-de-Ville, où l'art du dessin et l'art de l'architecture ont été mis à la portée de tout le monde.

De nos jours, l'architecture française compte encore de bons architectes.

M. *Ch. Garnier*, jeune encore, s'est fait une célébrité européenne ; il est l'auteur du *nouvel Opéra de Paris*, dans lequel il a cherché à ressusciter l'architecture polychrome des anciens Grecs. Cet édifice, d'ailleurs d'un aspect imposant et d'une grande solidité, est remarquable sous tous les rapports, aussi bien au point de vue de l'ensemble qu'au point de vue des détails et de la décoration, dans laquelle il a eu la bonne fortune d'être aidé d'artistes éminents (1). M. Garnier a aussi élevé d'autres habitations particulières remarquables, et il a écrit un volume sur les arts.

M. *Narjoux*, autre architecte de talent, s'est surtout occupé des *écoles*, des progrès de leur aménagement au point de vue de la salubrité, de la lumière ; en un mot, du bien-être matériel des écoliers. Il a d'ailleurs visité les principales écoles de l'Europe et a laissé des écrits à ce sujet.

Un Alsacien, M. *Hugelin* (Victor-François), a attaché son nom à la restauration du beau château de Saint-Maclou.

M. *Thomas* (A.-Th.-Félix) a étudié beaucoup l'architecture de l'Asie-Mineure à laquelle il emprunte ses principaux éléments.

M. *Uchard* est, en même temps qu'un habile architecte, un aquarelliste de talent.

Un élève de Viollet-le-Duc, M. *Corroyer* (Edouard), s'est beaucoup occupé du Mont-Saint-Michel), à la conservation duquel il a beaucoup aidé.

M. *André* (G.) est l'auteur du théâtre des Célestins à Lyon.

---

(1) Le nom du peintre *Paul Baudry*, l'auteur des belles peintures du foyer de l'Opéra, est inséparable de celui de M. Garnier.

M. *Aldrophe* (A.-P.) a construit le temple consistorial israélite de la rue de la Victoire.

M. *Bœswilwald* a fait de nombreuses études sur les vieux monuments de la France ; il en a restauré un grand nombre.

M. *Bailly* est célèbre par ses constructions de la Mairie du IV⁰ arrondissement à Paris, place Baudoyer, et celle du palais du Tribunal de Commerce de Paris.

M. *Harmant* a construit des écoles à Paris ; il est l'auteur de la maison de répression de Nanterre, projet qui avait obtenu le I⁰⁰ prix au concours de 1874.

M. *Magne*, l'architecte qui a élevé le théâtre du Vaudeville, est l'auteur de nombreux marchés, entre autres, du marché des Martyrs, de l'Ave-Maria, de Jean-Nicot ; il a fait aussi l'église Saint-Bernard, à Paris, et le théâtre d'Angers.

M. *P. Sédille* est l'auteur de la porte monumentale qui était élevée à l'entrée de l'exposition des Beaux-Arts à l'Exposition universelle de 1878, ainsi que du pavillon du Creusot.

M. *Vaudremer* a construit des écoles et élevé l'évêché de Beauvais et le temple protestant de la rue Julien-Lacroix.

M. *Ruprich-Robert* est un architecte doublé d'un grand savant ; il a fait de nombreuses études sur l'architecture des xi⁰, xii⁰ et xiii⁰ siècles, et restauré des monuments de ces époques.

M. *Boitte* (L.-F.-P.) est l'architecte qui a fait le beau monument élevé au général Zuchault de Lamoricière dans la cathédrale de Nantes. (M. Paul Dubois en a fait la décoration sculpturale.)

Aujourd'hui les architectes français se servent de tous les styles ; en parcourant des quartiers neufs de Paris, nous voyons des maisons de style gothique, renaissance, Louis XIII, Louis XIV, empire, hollandais même, souvent même un mélange ; il est difficile de dire quelles tendances particulières animent les architectes français. Nous croyons, cependant, que l'architecture gothique n'est plus en honneur à notre époque, car nous n'avons plus la foi de nos pères, ni leur vieilles habitudes. L'architecture de la Renaissance avec ses monuments gracieux, ses sculptures si fines dans lesquelles les artistes français peuvent faire valoir tous leurs dons, nous irait beaucoup mieux. Du reste, le type d'architecture de la Renaissance, qui est plein de luxe, de beauté, ne conviendrait-il pas à Paris, cette ville par excellence du luxe, remplie de l'amour des arts ?

## LA GRAVURE EN FRANCE AU XIX* SIÈCLE

L'école de David soumettait tout à son despotisme ; la gravure n'y échappa point, mais elle fut la première à sortir de ce cercle étroit qui retardait la marche des arts. *Boucher-Desnoyers* fut le premier à secouer le joug quand il travaillait à ses planches de la *Vierge aux Rochers*, d'après Léonard de Vinci, et de la *Belle Jardinière*, d'après Raphaël. *Bervic, Tardieu* et *Desnoyers* suivirent le mouvement donné par Boucher-Desnoyers.

Le premier avait une grande fermeté de burin et une sévère méthode d'exécution.

Parmi les plus belles planches que nous ait laissées *Bervic*, citons : l'*Éducation d'Achille* d'après Regnault, l'*Enlèvement de Déjanire* d'après Le Guide (travail qui obtint de l'Institut le prix décennal), le beau portrait en pied de *Louis XV* d'après Callet.

En regardant les belles planches de *Ruth et Booz* gravées par *Tardieu* d'après Hersant, et la *Transfiguration* et les *Vierges* gravées d'après Raphaël par Desnoyers, on voit que ces artistes se préoccupaient surtout de la fermeté de l'exécution et de l'élévation du style.

A l'exemple des graveurs anglais, ils mélangeaient dans leurs gravures tous les procédés de la gravure.

A la tête des graveurs français contemporains, qui savent manier si adroitement le burin, il faut citer M. *Henriquel-Dupont*. M. Henriquel est un dessinateur savant ; « il a le secret, dit M. Henri Delaborde, d'assouplir si bien les moyens dont il dispose qu'*il peint avec le burin* ou avec la pointe là où d'autres et de plus habiles n'avaient su, un peu avant lui, que graver. »

Est-il possible de voir des planches à la fois plus finement et plus largement traitées que le *Portrait de M. Bertin* d'après Ingres (1), de *Lord Shafford*, de *Moïse sur le Nil*, de l'*Hémicycle du palais des Beaux-Arts* d'après Paul Delaroche, des Pèlerins d'Emmaüs d'après Paul Véronèse, du portrait du marquis de Pastoret d'après Paul Delaroche.

Trois élèves de M. Henriquel Dupont se sont surtout distingués ; ce sont MM. *Rousseau, Aristide Louis* et *Jules François*. Le premier a fait comme plus belles planches : le *Portrait d'homme* d'après Francica et le *Portrait de M$^{me}$ de Sévigné* d'après le pastel de Nanteuil. *Aristide Louis* a eu un succès populaire avec ses deux figures de *Mignon* d'après Ary Scheffer. Quant à M. *Jules François*, son chef-d'œuvre fut sa gravure d'après le tableau de Terburg, le *Militaire offrant des pièces d'or à une femme*.

*Jules Jacquemart* s'est fait un nom avec ses gravures d'après des natures mortes, sculptures, pièces d'orfèvrerie, émaux, etc.

Citons encore comme *graveurs au burin* M. *Bertinot*, l'auteur de la gravure de la Salomé d'après Bernardo Luini, M. *Salmon*, le graveur des grands maîtres du XVI$^e$ siècle ;

M. *Alphonse François* qui a fait cette belle planche le Cou-
(1) « Par la netteté de ses doctrines, comme par les caractères élevés de son talent, M. Henriquel-Dupont se rattache au passé de notre école et aux maîtres qui en sont le principal honneur ; mais par les formes d'expressions particulières qu'il emploie, parce qu'il y a de très imprévu dans sa manière, il fait acte de novateur. »
(Henri Delaborde. — *Histoire de la Gravure*).

ronnement de la Vierge d'après Fra Angelico ; M. *Gaillard*, qui choisit surtout les tableaux des maîtres primitifs et qui grave de beaux portraits ; M. *Emile Bouland*, qui aime à traduire les maîtres de la Renaissance ;

M. *Tiburce de Marc* qui affectionne Raphaël dont il reproduit si bien les peintures de la Farnésine, etc.

Parmi les *Aquafortistes*, citons : M. *Henri Guérard*, si puissant dans ses interprétations de natures mortes, de bronze, d'émaux, de faïences ; M. *Chauvel*, le traducteur de Corot ; M. *Bracquemart* qui est un graveur audacieux et varié, tantôt rude et tantôt délicat ; M. *Waltner*, d'une grande habileté, qui travaille d'après les maîtres, Velasquez, Rembrandt, etc.

Parmi les graveurs sur bois, nommons : M. *Ausseau*, qui reproduit les maîtres contemporains ; M. *Clément-Edmond Bellenger*, qui sait reproduire les fusains ; M. Bellenger, qui travaille très finement, M. Pannemaker qui a un beau dessin, etc.

Aujourd'hui, en France, la gravure sur bois est bien délaissée, et le burin perd de sa valeur. L'avenir est à l'*eau-forte* (1) qui est très prospère ; car, mieux que toute autre, elle rend le caractère intime, les couleurs, les plus petits détails d'accents des œuvres peintes qu'elle cherche à reproduire.

## TABLEAU DES PROGRÈS
## DES ARTS INDUSTRIELS ET DÉCORATIFS
## EN FRANCE AU XIX° SIÈCLE.

Au commencement de ce siècle, les arts industriels et les arts décoratifs se ressentirent de l'imitation de l'antiquité

(1) Parmi les *graveurs à l'eau-forte* contemporains, mentionnons M. *Maxime Lalanne*, qui travaille d'après nature et d'après les grands maîtres contemporains ; M. *Lançon*, qui représente des animaux ; M. *Léon Gaucherel*, à l'impression puissante ; M. *Chaigneau*, qui affectionne aussi les représentations d'animaux ; etc.

qui avait envahi l'architecture ; les meubles, leurs ornements, empruntèrent leurs formes aux formes égyptiennes grecques, romaines et même pompéiennes. Les commodes, les secrétaires devinrent lourds, massifs; les pendules, les garnitures de cheminée eurent des motifs, des décorations imités servilement de meubles, de vases antiques que l'on retrouve dans nos musées.

Sous Louis XVI on s'était engoué des chalets, des bergeries et des laiteries, des choses mignonnes; sous Louis XVIII et Charles X, le romantisme dans l'art donna une autre direction. Les ameublements, comme les styles d'architecture, furent empruntés à diverses périodes historiques.

On se mit à rechercher le style Renaissance ou le style gothique. Les habitations champêtres, les villas furent décorées de chalets, de petits rochers, de pavillons, de kiosques. On fit des petits tombeaux et des monuments en terre cuite. Les secrétaires simulent un arc de triomphe ; les meubles à chapiteaux et à colonnes, les commodes ayant la forme de temples païens, coudoyaient des sculptures en bois du moyen âge ; les appartements se trouvaient remplis de meubles de tous les styles et de toutes les époques historiques.

Sous Louis-Philippe, les arts appliqués aux industries de la menuiserie, de la quincaillerie, de la serrurerie, de l'ébénisterie, firent de grands progrès, l'emploi des métaux dans la construction étant devenu de plus en plus fréquent. Les incrustations diverses de métal sur bois, de métal sur métal ou de bois sur d'autres bois, qui étaient délaissées depuis le xviie siècle, redeviennent en faveur.

L'art de la mosaïque commença à prendre rang parmi les arts industriels de la France.

Sous ce règne, les procédés du moulage furent appliqués pour la première fois (en 1834) à la cristallurgie. Il en fut de même des incrustations dans la verrerie, la chimie venant de perfectionner la peinture sur verre.

Les arts céramiques firent aussi de grands progrès, surtout en ce qui concernait la porcelaine dure.

La tapisserie prit aussi un grand essor à partir de 1829 ; les tentures devinrent abondantes dans les maisons particulières, les tissus de soie unie, brodée ou mélangée d'argent et d'or, qui avaient disparu depuis 1789, reparurent pour orner les appartements ; les stores en tentures de coton ou en toiles peintes devinrent en usage.

Les tapis de pieds, les tissus de haute lisse, que possédaient seuls autrefois les riches demeures, les grands châteaux, devinrent les ornements des appartements bourgeois, *la fabrique d'Aubusson*, qui avait interrompu ses travaux pendant la sanglante période de la terreur ; s'efforça de satisfaire aux nombreuses commandes.

Sous le troisième Empire, dans une période de vingt années, les arts décoratifs et les arts industriels firent de très grands progrès.

Les vitraux et la peinture sur verre cherchèrent à rendre les tons difficiles, les contrastes des belles verrières du moyen âge.

Le mobilier français tint toujours la tête au milieu de tous les efforts des nations voisines et rivales ; l'élégance vint s'ajouter au luxe, on imita beaucoup le gothique et le style renaissance. Les sculptures nombreuses, les différentes incrustations vinrent ajouter leur charme à l'harmonie du goût français.

Les faïences devinrent des rivales pour les porcelaines ; un engouement pour les vieilles terres émaillées de la Renaissance donna une grande impulsion aux fabricants qui voulurent rivaliser avec les anciens faïenciers de Nevers et de Rouen ; ils allèrent jusqu'à imiter les produits japonais.

Les marbres, les bronzes vinrent aussi ajouter un cachet artistique à l'ornement des habitations ; le bronze doré s'unit au cristal, les cristaux se joignirent à d'étincelantes et scintillantes pièces d'orfèvrerie.

Quant aux manufactures de Sèvres, de Beauvais et des Gobelins, elles rivalisèrent de zèle pour maintenir les produits français au premier rang. Les vases de Sèvres prirent des formes plus exquises ; aux manufactures françaises de Limoges, on commença à recourir à l'emploi du biscuit, le biscuit combiné avec la porcelaine émaillée se prêtant à des effets très décoratifs.

Quant à la période contemporaine, sous la troisième République, on ne peut que dire du bien des progrès qui ont été réalisés dans les arts décoratifs ou industriels. Les industries du meuble, la verrerie, les bronzes ont fait des progrès éclatants.

A la manufacture de Sèvres, grâce aux savantes recherches de M. *Lauth*, au bon enseignement décoratif donné par M. *Carrier-Belleuse*, on est parvenu à fabriquer des produits que nous envie l'Europe ; on en est arrivé à faire des porcelaines imitant, on pourrait dire surpassant, les porcelaines chinoises. Les nombreuses écoles d'arts décoratifs, d'arts industriels, ne sont pas pour peu dans ces grands progrès qui, s'ils continuent, laisseront aussi à la France, comme pour les Beaux-Arts, le premier rang pour les applications diverses des arts à l'Industrie.

## L'AQUARELLE.

On donne ce nom à un genre de peinture, dans lequel on se sert de différentes couleurs broyées à l'eau et délayées dans de l'eau (1).

C'est une peinture expéditive et commode dont se servent les artistes pour recueillir des souvenirs de paysages, de

(1) Ce mot vient de l'italien *acquerello*, diminutif de *acqua*, eau. Les Anglais l'appellent *Water Colors*, c'est-à-dire couleurs à l'eau

vues, de scènes, pour noter ou placer les principales colorations, les types de coloris, etc. C'est très souvent pour le peintre l'esquisse première qui lui sert pour l'exécution d'un tableau.

L'aquarelle exige beaucoup de fraîcheur et de transparence. Ses teintes doivent être légères et limpides.

En France, le peintre *Decamps* a été le premier qui mit en honneur l'aquarelle. De nos jours des artistes français ont fondé, en 1879, une société d'aquarellistes qui rivalisent avec les Anglais ; les plus renommés de ces aquarellistes sont : MM. *Vibert, Lelon, Jacquet, Deroche, de Neuville, Worms, Yan d'Argent, Madeleine Lemaire, Lambert, Harpignies, Français, Yon, Detaille, etc.*

L'école anglaise a été jusqu'à présent la première pour l'aquarelle (1). Les artistes anglais ont donné à leurs aquarelles une grande franchise et beaucoup de solidité ; on y remarque des colorations fortes, des lointains lumineux et fluides. L'anglais *Bonington* a beaucoup contribué au développement et au succès de ce genre de peinture.

Quand on délaye les couleurs dans de l'eau épaissie au moyen de la gomme et qu'on emploie alors comme fond du papier de couleur, l'aquarelle prend le nom de *gouache*. Dans ce dernier genre les lumières sont empâtées.

(1) « Même quand ils peignent à l'huile, les Anglais sont aquarellistes (Th. Gautier).

# APPENDICE

## LA PEINTURE ET LA SCULPTURE AU MUSÉE DU LOUVRE (1).

Pour bien étudier l'histoire des arts, de nombreuses visites au *Musée du Louvre* sont réellement nécessaires. Ce musée renferme en fait de tableaux et de sculptures des richesses immenses.

On rencontrera dans ses belles galeries non seulement un grand nombre de spécimens, mais encore beaucoup de chefs-d'œuvre, des peintures et des sculptures de tous les pays et de toutes les époques où les arts ont brillé.

L'Ecole Italienne est dignement représentée avec Léonard de Vinci, Raphaël, Titien, Corrège, Paul Véronèse, etc.

L'École Hollandaise, par Memmling, Rubens, Van Dyck, Rembrandt, Van Ryn, Hals, Van Ostade, Téniers, etc.

Holbein, par de superbes portraits, représente dignement l'Allemagne.

Quant à la France, tous ses grands artistes sont présents depuis Jean Cousin jusqu'à Ingres pour la peinture et depuis Jean Goujon jusqu'à Pradier pour la sculpture.

## LES DESSINS DU LOUVRE

Les dessins de maîtres que possède le Musée du Louvre sont de toute beauté, on peut passer dans la galerie des Dessins de longues heures instructives à admirer tous ces dessins : ceux des précurseurs de la Renaissance, si char-

---

(1) Pour plus de détails sur les œuvres des musées et sur l'histoire de l'art contemporain, consulter notre *Précis de l'histoire de l'art*. MM. Delalain frères, Editeurs à Paris

mants dans leur naïveté ; ceux des maîtres de la Renaissance, si beaux, si nobles. On ne peut se lasser de regarder les admirables études de Raphaël, de Michel-Ange, de Léonard de Vinci et des maîtres français du xv$^e$, xvi$^e$ et xvii$^e$ siècles ; les dessins de Claude Lorrain, véritables paysages décoratifs, pleins de noblesse, de majesté.

Les dessins nombreux, les études triviales, mais pleines d'humeur, de talent, des Flamands, des Hollandais, les dessins de Van Ostade, de Téniers, nous arrêtent de force par leur contraste frappant avec ceux des écoles d'Italie, où la recherche de la beauté et de l'expression morale semble le principal souci.

Ne pas passer sans s'arrêter devant les sévères et corrects dessins d'Ingres, les pastels si peu nombreux mais si délicieux, si pleins de délicatesse, de grâce, de la Rosalba, de Latour, souvenirs pimpants du frivole et léger xviii$^e$ siècle.

Ne pas oublier non plus les émaux de *Bernard de Palissy*, une des gloires de la France Industrielle.

## LE MUSÉE DU LUXEMBOURG

Le Palais du Luxembourg, construit par *Jacques de Brosse* pour Marie de Médicis, renferme les œuvres d'art modernes, peintures et sculptures, acquis par l'État dans les salons annuels.

Visiter ce musée, c'est la meilleure manière de se rendre compte de l'état des Beaux-Arts modernes en France, les tableaux et les sculptures qui y sont exposés étant des œuvres d'artistes français encore vivants. Quand un de ces artistes est mort, ses œuvres sont, au bout de quelques années, transférées au Musée du Louvre.

## LE MUSÉE DE CLUNY

Le Musée de Cluny est un des plus beaux de Paris au point

de vue des curiosités d'arts industriels et décoratifs. C'est surtout le vrai musée du moyen âge.

Les ouvriers français, les fabricants de meubles, pourront y étudier des meubles de toute beauté ; il y a là des chaises superbes, des bahuts splendides, des cheminées magnifiques ; la sculpture sur bois, sur pierre, l'orfèvrerie, la bijouterie antique, pourront y être étudiées avec fruit. Les voitures de gala exposées pourront donner une idée exacte de la splendeur décorative de nos deux derniers siècles.

Les lits, les sièges, les buffets sont copiés aujourd'hui par un grand nombre de fabricants.

Les porcelaines, les faïences, au premier étage, sont de bien beaux échantillons de ces industries.

Ne pas oublier de visiter la délicieuse chapelle du premier étage, remplie de si belles choses ; c'est bien là une véritable représentation de notre architecture française religieuse du moyen âge.

Quelle variété et quel fini d'exécution dans ces sculptures délicates et nombreuses, quel cachet de tristesse, de poésie des siècles passés ne se dégage-t-il pas de cette chapelle où tout est digne d'admiration, depuis les vitraux si bien peints, jusqu'aux délicates et naïves sculptures du maître-autel !

### L'ÉCOLE DES BEAUX-ARTS

Dans la cour de l'École des Beaux-Arts (donnant sur la rue Bonaparte), se voient : les ruines du *Château de Gaillon*, œuvre de *Guillaume Senault*, de *Pierre Delorme* et de *Pierre Fain*, la jolie façade renaissance du *Château d'Anet* construite pour Diane de Poitiers, ainsi qu'une fresque italienne.

Le long des murs de la petite cour intérieure, dite *Cou du Mûrier*, se trouve la reproduction de faïences splendides du temps de la Renaissance exécutées par des artistes de la famille de *Lucca della Robia* ; dans un coin du portique de cette cour est le monument élevé à la mémoire du peintre *Henri Regnault* (mort à Montretout); c'est là que se trouve la *Jeunesse de Chapu*, un des plus beaux morceaux de la sculpture moderne.

Dans la *salle Melpomène* se trouvent les reproductions des principales fresques et toiles de Raphaël et des principaux artistes de la Renaissance; dans la *galerie de Renaissance* on peut admirer une copie du Jugement dernier de Michel-Ange et ses principales œuvres de sculpture. Ne pas oublier d'admirer les copies des fresques de la Chapelle Sixtine et les copies remarquables des sculptures des maîtres de la Renaissance.

Le chef-d'œuvre de Paul Delaroche se trouve à l'hémicycle de l'Ecole des Beaux-Arts.

### HOTEL CARNAVALET

L'hôtel Carnavalet se trouve situé à l'angle de la rue Culture-Sainte-Catherine et de la rue des Francs-Bourgeois. En 1544, le président du Parlement de Paris, Jacques des Ligueris, seigneur de Crosnes, avait acheté aux religieux de Sainte-Catherine du Val-des-Ecoles, le terrain sur lequel il voulait faire bâtir cet hôtel, que construisit *Jean Bullant* d'après les plans de *Pierre Lescot*. Cet hôtel, à la décoration duquel contribua *Jean Goujon*, fut achevé en 1556.

L'aspect intérieur de l'hôtel tel qu'il est actuellement, est la reproduction de ce qu'il était au XVI$^e$ siècle.

Les Amours qui se trouvent sculptés au-dessus de la porte extérieure sont de *Germain Pilon* et la Renommée de l'intrados de la porte intérieure, ainsi que celle du claveau, sont de Jean Goujon. Dans la cour intérieure de l'hôtel se trouve un fronton de porte sculpté par Jean Goujon.

La ville de Paris acheta cet hôtel en 1866, pour y installer un *musée historique de la ville de Paris*.

Parmi les curiosités les plus remarquables qu'on peut admirer dans cet hôtel, nous pouvons citer : en premier lieu, un ravissant *petit salon* au premier étage de l'hôtel, et qui est le plus délicieux spécimen de l'art décoratif de la fin du xviii<sup>e</sup> siècle ; en second lieu, la reconstitution faite par l'architecte Roguet de plusieurs façades d'anciens hôtels parisiens et de plusieurs monuments détruits, entre autres (dans le jardin) la *maison syndicale des Drapiers* dont la construction remontait à Anne d'Autriche.

C'est dans l'hôtel Carnavalet qu'est établi le musée historique de la ville de Paris, si intéressant au point de vue de l'art gallo-romain, des plans de Paris et des faïences fabriquées pendant la Révolution française (1).

### MUSÉE DU CONSERVATOIRE.

Il est bien peu connu du public ce musée du Conservatoire, fondé par Louis Clapisson et inauguré le 20 novembre 1864.

C'est un musée qui peut être utile non seulement aux décorateurs, mais aussi aux peintres, aux sculpteurs.

Il renferme une collection originale d'instruments de musique de toutes sortes et aussi une grande quantité d'objets d'art.

Parmi les objets d'art remarquables, on peut citer : la *Guitare-lyre* de Fabry-Garat, ornée de peintures dues au pinceau de Girodet, des cistres à manche merveilleusement sculptés, la *Harpe de la princesse de Lamballe* et celle de

---

(1) On pourra aussi trouver des choses bien intéressantes en ce qui concerne l'art pendant la Révolution française au *musée des archives* ; pour l'étude de la sculpture comparée, le *musée de moulage du Trocadéro* pourra fournir d'excellents spécimens.

Quant à l'art décoratif, on ne saurait mieux l'étudier dans ses manifestations antiques et modernes qu'aux expositions faites par l'Union centrale des arts décoratifs.

*Marie-Antoinette*, remarquables par leur grande élégance; un superbe clavecin de Jean Ruckers, d'Anvers, du commencement du xviiiᵉ siècle, orné de paysages de Jean Breughel, et un second clavecin du même auteur, orné d'une belle peinture due au pinceau de Paul Bril et représentant Orphée entourée de nymphes et de satyres ; le fameux violon de Delf ; un pupitre en faïence peint en bleu, qui provient de la fabrique de faïences de Lille (xvᵉ siècle) ; un orgue chinois sur lequel est un beau bas-relief en bois sculpté et doré.

## NOTICE BIBLIOGRAPHIQUE

Nous avons réuni sous ce titre la liste des ouvrages les plus utiles et les plus importants sur les Beaux-Arts et les Arts industriels, auxquels nos lecteurs pourront avoir recours, soit dans les bibliothèques publiques municipales, soit dans les bibliothèques privées, afin de faire une étude plus approfondie et former plus souvent leur goût, leur jugement et leur savoir :

1° *Livres à consulter pour l'histoire générale des Beaux-Arts* (1).

Philosophie de l'art, par Taine. — Hachette et Cie, éditeurs.
Les Merveilles de la peinture, par L. Viardot. — Hachette et Cie, éditeurs.
Les Merveilles de la sculpture,       do                    do
Précis d'histoire de l'art, par F. Bournand. — Delalain frères, éditeurs.
Les Beaux-Arts dans la politique, par G. Dufour. — Dantu, éditeur.
L'art et les artistes, par Laurent-Pichat. — Germer-Baillière, éditeur.
Les Merveilles de l'architecture, par A. Lefèvre. — Hachette et Cie, éditeurs.
Histoire des Beaux-Arts, par René Ménard. — Ch. Delagrave, éditeur.
L'École française de peinture, par G. Berger. — Hachette et Cie, éditeurs.
Voyage en Italie, par Taine. — Hachette et Cie, éditeurs.
Histoire de l'architecture en France, par Léon Château. — Vve A. Morel et Cie, éditeurs.
Les Beaux-arts à l'exposition universelle, par Ch. Blanc. — Loones, éditeur.
La Grammaire des arts du dessin, par Ch. Blanc. — Henri Loones, éditeur.
La vie des peintres,          do                     do
Études sur les Beaux-Arts en général, par Guizot. — Didier, éditeur.

(1) Nous avons indiqué en premier lieu le titre de l'ouvrage, puis le nom de l'auteur et enfin le nom du libraire-éditeur.

2° *Livres à consulter pour l'histoire de l'art dans l'antiquité.*

Histoire de l'art dans l'antiquité, par Georges Perrot et Charles Chipiez. — Hachette et Cie, éditeurs.
Dictionnaire des antiquités grecques et romaines, par Ch. Daremberg et Ed. Saglio. — Hachette et Cie, éditeurs.
L'Archéologie grecque, par Max-Collignon. — A. Quantin, éditeur.
Monuments de l'art antique, par Olivier Rayet. — d°
L'Acropole d'Athènes, par Beulé. — Firmin Didot et Cie, éditeurs.
La Vie privée des anciens, par René Ménard — Vve Morel et Cie, éditeurs.
Histoire de l'art grec avant Périclès, par Beulé, — Didier, éditeur.
Histoire de la sculpture antique, par Emeric David. — Charpentier, éditeur.
Histoire d'Apelles, par Henry Houssaye. — Didier, éditeur.
Histoire de l'art Judaïque, par F. de Sauley. — d°

3° *Ouvrages à consulter pour l'histoire de l'art au moyen âge.*

Les Catacombes de Rome, par Théophile Roller. — Vve A. Morel et Cie, éditeurs.
Les Précurseurs de la Renaissance, par Eug. Müntz. — J. Rouam, éditeur.
Les Arts au moyen âge, par Paul Lacroix. — Firmin Didot et Cie, éditeurs.
Paris à travers les âges, par J. Hoffbauer. — d°
Dictionnaire raisonné de l'architecture française, par Viollet le-Duc. — Vve A. Morel et Cie, éditeurs.
L'Art Byzantin, par Bayet. — A. Quantin, éditeur.
Histoire de la peinture au moyen âge, par Emeric David. — Renouard, éditeur.
L'Iconographie chrétienne, par Eug. Müntz. — Fischbacher, éditeur.

4° *Ouvrages à consulter pour l'histoire de l'art depuis la Renaissance jusqu'au XIXe siècle.*

La Renaissance en France, par Léon Palustre. — A. Quantin, éditeur.
La Peinture Anglaise, par Ernest Chesneau. — d°
La Peinture Hollandaise, par Henri Havard. — d°
La Peinture Flamande, par Wauters. — d°
L'Art du xviiie siècle, par Ed. et J. de Goncourt. — d°
L'Œuvre de Rembrandt, par Ch. Blanc. — d°
Albert Durer, par Ch. Ephrussi. — d°
Hans Holbein, par Paul Mantz. — d°
Antoine Van Dyck, par J.-J. Guiffrey. — d°
Michel-Ange, Raphaël et Léonard de Vinci, par Ch. Clément. — Hetzel et Cie, éditeurs.
Tableau historique des Beaux-Arts, par L. et A. Ménard. — Didier, éditeur.
Histoire de l'Art Français au xviiie siècle, par Arsène Houssaye, — Plon et Cie, éditeurs.
L'art et les artistes hollandais, par H. Havard. — A. Quantin, éditeur.
Raphaël, par Eug. Müntz. — Hachette et Cie, éditeurs.
Histoire de la peinture Flamande, par Alfred Michiels. — Henri Loones éditeurs.
Les Sculpteurs italiens par Perkins. — Henri Loones, éditeur.

5° *Ouvrages à consulter pour l'histoire de l'art contemporain.*

L'Art Français depuis dix ans, par Henry Houssaye. — Didier et Cie, éditeurs.
Le Grand art et le petit art, par Georges Dufour. — Delattre-Lannel, éditeur (à Amiens).
Peintres et sculpteurs contemporains, par Jules Claretie. — Charpentier et Cie, éditeurs.
L'Art contemporain, par Georges Dufour. — E. Dentu, éditeur.
Les Artistes Français contemporains, par V. Fournel. — A. Mame et fils, éditeurs (à Tours).
L'Art Français pendant la guerre de 1870-1871, par Marius Vachon. — A. Quantin, éditeur.
Les Beaux-Arts à l'exposition universelle, par Ch. Blanc. — Loones, éditeur.
Paris-Salon (1880-1881-1882-1883-1884), par Louis Enault. — Bernard et Cie, éditeurs.
Le Dessin. — Bernard et Cie, éditeurs.
Nos peintres peints par eux-mêmes, par A. de Bélina. — E. Bernard et Cie, éditeurs.
La Gazette des beaux-arts.
Les nations rivales dans l'art, par Et. Chesneau. — Didier et Cie, éditeurs.
L'art et les artistes modernes en France et à l'étranger, par Et. Chesneau. — Didier et Cie, éditeurs.
Artistes anglais contemporains, par Et. Chesneau. — J. Rouam, éditeur.

6° *Ouvrages à consulter pour l'histoire des arts décoratifs et des arts industriels.*

Histoire des arts industriels au moyen âge, par Jules Labarte. — Vve A. Morel, éditeur.
Dictionnaire raisonné du mobilier français, par Viollet-le-Duc. — Vve A. Morel, éditeur.
Les Merveilles de la gravure, par G. Duplessis. — Hachette et Cie, éditeurs.
La Gravure, par le vicomte Henri Delaborde. — A. Quantin, éditeur.
Histoire de l'orfèvrerie, par F. de Lasteyrie. — Hachette et Cie, éditeurs.
Les Merveilles de la Céramique, par A. Jacquemart. — d°
Les Tapisseries, par Albert Castel. — d°
La Tapisserie, par Eug. Müntz — A. Quantin, éditeur.
Les Arts du métal, par Girard. — d°
La Mosaïque, par Gerspach. — d°
Les Procédés de la gravure, par A. de Lostalot. — A. Quantin, éditeur.
La Grammaire des arts décoratifs, par Ch. Blanc. — Henri Loones, éditeur.
Histoire du métal, par R. Ménard. — J. Rouam, éditeur.
Dictionnaire de l'art, de la curiosité et du bibelot, par Ernest Bosc. — Firmin Didot et Cie, éditeurs.
Histoire du mobilier, par Albert Jacquemart. — Hachette, éditeur.
L'Art dans la parure et dans le vêtement, par Ch. Blanc. — Loones, éditeur.
Grammaire élémentaire de l'ornement, par J. Bourgeois. — Delagrave, éditeur.
La Tapisserie dans l'antiquité, par L. de Ronchaud. — J. Rouam, éditeur.
L'Art dans la maison, par H. Havard. — Rouveyre, éditeur.

La Revue des arts décoratifs. — A. Quantin, éditeur.
Les Origines de la porcelaine en Europe, par Ch. Davillier. — J. Rouam, éditeur.
Les Della Robbia, par Cavallucci et Molinier. — J. Rouam, éditeur.
La Décoration appliquée aux édifices, par E.-E. Viollet-le-Duc. — J. Rouam, éditeur.

# TABLE DES MATIÈRES

### HISTOIRE DES BEAUX-ARTS ET DES ARTS APPLIQUÉS A L'INDUSTRIE

| | Pages |
|---|---|
| Origine des Arts. | 2 |
| Utilité de l'étude des Arts | 3 |
| Utilité de l'art pour les classes ouvrières | 5 |
| Définition de l'art | 6 |
| La beauté dans l'art | 8 |
| L'expression dans l'art | 10 |

### LES ARTS DANS L'ANTIQUITÉ

| | |
|---|---|
| L'art Égyptien. | 11 |
| Le mobilier Égyptien | 14 |
| Verrerie Égyptienne. | 15 |
| Les bateaux Égyptiens. | 15 |
| Les Arts décoratifs chez les Égyptiens | 16 |
| L'art des Hébreux. | 17 |
| L'ar des Phéniciens, | 18 |
| L'art en Chaldée. | 18 |
| L'art des Assyriens. | 20 |
| Céramique Assyrienne. | 21 |
| L'art Indien. | 21 |
| L'art Grec | 22 |
| Les monuments de la Grèce. | 27 |
| Les maisons chez les Grecs. | 29 |
| Le mobilier en Grèce. | 31 |
| L'art du métal chez les Grecs | 31 |
| La céramique Grecque. | 32 |

### L'ART ROMAIN

| | |
|---|---|
| Maisons et mobilier des Romains. | 40 |
| Les monnaies et les médailles dans l'antiquité | 41 |

| | |
|---|---|
| La tapisserie chez les Hébreux. | 43 |
| La tapisserie en Assyrie. | 44 |
| La tapisserie Égyptienne. | 44 |
| La tapisserie Chinoise | 44 |
| La tapisserie chez les Grecs. | 45 |
| La tapisserie chez les Romains | 45 |

## L'ART CHRÉTIEN PRIMITIF

| | |
|---|---|
| Les catacombes. | 46 |
| L'art chrétien primitif. | 51 |

## L'ART BYZANTIN

| | |
|---|---|
| Origines et caractères de l'art byzantin | 53 |
| L'architecture byzantine. | 54 |
| La peinture byzantine. | 56 |
| La sculpture byzantine. | 57 |
| Manuscrits et miniatures byzantins. | 58 |
| La mosaïque byzantine. | 59 |
| La tapisserie byzantine. | 61 |
| L'orfèvrerie byzantine. | 62 |
| L'ivoirerie byzantine. | 63 |
| Glyptique byzantine. | 64 |
| Les émaux byzantins. | 64 |
| Les bronzes byzantins. | 64 |
| Monnaies et médailles byzantines. | 65 |
| Les arts du mont Athos. | 67 |

## L'ART ARMÉNIEN

| | |
|---|---|
| Les arts décoratifs en Arménie. | 70 |
| Architecture arménienne. | 70 |
| Monnaies arméniennes. | 71 |

## LES ARTS DU MOYEN AGE

| | |
|---|---|
| Philosophie de l'art au moyen âge. | 73 |
| Les premiers développements des arts en France | 78 |
| La peinture française au moyen âge | 84 |
| La sculpture française au moyen âge | 87 |
| La mosaïque française au moyen âge | 89 |
| La serrurerie française au moyen âge | 91 |

TABLE DES MATIÈRES 289

L'architecture française dite gothique . . . . . . . . . . . 92
Notes sur l'art gothique . . . . . . . . . . . . . . . 99

## L'ART CIVIL EN FRANCE AU MOYEN AGE

Les artistes jusqu'au XIII$^e$ siècle . . . . . . . . . . . . 103
L'art civil au moyen âge. . . . . . . . . . . . . . . . 106

## LA RENAISSANCE

Philosophie de l'art de la Renaissance . . . . . . . . . . 112
Les précurseurs . . . . . . . . . . . . . . . . . . . 116
Écoles italiennes. . . . . . . . . . . . . . . . . . . 118
Ecole florentine . . . . . . . . . . . . . . . . . . . 119
École lombarde . . . . . . . . . . . . . . . . . . . 124
École romaine . . . . . . . . . . . . . . . . . . . . 124
École vénitienne . . . . . . . . . . . . . . . . . . . 126
La céramique en Italie pendant la Renaissance. . . . . . . 130

## L'ART DES PAYS-BAS

Philosophie de l'art dans les Pays-Bas. . . . . . . . . . 132
L'art dans les Pays-Bas . . . . . . . . . . . . . . . . 134

## L'ART ESPAGNOL  138

## L'ART EN ALLEMAGNE  141

## L'ART ARABE

Architecture, sculpture et peinture arabes . . . . . . . . 144
Monnaies arabes . . . . . . . . . . . . . . . . . . . 146
La céramique arabe . . . . . . . . . . . . . . . . . 147
La mosaïque dans l'art arabe. . . . . . . . . . . . . . 147

## LES ARTS CHINOIS  150

## L'ART JAPONAIS  152

## L'ART ANGLAIS

| | |
|---|---|
| Peinture et sculpture anglaises | 157 |
| La gravure en Angleterre | 159 |
| La tapisserie anglaise | 160 |

## LA PEINTURE AUTRICHIENNE CONTEMPORAINE  162

## L'ART FRANÇAIS DANS LES TEMPS MODERNES

| | |
|---|---|
| La Renaissance française | 164 |
| L'architecture française des temps modernes | 166 |
| Appendice (note sur Philibert Delorme) | 168 |
| La sculpture française | 169 |
| La sculpture française jusqu'au XVIe siècle au musée du Trocadéro | 170 |

## LA PEINTURE FRANÇAISE

| | |
|---|---|
| Considérations générales sur l'école française de peinture | 171 |
| La peinture en France aux XVIe et XVIIe siècles | 173 |
| La peinture française au XVIIIe siècle | 175 |

## LES ARTS APPLIQUÉS A L'INDUSTRIE

| | |
|---|---|
| La tapisserie française | 177 |
| La céroplastie | 181 |
| La gravure | 182 |
| Manuscrits et enluminures | 185 |
| L'imprimerie | 188 |
| Le premier journal de France | 190 |
| L'orfèvrerie | 190 |
| Monnaies et médailles | 192 |
| Miniatures | 193 |
| Manuscrits et livres à la Bibliothèque nationale | 195 |
| L'ornementation des livres | 195 |
| L'art de la reliure | 198 |
| Les verrières | 199 |
| La dinanderie | 203 |
| Les faïences françaises | 205 |
| Les faïences françaises de Rouen | 206 |
| Les faïences de Lille | 209 |
| La mosaïque française | 210 |
| La serrurerie | 211 |
| Les émaux | 212 |
| Les armes | 217 |

| | |
|---|---|
| La décoration des armes. | 218 |
| Le mobilier et la décoration de l'habitation jusqu'à la Renaissance. | 220 |
| Le mobilier et la décoration de l'habitation depuis la Renaissance. | 225 |
| Epoque contemporaine. | 229 |

## L'ART FRANÇAIS AU XIX<sup>e</sup> SIÈCLE

| | |
|---|---|
| Les peintres, les sculpteurs et les dessinateurs. | 230 |
| Les peintres, les sculpteurs et les dessinateurs contemporains. | 245 |
| L'architecture en France au XIX<sup>e</sup> siècle. | 267 |
| La gravure en France au XIX<sup>e</sup> siècle. | 271 |
| Tableau des progrès des arts industriels et décoratifs en France au XIX<sup>e</sup> siècle. | 273 |
| L'aquarelle. | 276 |

## APPENDICE

| | |
|---|---|
| La peinture et la sculpture au musée du Louvre. | 278 |
| Les dessins du Louvre. | 278 |
| Le musée du Luxembourg. | 279 |
| Le musée de Cluny. | 279 |
| L'École des Beaux-arts. | 280 |
| Hôtel Carnavalet. | 281 |
| Musée du Conservatoire. | 282 |
| Notice bibliographique. | 283 |

# E. BERNARD & Cie

### IMPRIMEURS-ÉDITEURS
PARIS. — 71, RUE LACONDAMINE, 71. — PARIS

## PARIS-SALON
Publié
SOUS LA DIRECTION DE **Louis ÉNAULT**

| | | | | |
|---|---|---|---|---|
| Nº 1 — 1880. | Édition française épuisée. | | | |
| | — | anglaise contenant 24 phototypies....... Prix | 5 | » |
| Nº 2 — 1881. | — | Contenant 25 phototypies et texte par L. Énault. | 7 | 50 |
| Nº 3 — 1882. | — | 1ᵉʳ volume contenant 40 phototypies............ | 7 | 50 |
| Nº 4 — 1882. | — | 2ᵉ volume contenant 35 phototypies............ | 7 | 50 |
| Nº 5 — 1883. | — | 1ᵉ volume contenant 40 phototypies............ | 7 | 50 |
| Nº 6 — 1883. | — | 2ᵉ volume contenant 40 phototypies............ | 7 | 50 |
| Nº 7 — 1883. | — | Paris-Salon Triennal contenant 36 phototypies.. | 7 | 50 |
| Nº 8 — 1884. | — | 1ᵉ volume contenant 40 phototypies, vig. couleur. | 7 | 50 |
| Nº 9 — 1884. | — | 2ᵉ volume contenant 40 phototypies............ | 7 | 50 |
| Nº 10 — 1885. | — | 1ᵉ volume contenant 40 phototypies............ | 7 | 50 |
| Nº 11 — 1885. | — | 2ᵉ volume contenant 40 phototypies............ | 7 | 50 |

RELIURE SPÉCIALE A CETTE COLLECTION A **2 fr. 50** LE VOLUME

## LE DESSIN
(Deuxième année)
REVUE DES **Beaux-Arts** ET DE L'**Enseignement artistique**
Fac-similés par les procédés phototypiques de E. BERNARD et Cie.
*Cette publication paraît les 15 et 30 de chaque mois.*

| PARIS | ABONNEMENTS | PROVINCE ET ÉTRANGER |
|---|---|---|
| avec planches | — | avec planches |
| Un an, **30** fr. Six mois, **18** fr. | \|\| | Un an, **34** fr. Six mois, **20** fr. |

1ʳᵉ ANNÉE EN CARTON, TITRE DORÉ... PRIX : **40** FR.

## CATALOGUE ILLUSTRÉ DE L'EXPOSITION INTERNATIONALE
DE
### BLANC & NOIR
1 volume in-8° contenant près de 100 reproductions et la nomenclature des œuvres exposées.

Prix : **5** fr.                              Prix : **5** fr.

## CATALOGUE ILLUSTRÉ DE L'EXPOSITION
DES
### ARTS INCOHÉRENTS
1 volume in-8° contenant près de 200 reproductions et la nomenclature des œuvres exposées.

Prix : **5** fr.                              Prix : **5** fr.

## NOS PEINTRES DESSINÉS PAR EUX-MÊMES
NOTICES BIOGRAPHIQUES par A.-M. de BÉLINA

Prix broché.................... **10** fr.

**Éditions de luxe**
Il a été tiré 100 exemplaires sur papier du Japon..... Prix. **40** fr.
— 300 — sur papier de Hollande... Prix. **18** —

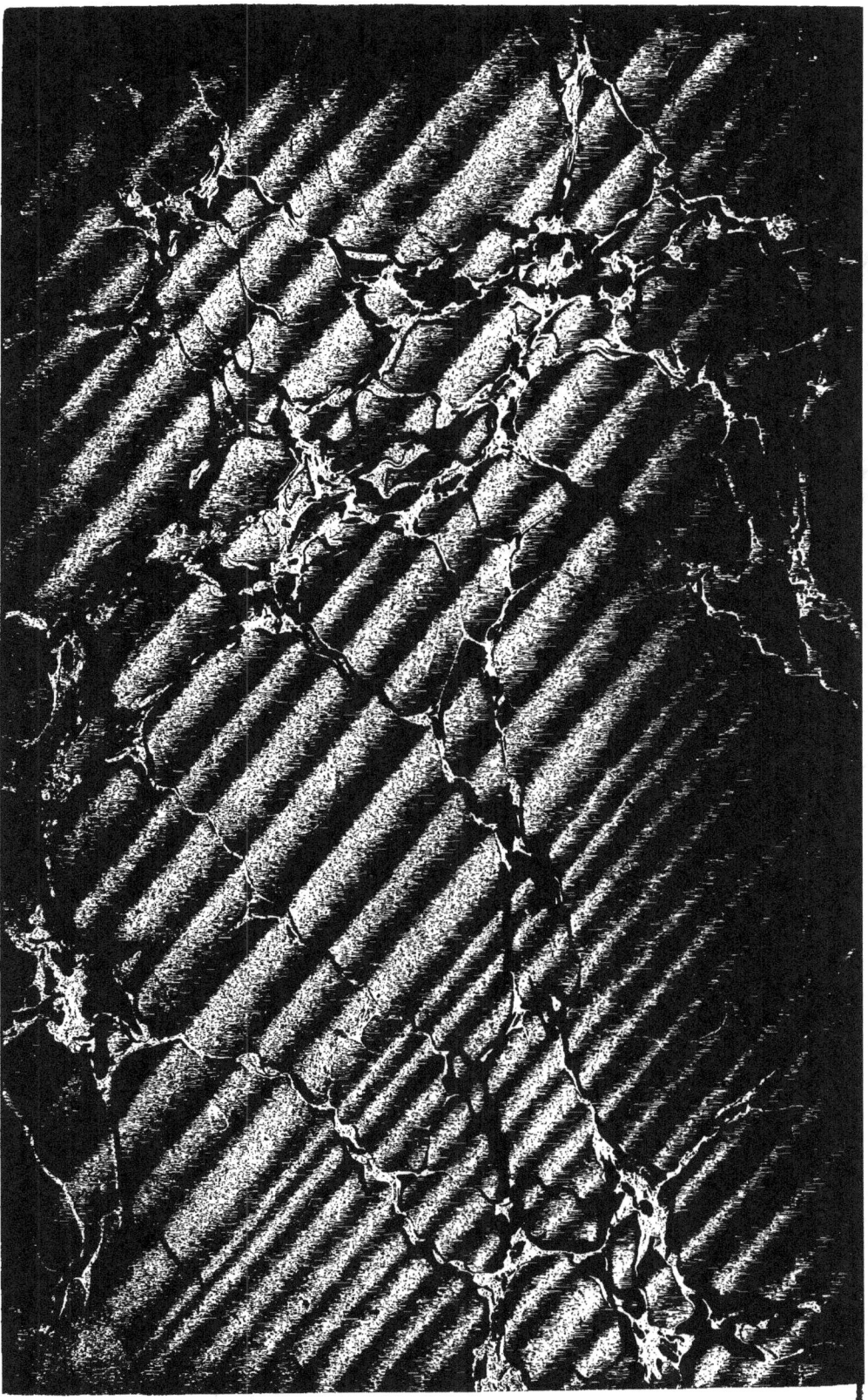

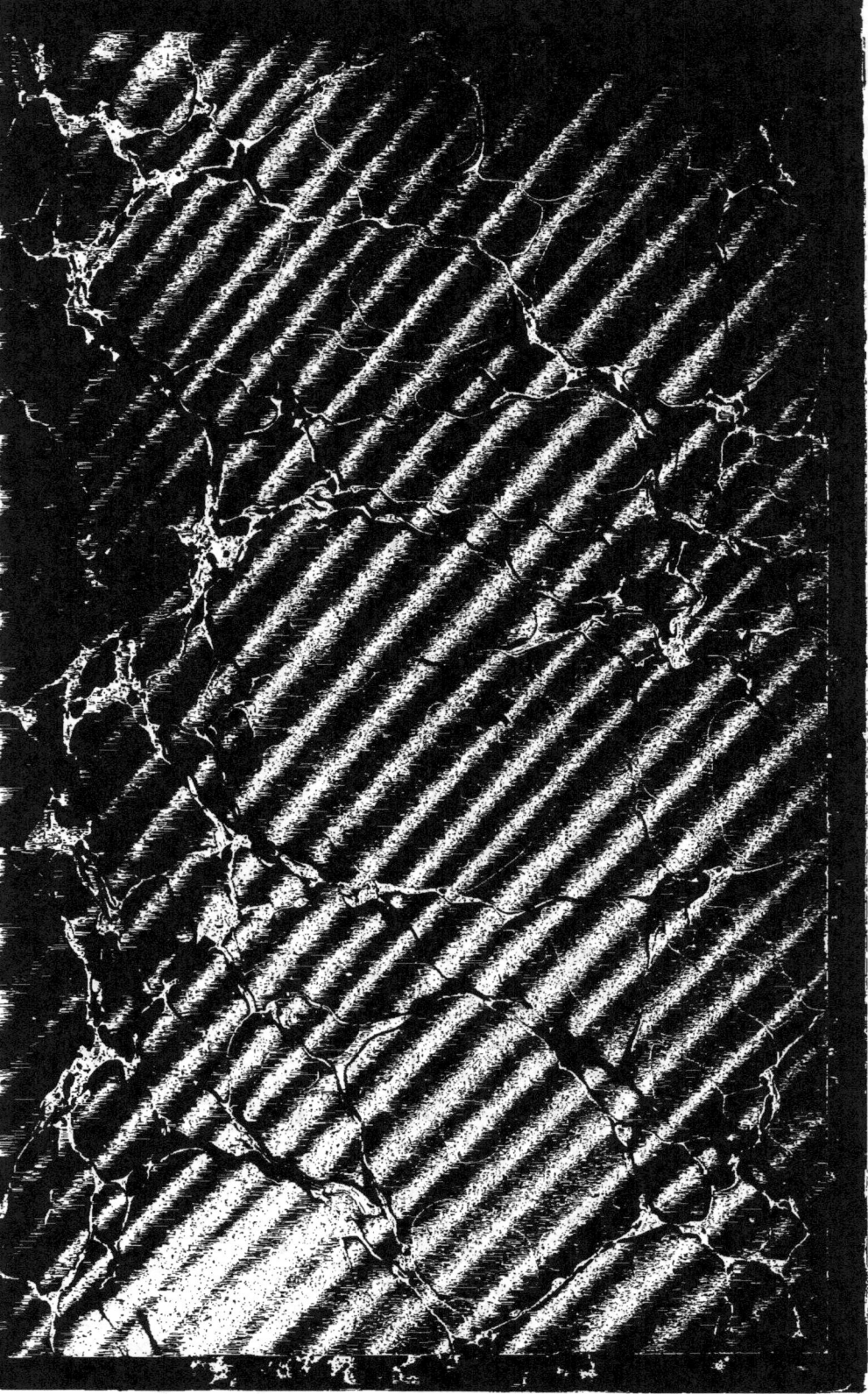

www.ingramcontent.com/pod-product-compliance
Lightning Source LLC
Chambersburg PA
CBHW052239220526
45471CB00001B/103